权威·前沿·原创

皮书系列为
"十二五""十三五"国家重点图书出版规划项目

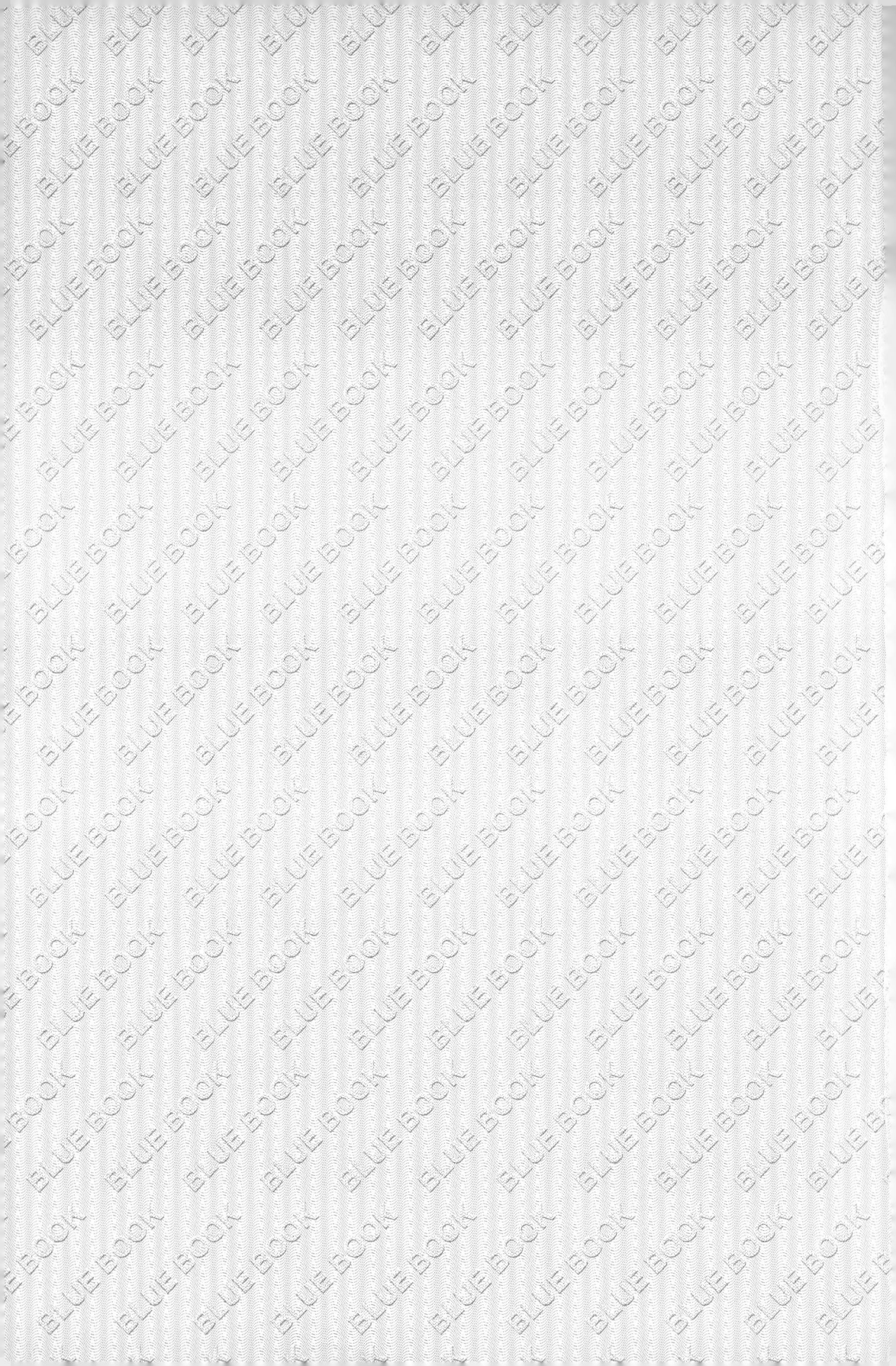

B

BLUE BOOK

智库成果出版与传播平台

医疗器械蓝皮书

BLUE BOOK OF MEDICAL DEVICE INDUSTRY

中国医疗器械行业发展报告（2021）

ANNUAL REPORT ON THE DEVELOPMENT OF
MEDICAL DEVICE INDUSTRY IN CHINA (2021)

中国药品监督管理研究会 / 研　创
主　编 / 王宝亭　耿鸿武
副主编 / 于清明　蒋海洪　李　强

社会科学文献出版社
SOCIAL SCIENCES ACADEMIC PRESS (CHINA)

图书在版编目（CIP）数据

中国医疗器械行业发展报告. 2021 / 王宝亭，耿鸿
武主编. -- 北京：社会科学文献出版社，2021.8
（医疗器械蓝皮书）
ISBN 978 - 7 - 5201 - 8818 - 0

Ⅰ.①中… Ⅱ.①王… ②耿… Ⅲ.①医疗器械 - 制
造工业 - 经济发展 - 研究报告 - 中国 - 2021 Ⅳ.
①F426.7

中国版本图书馆 CIP 数据核字（2021）第 162610 号

医疗器械蓝皮书
中国医疗器械行业发展报告（2021）

主　　编／王宝亭　耿鸿武
副 主 编／于清明　蒋海洪　李　强

出 版 人／王利民
组稿编辑／任文武
责任编辑／张丽丽

出　　版／社会科学文献出版社·城市和绿色发展分社（010）59367143
　　　　　地址：北京市北三环中路甲 29 号院华龙大厦　邮编：100029
　　　　　网址：www.ssap.com.cn
发　　行／市场营销中心（010）59367081　59367083
印　　装／天津千鹤文化传播有限公司

规　　格／开 本：787mm × 1092mm　1/16
　　　　　印 张：24　字 数：361 千字
版　　次／2021 年 8 月第 1 版　2021 年 8 月第 1 次印刷
书　　号／ISBN 978 - 7 - 5201 - 8818 - 0
定　　价／128.00 元

这是一本写给医疗器械人"自己"的书。

这也是一本写给关心医疗器械行业"大家"的书。

——《医疗器械蓝皮书》编委会

《医疗器械蓝皮书》编委会

高级经济师

曹振国　苏州华益美生物科技有限公司副总经理

陈　涛　东劢医疗科技（苏州）有限公司董事长

崔　辉　国药集团奥美（湖北）医疗用品有限公司
总经理

戴　斌　江苏华招网信息技术有限公司总经理

韩广源　广州维力医疗器械股份有限公司总经理

胡　骏　上海市食品药品监督管理局科技情报研究
所副所长

康可人　广州万孚生物技术股份有限公司高级副总裁

蓝翁驰　国家药品监督管理局医疗器械技术审评中
心办公室主任

李朝晖　北京国医械华光认证有限公司总经理

李　浩　清华大学老科协医疗健康研究中心特聘专家

李晓欧　上海健康医学院医疗器械学院党总支书记、
副院长，教授

马忠明　国家药品监督管理局医疗器械监督管理司
综合处处长

孟冬平　中国医药保健品进出口商会党委书记、副
会长

孟　坚　北京迈迪顶峰医疗科技股份有限公司总裁

孟　岩　北京先锋寰宇电子商务有限责任公司董事长

田　玲　中国医学装备协会采购与管理分会秘书长

夏　涵　予果生物科技（北京）有限公司总经理

徐　凯　上海交通大学医疗机器人研究院院长助理，
教授

许书富　北京纳通科技集团有限公司正天事业部总经理

薛经建　福建省医疗器械行业协会会长

杨　勇　国药集团江西医疗器械有限公司总经理

袁　鹏　国家药品监督管理局医疗器械注册管理司注册一处处长

岳相辉　国家药品监督管理局器械监管司监测抽验处三级调研员

笪　鹏　西安大医集团股份有限公司产品总监

翟嘉洁　广东佳悦美视生物科技有限公司总经理

张　锋　广东省药品监督管理局医疗器械监督管理处处长

张　华　国家药品监督管理局医疗器械注册管理司副司长

张　洁　国药集团联合医疗器械有限公司总经理

赵宋云　江西省药品监督管理局医疗器械注册管理处主任科员

赵彦科　国药集团（宁夏）医疗器械有限公司总经理

赵自林　中国医学装备协会理事长

朱延峰　辽宁省药品监督管理局医疗器械监督管理处处长

参与撰写者（按姓氏拼音首字母排序）

蔡翘梧　常　佳　曹振国　陈　涛　陈　俊

崔　辉　戴　斌　邓远贵　杜鑫立　房良辰

耿鸿武　龚一鸣　顾容耀　韩广源　韩　帅

胡嘉靖	胡　骏	黄一飞	蒋海洪	金宏森
金汝天	康静波	康可人	孔　亮	李朝晖
李　丹	李俊耀	李　强	李青云	李仁耀
李晓欧	梁庆涛	林　嵘	林志雄	刘　强
刘若钧	刘舜莉	马忠明	马自立	孟冬平
孟　坚	孟　岩	钱　锋	邵明立	史　博
史欢欢	王宝亭	王佳伟	王锦朝	王俊杰
王丽强	王林辉	王双军	王在存	吴中昊
肖　珏	夏　涵	徐　凯	徐啸宇	许书富
薛经建	袁长忠	袁　鹏	杨　波	杨广宇
杨依晗	杨　勇	叶成果	叶小芳	于清明
岳相辉	翟嘉洁	张　锋	张　华	张　洁
张培茗	张晓华	张　扬	赵宋云	赵彦科
周庆亮	钟　蔚	朱丽莉	朱世杰	朱延峰

主要编撰者简介

王宝亭　中国药品监督管理研究会副会长、医疗器械监管研究专业委员会主任委员、《医疗器械蓝皮书》主编。此前曾先后担任山东肥城矿务局中心医院党委书记、山东省卫生厅副厅长、国家食品药品监督管理局国家食品安全监察专员、国家食品药品监督管理局医疗器械监管司司长、国家食品药品监督管理总局医疗器械监管司巡视员。2008～2011年曾兼任亚洲医疗器械法规协调组织主席。主编2017～2020年《中国医疗器械行业发展报告》。

耿鸿武　清华大学老科协医疗健康研究中心执行副主任，九州通医药集团营销总顾问（原业务总裁），《医疗器械蓝皮书》主编、《输血服务蓝皮书》执行主编，北大继教《医疗渠道管理》授课老师，中国药招联盟发起人，广州2017国际康复论坛特约专家，中药协会药物经济学评审委员会委员。著作有《渠道管理就这么简单》《新电商：做剩下的3%》，主编2016～2020年《中国输血行业发展报告》、2017～2020年《中国医疗器械行业发展报告》。

摘　要

　　中国医疗器械行业在国家政策的引导下，近年来保持着健康高速发展的良好态势。2020 年面对突如其来的新冠肺炎疫情，医疗器械行业及时提供了大量诊断试剂、呼吸机、防护服、防护口罩等防护用品，发挥了不可替代的重要作用。

　　本书首先对我国医疗器械行业 2020 年的政策法规、审评审批、生产经营、进出口等方面的情况进行了总结，分析了我国医疗器械行业面临的挑战，并对未来进行了预判。未来两年我国医疗器械行业面临的机遇远大于挑战，市场将进一步扩大，并继续保持较高速度的发展；创新医疗器械将加速涌现；企业的兼并联合重组将增多，我国医疗器械行业仍然处于"黄金发展期"。其次，重点阐述了 2020 年国家医疗器械审批制度的改革进展与应急医疗器械的审批、医疗器械的不良反应检测、经营监管情况，梳理归纳了医用耗材集中采购的发展趋势，提出应全面推进落实医疗器械唯一标识制度，全力推进医疗器械高质量监管，加强医疗器械不良事件监测，及时处置产品风险，努力保障医疗器械安全有效。对外贸易方面，我国医疗器械产品的出口成绩亮眼，对中国外贸的整体表现贡献突出；进口受疫情的负面影响较大，增速放缓。针对体外诊断原料市场、分子诊断行业、骨科植入物行业、心脏瓣膜器械行业、导尿管行业、角膜病相关手术和植入器械、手术机器人产业及可穿戴式医疗器械等部分细分领域进行了全面的概述，梳理了上海、江西、福建、宁夏、辽宁五个省（区、市）的医疗器械行业的发展现状、先进举措，针对它们未来的发展趋势等进行了分析。最后，本书分析了医疗器械行业在应对新冠肺炎疫情中的工作、产品、服务等情况，以及医疗器械行业的部分典型事例。

关键词： 医疗器械　审评审批　医疗创新

目 录 ◤▨▨▨▨

Ⅰ　总报告

Ⅱ　政策篇

Ⅲ 行业篇

Ⅳ　区域篇

Ⅴ　实践篇

Ⅵ 附录

皮书数据库阅读**使用指南**

序　言

　　时光荏苒。中国药品监督管理研究会研创的《医疗器械蓝皮书》已经伴随读者走过了五个年头。自创办以来,《医疗器械蓝皮书》不仅得到国家药品监督管理局领导及有关司局、直属单位和省市药品监督管理局的大力支持,更得到了医疗器械行业同仁的大力支持与鼓励。2020 年,《医疗器械蓝皮书》销售量达到 8000 余册,这为《医疗器械蓝皮书》的编写工作提供了强大动力。

　　2020 年,面对突如其来的新冠肺炎疫情,在党中央国务院的坚强领导下,全国人民团结一心,迅速有效地遏制了疫情蔓延,并使生产生活秩序逐步恢复正常。我国医疗器械行业及时提供了大量诊断试剂、医用口罩、防护服、体温计、呼吸机等疫情防控、病人诊治用医疗器械,为新冠肺炎疫情防控做出了重大贡献。同时,我国医疗器械行业也取得了长足进步。据不完全统计,2020 年,我国医疗器械生产企业达 26465 家,增幅达到 46%;主营销售总收入达 8725 亿元左右,比 2019 年的 7200 亿元增加了 1525 亿元,增幅达 21%;创新医疗器械加速涌现,共批准 26 个创新医疗器械上市销售;医疗器械进出口总额达 1035.16 亿美元,与上一年相比增幅达 86.56%;其中医疗器械出口额达到 730 多亿美元,有力地支援了全球新冠肺炎疫情防控工作。我国医疗器械行业展现了巨大发展潜力。这为 2021 版《医疗器械蓝皮书》编写工作提供了坚实的基础。

　　《中国医疗器械行业发展报告(2021)》全面、客观地总结了 2020 年以来我国医疗器械行业的发展状况,用大量翔实的数据反映了我国医疗器械生产经营企业变化、审评审批实践、新冠肺炎疫情防控产品应急审批、创新医疗器械审批、上市医疗器械公司创新投入、重点医疗器械研发生产、医疗器械市场销售、医疗器械进出口等方面的情况，分析了我国医疗器械行业存在的主要问题，对今后一个时期我国医疗器械行业的发展趋势做出了预测，并提出了建议。这对促进我国医疗器械行业健康发展具有重要意义。

《中国医疗器械行业发展报告（2021）》，由 100 多位专家学者共同参与研究、编写或者审稿，是集体智慧和汗水的结晶。借此机会，我代表《医疗器械蓝皮书》编委会对该书的全体编审人员，特别是对国家药品监督管理局各位领导表示衷心的感谢。

衷心希望有关领导和业界的同仁继续关心关注《医疗器械蓝皮书》的编写出版工作，把本书的编写、出版、发行工作做得更好，为保障公众用械安全有效、促进我国医疗器械行业健康发展做出更大贡献。

2021 年 6 月 16 日

前　言

　　从 2017 年开始组织医疗器械行业的专家和学者编撰《医疗器械蓝皮书》，就是想以编年体的形式给医疗器械行业的研究者留下一个可以查询的延续性资料。虽然编撰的过程异常艰辛和困难，每年都会面对不同的问题和挑战，但是坚持总会有结果，2021 版《医疗器械蓝皮书》已经是我们连续出版的第五部。这些年，《医疗器械蓝皮书》得到了行业越来越多的关注和引用，为医疗器械行业发展提供了重要记录和参考。

　　通常，每年底，《医疗器械蓝皮书》的主编、副主编和部分编委会面对面地对上一年度蓝皮书的情况进行总结，并对下一年度蓝皮书的报告主题进行讨论，完善和修正编撰的思路和方向。每年初还会召开课题论证会，确定当年的定向邀请报告主题。然而，突如其来的新冠肺炎疫情打破了蓝皮书编撰的节奏，由于不能面对面，2021 年的编撰工作全部采用了线上形式。

　　2021 年春节过后，编委会对 2021 版蓝皮书的主题进行了讨论。在内容上，明确了 2021 版蓝皮书编撰立足点是行业改革和发展中的焦点、典型、热点议题，聚焦 2020 年抗击新冠肺炎疫情过程中，各级政府与企业抗疫的先进经验和做法，特别是医疗器械行业发挥的不可替代作用。在形式上，2021 版蓝皮书基本沿袭了过去四部的框架结构，政策篇、区域篇、实践篇没有改变，但将行业篇和市场篇合并为行业篇。在报告字数上，2021 版蓝皮书接受了部分读者的建议，将每一篇报告的字数尽可能地压缩在 5000 字左右，使得报告更加精练，可读性和资料性更强。

　　2021 版蓝皮书精选报告共计 32 篇。总报告，聚焦医疗器械行业在新冠肺炎疫情防控中所发挥的作用和发展变化，阐述了药监系统落实"四个最严"要求、保障公众用械安全的措施和方法，推进科学监管研究，提高医疗器械监管水平，并对未来我国医疗器械行业发展做出了预判。政策篇共6篇报告，对医疗器械的审评审批制度改革，尤其是应急医疗器械的审评审批进行了专题研究，并对医疗器械的不良反应、经营中的监管、各地普遍开展的集中带量采购和年度政策出台的整体情况进行了分析。行业篇共12篇报告，针对新冠肺炎疫情下的进出口和体外诊断领域、冠状支架降价后的市场变化及骨科医疗器械面临的机遇和挑战、粤港澳大湾区试点政策等年度热点和焦点问题进行了总结和分析。区域篇共5篇报告，对上海、江西、福建、宁夏、辽宁等省（区、市）医疗器械行业的发展现状和趋势进行了论述。实践篇共8篇报告，聚焦与抗疫相关的区域和政府、企业的做法与经验，介绍了应对疫情的新产品和新服务探索，并对行业发展中的部分实践案例做了介绍。

在2021版蓝皮书编撰过程中，我们仍然得到了国家药品监督管理局焦红局长、徐景和副局长和有关司局领导的大力支持与指导，得到了中国药品监督管理研究会首任会长邵明立同志、现任会长张伟同志的支持和鼓励。本书顾问中国工程院张兴栋院士、戴尅戎院士为本书提出了很好的建议。每一位作者都付出了辛勤劳动。在这里我们对大家一并表示深切的谢意。

我们将持之以恒地坚持《医疗器械蓝皮书》的写作初衷和原则，希望蓝皮书能够对行业监管、产业升级、企业发展起到参考和指引作用，为行业发展提供真实的记录。

王宝亭　耿鸿武
2021年6月1日于北京

总报告

General Report

B.1

2020年我国医疗器械行业
状况分析及2021年展望

——我国医疗器械行业在防控新冠肺炎疫情中快速发展

王宝亭　耿鸿武*

摘　要：　2020年是医疗器械监管史上极不平凡的一年。年初，新冠肺炎疫情突袭而至，在党中央国务院的坚强领导下，全国人民团结一心，众志成城，与新冠肺炎疫情展开了一场艰难的斗争，并取得了阶段性重大胜利。在这场防控新冠肺炎疫情的斗争中，医疗器械行业及时提供了大量诊断试剂、呼吸机、防护服、各类防护口罩等防护用品，发挥了不可替代的重要作用。各级药品监督管理部门坚决贯彻"四个最严"要求，有力地保障了人民群众用械安全有效。本报告从五个方面对

---

* 王宝亭，中国药品监督管理研究会副会长、中国药品监督管理研究会医疗器械监管研究专业委员会主任委员；耿鸿武，清华大学老科协医疗健康研究中心执行副主任、九州通医药集团营销总顾问（原业务总裁）。

我国医疗器械行业2020年发展状况进行了概述，即:我国医疗器械行业在新冠肺炎疫情防控中大显身手；医疗器械行业在新冠肺炎疫情防控中快速发展；落实"四个最严"要求，保障公众用械安全；推进监管科学研究，提高医疗器械监管水平；未来我国医疗器械行业发展机遇远大于挑战，仍处于"黄金发展期"，前景广阔。

关键词： 医疗器械　监管改革　新冠肺炎

2020 年，是新中国发展史上极不平凡的一年，也是医疗器械监管史上极不平凡的一年。年初，新冠肺炎疫情突袭而至，人民群众的健康与生命安全受到严重威胁，正常的生活生产秩序被打乱。在党中央国务院的坚强领导下，全国人民团结一心，众志成城，与新冠肺炎疫情展开了一场艰难的斗争，并取得了阶段性重大胜利。在这场斗争中，医疗器械行业及时提供了大量诊断试剂、呼吸机、防护服、各类防护口罩等防护用品，发挥了不可替代的重要作用，立下了汗马功劳。各级药品监督管理部门认真贯彻习近平总书记有关药品医疗器械监管"四个最严"的要求，实施最严格的监督管理，有力地保障了公众用械安全有效。国家药品监督管理局遵照国务院"放管服"改革的指示精神，积极推进监管科学研究，不断深化医疗器械审评审批改革，优化审评审批流程，审评审批效率不断提高，推动创新医疗器械产品加速涌现，促进医疗器械行业快速发展。展望未来，我国医疗器械行业面临的发展机遇远远大于挑战，仍处于"黄金发展期"，前景广阔。

一　我国医疗器械行业在新冠肺炎疫情防控中大显身手

2020 年初新冠肺炎疫情突袭而至，各级药品监督管理部门闻令而动，尽锐出战，及时启动应急审评审批程序，按照"统一指挥、早期介入、随到随评、科学审评"的原则，靠前服务，与研发机构逐一对接，主动提供技术支持，以安全有效为根本标准，争分夺秒开展应急审批。根据新冠病毒检测试剂最急需的实际情况，2020年1月22日确定将8个新冠病毒检测试剂申报产品纳入应急审批，有关审评审批人员采取并联审评、日夜分班连续审评的办法，2020年1月26日批准4个检测试剂上市，为新冠肺炎病人及时确诊、可疑人群筛查提供了有力的工具。这种应急审评审批速度，在全世界医疗器械审评审批历史上尚无先例。

截至2020年底，国家药品监督管理局和有关省级药品监督管理部门，先后应急审评审批54个新冠病毒检测试剂，日产能2400多万人份；应急审评审批医用防护服注册证423个，最大日产能295万套；应急审评审批医用防护口罩注册证308个，最大日产能2114万个。同时，积极推进呼吸机、体温计、输注器具等新冠肺炎病人救治所需产品的应急审评审批。有关医疗器械生产企业开足马力生产，并想方设法扩大产能，不仅满足了全国常态化疫情防控需要，也保障了新冠肺炎疫情局部暴发防控工作需要。我国新冠肺炎疫情防控用品的安全有效性、生产保供能力都得到了验证。医疗器械行业在新冠肺炎疫情防控工作中大显身手，发挥了不可替代的重要作用。

药品监督管理部门针对新冠肺炎疫情防控急需医疗器械的应急审评审批工作，得到了党中央国务院领导的充分肯定。国家药品监督管理局医疗器械技术审评中心六部、山东省医疗器械产品质量检验中心等单位被评为全国抗击新冠肺炎疫情先进集体，还有许多单位和个人荣获全国市场监管系统抗击新冠肺炎疫情先进集体与先进个人荣誉称号。

此外，2020年我国医疗器械出口，特别是用于新冠肺炎疫情防控的医疗器械出口大幅度增加，有力地支持了有关国家和地区乃至全球的新冠肺炎疫情防控工作。中国医疗器械行业为全球抗击新冠肺炎疫情做出了重大贡献，得到了国际社会的广泛赞誉。

二 我国医疗器械行业在新冠肺炎疫情防控中快速发展

(一)生产、经营企业情况

2020 年,我国医疗器械行业在新冠肺炎疫情防控中快速发展。医疗器械生产企业数量从 2019 年末的 18070 家,增加到 2020 年底的 26465 家,增幅达到 46%。医疗器械经营企业数量从 2019 年末的 593491 家,增加到 2020 年底的 898591 家,增幅达 51%。初步分析表明,医疗器械生产企业、经营企业大幅增加主要是 2020 年新冠肺炎疫情防控需求增加所致,尤其是一类医疗器械生产企业数量首次超过二类医疗器械生产企业数量(见图 1、图 2、图 3)。

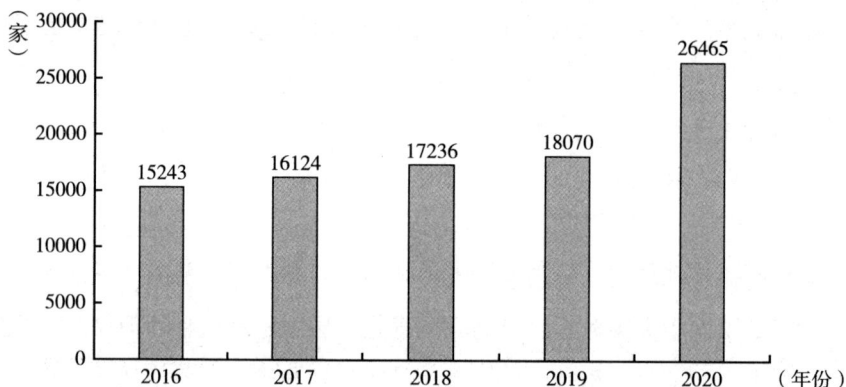

图 1　2016 ~ 2020 年我国医疗器械生产企业数量统计

资料来源:国家药品监督管理局信息中心。

2020 年,各省(区、市)医疗器械生产、经营企业分布依然不均,生产企业数量排名前五的省份分别为广东省、江苏省、山东省、浙江省、河北省,2020 年增幅排名前五的是甘肃省、新疆生产建设兵团、新疆维吾尔自治区、安徽省、山东省;经营企业数量排名前五的省份分别为广东省、山东

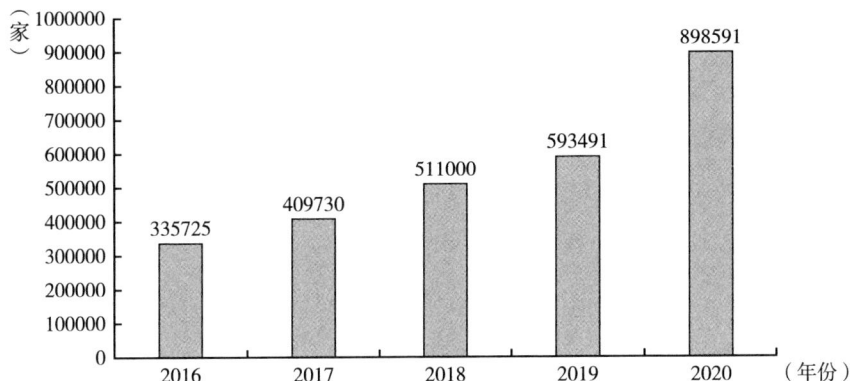

图2　2016～2020年我国医疗器械经营企业数量统计

资料来源：国家药品监督管理局信息中心。

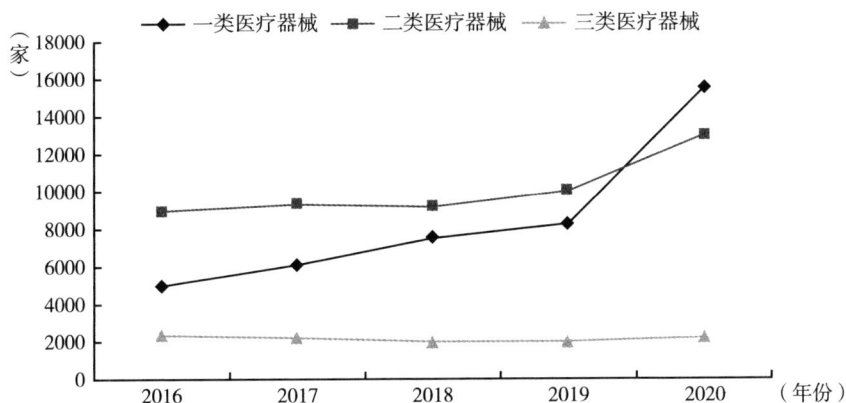

图3　2016～2020年我国医疗器械各类生产企业数量统计

资料来源：国家药品监督管理局信息中心。

省、四川省、浙江省、江苏省，2020年增幅最大的五个省是陕西省、云南省、河南省、福建省、广东省。

根据中国药品监督管理研究会对全国各省（区、市）药品监督管理部门以及相关部门进行的调查估算，2020年我国医疗器械生产企业主营业务总收入在8725亿元左右，比2019年的7200亿元增加了1525亿元，增幅达21%；每家医疗器械生产企业平均主营业务收入约0.3297亿元。初步分析表明，2020年我国医疗器械生产企业主营业务收入大幅增加的直接原因是新冠肺炎疫情暴发后，防疫与医疗市场需求大幅增加。①

（二）医疗器械注册与新产品审批情况

2020年国家药品监督管理局深化审评审批制度改革，优化审评审批流程，审评审批效率进一步提高，医疗器械审结任务整体按时限完成率达到97%。全国医疗器械产品注册39499件，其中国家药品监督管理局国产第三类注册3603件，进口第三类和第二类注册6246件，各省级局共完成第二类注册29650件，全国第一类备案36488件。

根据国家药品监督管理局发布的信息，自2014年开始实施《创新医疗器械特别审批程序》以来，截至2021年1月13日，共批准注册创新医疗器械100件，其中2020年批准注册26件（见表1）。

表1　2020年国家药品监督管理局批准注册的创新医疗器械

序号	产品名称	生产企业	批准日期	所在地	注册证号
1	穿刺手术导航设备	医达极星医疗科技（苏州）有限公司	2020年1月14日	苏州市	国械注准20203010034
2	冠脉血流储备分数计算软件	北京昆仑医云科技有限公司	2020年1月14日	北京市	国械注准20203210035
3	人EGFR/KRAS/BRAF/HER2/ALK/ROS1基因突变检测试剂盒（半导体测序法）	厦门飞朔生物技术有限公司	2020年1月22日	厦门市	国械注准20203400094
4	氢氧气雾化机	上海潓美医疗科技有限公司	2020年2月2日	上海市	国械注准20203080066
5	胚胎植入前染色体非整倍体检测试剂盒（半导体测序法）	苏州贝康医疗器械有限公司	2020年2月21日	苏州市	国械注准20203400181

---

① 中国药品监督管理研究会。

续表

序号	产品名称	生产企业	批准日期	所在地	注册证号
6	生物可吸收冠脉雷帕霉素洗脱支架系统	山东华安生物科技有限公司	2020年3月4日	济南市	国械注准20203130197
7	药物球囊扩张导管	上海微创心脉医疗科技股份有限公司	2020年4月26日	上海市	国械注准20203130445
8	心血管光学相干断层成像设备及附件	深圳市中科微光医疗器械技术有限公司	2020年4月28日	深圳市	国械注准20203060446
9	RNF180/Septin9基因甲基化检测试剂盒（PCR荧光探针法）	博尔诚（北京）科技有限公司	2020年4月28日	北京市	国械注准20203400447
10	等离子手术设备	湖南菁益医疗科技有限公司	2020年5月8日	湖南省	国械注准20203010474
11	肿瘤电场治疗仪	NovoCure Ltd.	2020年5月11日	以色列	国械注进20203090269
12	经导管主动脉瓣膜系统	Edwards Lifesciences LLC	2020年6月5日	美国	国械注进20203130291
13	经导管二尖瓣夹及可操控导引导管	Abbott Vascular	2020年6月15日	美国	国械注进20203130325
14	糖尿病视网膜病变分析软件	上海鹰瞳医疗科技有限公司	2020年8月7日	上海市	国械注准20203210686
15	糖尿病视网膜病变眼底图像辅助诊断软件	深圳硅基智能科技有限公司	2020年8月7日	深圳市	国械注准20203210687
16	髋关节镀膜球头	中奥汇成科技股份有限公司	2020年8月20日	北京市	国械注准20203130707
17	取栓支架	珠海通桥医疗科技有限公司	2020年9月7日	广东省	国械注准20203030728
18	血流储备分数测量设备	深圳北芯生命科技有限公司	2020年9月29日	深圳市	国械注准20203070774
19	压力微导管	深圳北芯生命科技有限公司	2020年9月29日	深圳市	国械注准20203070775

序号	产品名称	生产企业	批准日期	所在地	注册证号
20	记忆合金钉脚固定器	兰州西脉记忆合金股份有限公司	2020 年 10 月 26 日	甘肃省	国械注准 20203130823
21	冠脉 CT 造影图像血管狭窄辅助分诊软件	语坤（北京）网络科技有限公司	2020 年 11 月 3 日	北京市	国械注准 20203210844
22	KRAS 基因突变及 BMP3/NDRG4 基因甲基化和便隐血联合检测试剂盒（PCR 荧光探针法－胶体金法）	杭州诺辉健康科技有限公司	2020 年 11 月 9 日	杭州市	国械注准 20203400845
23	药物洗脱 PTA 球囊扩张导管	浙江归创医疗器械有限公司	2020 年 11 月 9 日	浙江省	国械注准 20203030857
24	周围神经修复移植物	江苏益通生物科技有限公司	2020 年 11 月 17 日	江苏省	国械注准 20203130898
25	肺结节 CT 影像辅助检测软件	杭州深睿博联科技有限公司	2020 年 11 月 30 日	杭州市	国械注准 20203210920
26	椎动脉雷帕霉素靶向洗脱支架系统	微创神通医疗科技（上海）有限公司	2020 年 12 月 17 日	上海市	国械注准 20203130971

资料来源：国家药品监督管理局医疗器械注册管理司。

（三）医疗器械研发投入情况

2020 年，中国医疗器械行业研发投入继续增加。据 86 家 A 股上市医疗器械公司有关数据，2020 年研发总投入为 129.88 亿元，比 2019 年增加 31.2 亿元，增幅为 31.6%。但是从 2020 年研发总投入占营业收入比例来看，只有 5.98%（见表 2），与跨国医疗器械公司相比，还有待进一步提高。

表2　2018～2020年我国86家A股上市医疗器械公司研发投入情况

证券简称	营业收入（亿元）			研发投入（亿元）			研发投入总额占营业收入比例（%）		
	2018年	2019年	2020年	2018年	2019年	2020年	2018年	2019年	2020年
迈瑞医疗	137.53	165.56	210.26	14.20	16.49	20.96	10.33	9.96	9.97
新华医疗	102.84	87.67	91.51	1.25	1.64	1.98	1.21	1.87	2.16
乐普医疗	63.56	77.96	80.39	4.72	6.31	8.06	7.42	8.09	10.02
迪安诊断	69.67	84.53	106.49	1.69	2.13	3.19	2.43	2.52	3.00
华大基因	25.36	28.00	83.97	2.65	3.34	6.36	10.44	11.94	7.58
金域医学	45.25	52.69	82.44	2.91	3.24	3.97	6.43	6.15	4.82
润达医疗	59.64	70.52	70.69	0.44	0.59	0.87	0.74	0.84	1.23
达安基因	14.79	10.98	53.41	1.23	1.44	2.37	8.34	13.07	4.44
圣湘生物	3.03	3.65	47.63	0.36	0.39	0.83	11.76	10.66	1.74
科华生物	19.90	24.14	41.55	0.90	1.24	1.73	4.53	5.14	4.17
迈克生物	26.85	32.23	37.04	1.63	1.89	2.35	6.06	5.88	6.34
东方生物	2.86	3.67	32.65	0.19	0.32	0.94	6.52	8.64	2.87
安图生物	19.30	26.79	29.78	2.17	3.12	3.46	11.23	11.64	11.63
万孚生物	16.50	20.72	28.11	1.51	1.90	3.19	9.15	9.17	11.36
万泰生物	9.83	11.84	23.54	1.38	1.66	3.14	14.08	14.02	13.35
美康生物	31.35	31.33	23.02	1.10	1.28	1.35	3.50	4.09	5.89
新产业	13.84	16.82	21.95	0.84	1.20	1.51	6.09	7.11	6.86
塞力斯	13.17	18.31	21.25	0.07	0.11	0.20	0.57	0.57	0.92
之江生物	2.24	2.59	20.52	0.20	0.23	0.52	8.88	9.04	2.55
硕世生物	2.31	2.89	17.40	0.26	0.39	0.72	11.44	13.35	4.14
贝瑞基因	14.40	16.18	15.40	0.93	1.24	1.29	6.49	7.67	8.40
凯普生物	5.80	7.29	13.54	0.50	0.62	0.82	8.54	8.48	6.07
奥泰生物	1.84	2.41	11.36	0.31	0.36	0.55	16.80	14.89	4.85
基蛋生物	6.86	9.68	11.23	0.81	1.06	1.35	11.74	10.92	12.03
明德生物	1.76	1.81	9.59	0.27	0.37	0.70	15.37	20.40	7.29
迪瑞医疗	9.33	10.09	9.37	1.25	1.25	1.08	13.34	12.43	11.57
九强生物	7.74	8.41	8.48	0.61	0.70	0.79	7.88	8.36	9.32
博晖创新	6.22	6.28	7.39	0.75	0.79	0.76	12.07	12.56	10.31
艾德生物	4.39	5.78	7.28	0.78	0.94	1.15	17.84	16.21	15.80
普门科技	3.23	4.23	5.54	0.67	0.78	1.03	20.61	18.44	18.66
热景生物	1.87	2.10	5.14	0.18	0.29	0.48	9.82	13.78	9.27
透景生命	3.65	4.41	4.90	0.40	0.52	0.61	10.96	11.78	12.56
利德曼	6.55	5.15	4.72	0.40	0.48	0.38	6.10	9.38	8.16

续表

证券简称	营业收入(亿元)			研发投入(亿元)			研发投入总额占营业收入比例(%)		
	2018年	2019年	2020年	2018年	2019年	2020年	2018年	2019年	2020年
科美诊断	3.66	4.55	4.18	0.51	0.56	0.56	13.91	12.42	13.49
安必平	3.06	3.55	3.75	0.16	0.22	0.28	5.09	6.15	7.39
赛科希德	2.00	2.30	2.22	0.13	0.14	0.13	6.39	6.04	6.01
浩欧博	2.01	2.59	2.22	0.24	0.25	0.24	11.99	9.82	10.88
健帆生物	10.17	14.32	19.51	0.46	0.68	0.81	4.54	4.78	4.14
大博医疗	7.72	12.57	15.87	0.65	1.00	1.28	8.39	7.98	8.07
昊海生科	15.58	16.04	13.32	0.95	1.16	1.26	6.12	7.24	9.49
南微医学	9.22	13.07	13.26	0.49	0.70	1.00	5.33	5.38	7.51
凯利泰	9.31	12.22	10.62	0.56	0.56	0.56	6.00	4.58	5.27
欧普康视	4.58	6.47	8.71	0.13	0.16	0.19	2.80	2.49	2.19
惠泰医疗	2.42	4.04	4.79	0.53	0.70	0.72	22.08	17.43	15.00
心脉医疗	2.31	3.34	4.70	0.48	0.61	0.83	20.71	18.19	17.72
爱朋医疗	2.98	3.80	4.43	0.21	0.24	0.24	7.04	6.45	5.32
冠昊生物	4.58	4.38	4.37	0.66	0.44	0.35	14.29	10.14	7.91
三友医疗	2.22	3.54	3.90	0.13	0.18	0.34	5.99	5.21	8.69
赛诺医疗	3.80	4.36	3.27	1.30	1.92	1.59	34.17	44.16	48.62
正海生物	2.16	2.80	2.93	0.17	0.21	0.27	7.72	7.65	9.06
爱博医疗	1.27	1.95	2.73	0.20	0.29	0.40	15.51	14.68	14.62
佰仁医疗	1.11	1.46	1.82	0.13	0.15	0.29	11.65	10.37	15.81
天臣医疗	1.19	1.73	1.63	0.11	0.14	0.15	8.93	8.16	9.41
英科医疗	18.93	20.83	138.37	0.63	0.68	2.93	3.31	3.25	2.12
振德医疗	14.29	18.68	103.99	0.57	0.51	2.60	3.98	2.73	2.50
蓝帆医疗	26.53	34.76	78.69	1.83	2.97	3.47	6.89	8.54	4.41
奥美医疗	20.28	23.52	38.34	0.50	0.60	1.18	2.45	2.54	3.08
康德莱	14.50	18.17	26.45	0.74	0.89	1.26	5.07	4.91	4.76
尚荣医疗	16.30	15.31	22.67	0.46	0.48	0.61	2.84	3.13	2.70
维力医疗	7.46	9.94	11.31	0.30	0.42	0.55	4.04	4.25	4.89
南卫股份	4.80	4.92	10.72	0.20	0.22	0.34	4.19	4.54	3.17
三鑫医疗	5.31	7.22	9.40	0.21	0.31	0.47	3.94	4.35	4.99
阳普医疗	5.50	5.75	9.19	0.44	0.38	0.51	8.07	6.60	5.51
拱东医疗	4.83	5.53	8.30	0.19	0.22	0.37	3.91	4.04	4.46
理邦仪器	9.93	11.36	23.19	1.78	1.95	2.18	17.92	17.13	9.40
海尔生物	8.42	10.13	14.02	0.90	1.21	1.51	10.74	11.99	10.75
康泰医学	3.63	3.87	14.01	0.34	0.41	0.49	9.48	10.48	3.48
宝莱特	8.13	8.26	13.96	0.47	0.52	0.63	5.73	6.28	4.49
开立医疗	12.27	12.54	11.63	2.33	2.55	2.37	19.03	20.33	20.41
万东医疗	9.55	9.82	11.32	0.70	0.94	0.86	7.29	9.54	7.64
和佳股份	11.96	12.18	9.30	0.76	0.60	0.49	6.34	4.95	5.30

续表

证券简称	营业收入（亿元）			研发投入（亿元）			研发投入总额占营业收入比例（%）		
	2018 年	2019 年	2020 年	2018 年	2019 年	2020 年	2018 年	2019 年	2020 年
福瑞股份	8.67	8.32	8.08	1.05	1.03	1.02	12.08	12.39	12.59
奕瑞科技	4.39	5.46	7.84	0.69	0.88	0.96	15.64	16.11	12.24
翔宇医疗	3.59	4.27	4.96	0.29	0.41	0.52	8.03	9.71	10.40
戴维医疗	3.00	3.56	4.60	0.28	0.40	0.40	9.41	11.32	8.75
伟思医疗	2.08	3.19	3.78	0.19	0.27	0.34	8.92	8.59	9.06
康众医疗	2.13	2.35	3.39	0.13	0.19	0.26	6.19	8.23	7.68
祥生医疗	3.27	3.70	3.33	0.41	0.52	0.56	12.65	14.07	16.70
海泰新光	2.01	2.53	2.75	0.22	0.29	0.31	11.10	11.29	11.24
天智航－U	1.27	2.30	1.36	0.41	0.77	0.74	32.74	33.55	54.53
奥佳华	54.47	52.76	70.49	1.83	2.27	2.69	3.37	4.30	3.81
鱼跃医疗	41.83	46.36	67.26	1.52	2.35	4.02	3.64	5.07	5.97
荣泰健康	22.96	23.14	20.21	1.09	1.23	1.00	4.74	5.30	4.96
三诺生物	15.51	17.78	20.15	1.61	1.61	1.82	10.35	9.07	9.06
九安医疗	5.64	7.06	20.08	1.37	1.22	1.08	24.38	17.27	5.35
乐心医疗	7.75	8.84	13.37	0.56	0.71	1.14	7.28	8.02	8.55
总　　计	1226.02	1400.22	2172.32	80.75	98.68	129.88	6.59	7.05	5.98

注：因篇幅限制，表中数据仅保留两位小数，但计算时采用的是原数据，故略有偏差。

资料来源：Wind 数据库，中信建投整理提供。

（四）医疗器械进出口贸易情况

据中国医保商会统计，2020 年我国医疗器械进出口贸易总额达到 1037 亿美元；其中进口 305 亿美元，出口 732 亿美元。在出口医疗器械产品中，各类防护口罩、防护服、护目镜、诊断试剂等新冠肺炎防护用品占据较大比例。详细数据可参考本书 B8《2020 年我国医疗器械国际化发展状况及趋势》。

三　落实"四个最严"要求，保障公众用械安全

（一）强化疫情防控医疗器械监管督导督查

国家药品监督管理局先后召开 10 次视频调度会，与市场监管总局组成

联合督导组赴 14 个重点省份开展督导。针对新冠病毒检测试剂重点产品，将监督检查与审评审批无缝衔接，批准一个、部署一个、检查一个，组织开展五大类产品全覆盖抽检和生产企业全面监督检查，加强不良事件、网络销售和舆情信息监测，保障新冠病毒检测试剂产品质量。同时，加强了对防护服、各类防护口罩、呼吸机等疫情防控医疗器械的监管督导督查，严防不合格产品流入市场。

（二）深入开展无菌植入性医疗器械专项检查

国家药品监督管理局以冠脉支架等高值医用耗材、疫情防控产品、一次性输注器具等为检查重点组织了全面检查。全系统累计检查无菌植入性医疗器械生产企业 3732 家次，经营企业和使用单位 45.57 万家次，立案查处 6912 家，同比增长 53%，罚没款合计 1.5 亿多元，同比增长 31%。

（三）持续推进医疗器械标准提高计划

国家药品监督管理局优先对医用电气设备专用安全标准和组织工程、人工智能等前沿领域标准予以立项，全年批准下达 87 项行业标准制修订计划，审核发布 24 项国家标准、125 项行业标准和 10 项修改单。优化完善强制性标准体系，印发《关于进一步加强医疗器械强制性行业标准管理有关事项的通知》，推进强制性标准规范实施。组织开展 86 项医疗器械强制性标准实施评价，推进标准全过程闭环管理。加强标技委筹建和管理，审核批准医用机器人、临床评价标准化技术归口单位成立和筹建。规范分类命名工作，发布 29 种体外诊断试剂、31 种医疗器械产品管理类别调整公告，审核发布医用成像器械等 8 项通用名称命名指导原则。

（四）加强出口医疗器械产品质量监督

在国务院联防联控机制统筹下，国家药品监督管理局加强与商务、海关等部门的协同配合，在自身官方网站动态公布新冠病毒检测试剂、各类防护口罩、医用防护服、呼吸机、红外体温计等产品注册信息，制定《医用一次性防护服技术要求》等6项国家标准（英文版），为规范防疫产品出口提供便利；与世界卫生组织等分享监管要求和产品标准，助力全球疫情防控。组织摸排有关医疗器械产品出口动态情况，加大监督检查力度，规范出口销售证明管理，规范检测试剂产品说明书，全力支持企业依法依规扩大出口。截至2021年2月1日，各地累计检查开展出口业务的生产经营企业6829家，出动检查人员46516人次，出口的新冠肺炎疫情防控医疗器械没有发生重大质量问题，有力保障了出口质量和出口秩序，有力维护了国家声誉。

四　推进监管科学研究，提高医疗器械监管水平

（一）加强药品医疗器械监管能力建设

为深入贯彻习近平总书记关于粤港澳大湾区建设、长江三角洲区域一体化发展的重要讲话和指示批示精神，国家药品监督管理局不断加强药品医疗器械监管能力建设，切实保障药品医疗器械质量安全、服务支持各地医药产业高质量发展。2020年，分别与上海市、广东省政府合作，建立了国家药品监督管理局药品审评检查长三角分中心、医疗器械技术审评检查长三角分中心和国家药品监督管理局药品审评检查大湾区分中心、医疗器械技术审评检查大湾区分中心。这四个审评检查分中心主要承担协助国家药品监督管理局药品审评中心、医疗器械技术审评中心开展药品、医疗器械审评事前事中沟通、指导和相关检查等工作。这对进一步加强我国药品医疗器械监管能力建设，更好地保障人民群众用药用械安全有效，推动我国医药行业高质量发展必将发挥重要作用。

（二）积极推进医疗器械注册人制度试点

医疗器械注册人制度试点已扩大至22个省市，已有552个医疗器械产品获准上市，同比增长493%。完善医疗器械注册电子申报系统，试点发布

了全国第一张医疗器械电子注册证。这为进一步优化企业资源配置、降低企业管理成本、提高企业运营效率创造了条件。

国家药品监督管理局全面贯彻落实国务院《关于改革药品医疗器械审评审批制度的意见》，中央办公厅、国务院办公厅《关于深化审评审批制度改革鼓励药品医疗器械创新的意见》，按照"放管服"改革和优化营商环境要求，出台了《关于进口医疗器械产品在中国境内企业生产有关事项的公告》（2020年第104号），明确了适用范围、注册要求、注册体系检查要求、上市后监管要求以及其他相关事项，为进口医疗器械在我国境内生产，降低进口医疗器械价格，更好地为人民群众健康服务，开辟了新途径。

（三）进一步加强临床试验监督管理

为满足公众临床需要，国家药品监督管理局会同国家卫生健康委发布《医疗器械拓展性临床试验管理规定（试行）》，支持并规范拓展性临床试验开展和安全性数据收集。制定《真实世界数据用于医疗器械临床评价技术指导原则（试行）》，规范真实世界数据临床评价应用，使临床评价要求逐步与国际接轨。强化临床试验监管，国家药品监督管理局抽取了10个在审医疗器械注册申请项目，对27家临床试验机构开展临床试验监督检查，对其中9个国产医疗器械临床试验项目开展试验用样品真实性核查，约谈存在真实性问题项目的相关企业并予以公告，发挥监督检查威慑作用。

（四）加快推进唯一标识制度试点

国家药品监督管理局制发两项唯一标识数据库标准，完善数据库功能，推动信息共享。选取试点品种和企业，开展生产、经营、使用监管各环节唯一标识示范应用。会同国家卫生健康委、国家医保局联合印发《关于深入推进试点做好第一批实施医疗器械唯一标识工作的公告》，部署第一批实施工作，建立部门协作机制，助推"三医"联动。这为实现医疗器械可追溯奠定了基础条件。

（五）深入实施医疗器械监管科学研究

国家药品监督管理局深入推进医疗器械监管科学研究，先后与北京大学合作建立了北京大学药品医疗器械监管科学研究院，与华南理工大学合作建立了医疗器械监管科学研究基地，与四川大学合作建立了医疗器械监管科学研究基地。根据医疗器械监管实践的迫切需要，积极开展药械组合产品审评审批课题研究、人工智能医疗器械安全审评审批课题研究、医用新材料审评审批课题研究、医疗器械审评审批中真实世界数据课题研究，为制定和完善有关医疗器械监管政策提供科学依据。

（六）积极参与医疗器械监管国际合作

国家药品监督管理局积极参与国际医疗器械监管论坛活动。我国牵头制定的《医疗器械临床调查、临床评价和临床证据——关键定义和概念》等技术指南，被国际医疗器械监管论坛采用并发布。积极推动国际医疗器械监管论坛指南文件转化，发布了良好审查规范工作组成果文件——《医疗器械安全和性能基本原则》。经亚太经合组织生命科学创新论坛批准，在四川大学建立了我国首个医疗器械监管卓越中心，这为我国医疗器械监管工作与国际接轨开辟了新的途径。

五 未来我国医疗器械行业发展机遇远大于挑战

展望未来，我国医疗器械行业发展面临着良好机遇，同时也面临着重大挑战。

我国医疗器械行业所面临的良好机遇：党中央国务院高度重视医疗器械行业的健康快速发展，鼓励医疗器械创新发展的政策已经出台并将继续出台，这给我国医疗器械行业健康快速发展注入了巨大动力；新版《医疗器械监督管理条例》的颁布实施，必将给我国医疗器械行业的健康发展提供新的重要条件；随着新冠肺炎疫情得到有效控制，我国经济的发展将进一步提速，广大人民群众的收入将进一步提高，居民对医疗器械的需求特别是家用医疗器械的需求将进一步增长；我国医疗保险事业将快速发展，医疗保险水平将进一步提高，医疗卫生机构特别是基层医疗卫生机构对医疗器械的需求必将不断增长；随着一些高端医疗器械"卡脖子"问题逐步得到解决，高端医疗器械的国产化进程将进一步加速。

2021年5月10日，国务院办公厅印发了《关于全面加强药品监管能力建设的实施意见》（国办发〔2021〕16号），明确提出加快建立健全科学、高效、权威的药品监管体系，进一步提升药品监管工作科学化、法治化、国际化、现代化水平，更好保护和促进人民群众身体健康，这也必将有力地推动我国医疗器械行业快速发展。

我国医疗器械行业所面临的重大挑战：由于少数国家的贸易保护主义抬头，有关高端医疗器械技术与关键零部件引进有可能遇到障碍；随着新冠肺炎疫情逐步得到控制，我国医疗器械产品的出口，特别是各类防护口罩、医用防护服、医用防护眼镜、呼吸机、相关诊断试剂等的出口增幅可能有所降低；随着国家对部分大型医疗器械与高值医用耗材的集中带量采购政策的逐步实施，相关企业将面临更激烈的市场竞争，企业生产管理、营销模式、销售策略将面临新挑战。

总体分析判断：未来几年我国医疗器械行业面临的机遇远大于挑战；医疗器械市场将进一步扩大；医疗器械行业将继续保持较高速度的发展；创新医疗器械将加速涌现；医疗器械企业的兼并联合重组将增多，平均规模将逐步扩大；我国医疗器械行业仍然处于"黄金发展期"，前景广阔。

政 策 篇
Policy Reports

B.2

2020年我国医疗器械审批制度改革分析报告

张 华[*]

摘　要：　2020年，国家药品监督管理局认真学习贯彻党中央国务院重大决策部署，贯彻落实《医疗器械监督管理条例》，进一步深化医疗器械审评审批制度改革，贯彻"四个最严"的要求，既抓疫情防控，又抓质量监管。创新审批成果更加显著，注册人制度试点持续深化，落实"放管服"改革要求更加积极，医疗器械注册管理工作取得新成效。未来我国医疗器械审批制度改革应重点围绕加快医疗器械注册管理法规制修订、全面实施医疗器械注册人制度、继续优化"最严谨的标准"工作体系、持续提高医疗器械分类管理水平等方面展开。

---

[*] 张华，国家药品监督管理局医疗器械注册管理司副司长。

关键词：医疗器械 审批制度 注册管理

2020 年，国家药品监督管理局贯彻落实国务院《关于改革药品医疗器械审评审批制度的意见》和中共中央办公厅、国务院办公厅《关于深化审评审批制度改革鼓励药品医疗器械创新的意见》，深化医疗器械审评审批改革，鼓励医疗器械产业创新发展，优化医疗器械临床试验管理，加强医疗器械监管法规体系、注册管理基础和技术支撑能力建设。本报告介绍了 2020 年医疗器械审批制度改革进展情况，并提出相关建议。

一 医疗器械审批制度改革进展

2020 年初，国家药品监督管理局召开了全国医疗器械监督管理工作电视电话会议，分析形势，总结 2019 年和研究部署 2020 年医疗器械监督管理工作。国家药品监督管理局按照工作计划，全力推进医疗器械审批制度改革各项工作，全面推进医疗器械监管事业迈上新台阶。《关于深化审评审批制度改革鼓励药品医疗器械创新的意见》中涉及医疗器械的 14 个方面 63 项改革任务全部完成，并持续深化。

（一）持续推进法规标准体系建设

一是修改完善医疗器械相关条例、配套规章和规范性文件。《医疗器械监督管理条例》，已经于 2020 年 12 月由国务院常务会议修订通过，于 2021 年 6 月 1 日正式实施。同步修改完善《医疗器械注册管理办法》《体外诊断试剂注册管理办法》《医疗器械临床试验质量管理规范》等 6 部规章、规范性文件修订稿。规范统一技术审查标准，2020 年发布肌腱韧带固定系统等 73 项注册技术审查指导原则，指导研发和规范统一医疗器械注册技术审查工作。

二是标准体系持续优化。严格落实"最严谨的标准"要求，持续推进医疗器械标准提高计划，为医疗器械高质量发展提供坚强有力的保障。优先对医用电气设备专用安全标准和组织工程、人工智能等前沿领域标准予以立项。2020年下达医疗器械国家标准制修订计划27项，医疗器械行业标准制修订计划87项。发布医疗器械国家标准24项，医疗器械行业标准125项，医疗器械行业标准修改单10项。截至2020年12月31日，医疗器械标准共计1758项，其中国家标准226项，行业标准1532项。优化完善医疗器械强制性标准体系，2020年7月，国家药品监督管理局发布《关于进一步加强医疗器械强制性行业标准管理有关事项的通知》（药监综械注〔2020〕72号），提出进一步维护医疗器械强制性行业标准的法律地位，优化标准体系等具体要求。组织开展86项医疗器械强制性标准实施评价，开展强制性标准整合、分析、评价、优化工作，推进标准全过程闭环管理。审核批准医用机器人、临床评价标准化技术归口单位成立和筹建。

三是规范医疗器械分类命名工作。发布《关于调整6840体外诊断试剂分类子目录（2013版）部分内容的公告》，调整产品类别为Ⅲ-7与肿瘤标志物相关试剂的部分体外诊断试剂管理类别及预期用途，明确调整后的有关注册要求。制定《医疗器械分类目录动态调整工作程序》，完成31个医疗器械品种降类工作。完成456个产品分类界定工作，组织开展美容、人工智能类、灸疗等边缘产品属性界定研究工作。发布29种体外诊断试剂、31种医疗器械产品管理类别调整公告。组织制定14项命名指导原则，审核发布医用成像器械等8项通用名称命名指导原则。

四是推进医疗器械唯一标识工作。自2019年7月开展医疗器械唯一标识系统（UDI）试点工作以来，UDI在医疗器械生产、经营和使用各环节得到试点应用，有力地助推UDI从源头生产到临床使用的全链条联动。2020年，制定发布2项医疗器械唯一标识数据库标准，完善数据库功能，推动信息共享。选取试点品种和企业，开展生产、经营和使用监管各环节UDI示范应用。建立部门协作机制，助推"三医"联动，国家药品监督管理局会同国家卫健委、国家医保局联合印发《关于深入推进试点做好第一批实施医疗器械唯一标识工作的公告》，拓展医疗器械唯一标识在医疗、医保等领域的衔接应用，将试点时间顺延至 2020 年底，第一批实施时间调整至 2021 年 1 月 1 日。试点期间，企业可向医疗器械唯一标识数据库上传、维护和更新相关数据，各相关方可通过唯一标识数据库共享应用相关数据，医疗机构可积极探索推动唯一标识与医疗器械管理、临床应用、医保结算等领域的衔接。为落实国务院高值医用耗材治理改革有关要求，在《国家药监局关于做好第一批实施医疗器械唯一标识工作有关事项的通告》（2019 年第 72 号）所列出的 9 大类 64 个品种的基础上，将《第一批国家高值医用耗材重点治理清单》中耳内假体、脊柱椎体间固定/置换系统、可吸收外科止血材料、阴茎假体、植入式药物输注设备等 5 种高风险第三类医疗器械纳入第一批实施唯一标识的品种范围。

（二）深入推进医疗器械注册人制度试点工作

加快推动医疗器械产业创新发展，为全面实施医疗器械注册人制度进一步积累经验。在上海、广东、天津自贸区开展医疗器械注册人制度试点工作的基础上，进一步扩大至在 22 个省份开展医疗器械注册人制度试点工作。通过试点，探索建立医疗器械委托生产管理制度，落实主体责任，优化资源配置。注册人已获证产品可以委托给具备生产能力的一家或者多家医疗器械企业生产。集团公司内部通过注册人制度进一步整合、优化资源配置。探索建立注册人完善的医疗器械质量管理体系，明确医疗器械注册人、受托生产企业等主体之间的法律责任和义务。探索创新医疗器械监管方式，落实习近平总书记"监管工作一定要跟上"的指示要求，完善事中事后监管体系，明确跨区域各部门监管责任，形成较为完善的跨区域协同监管机制。探索利用医疗器械注册人制度，鼓励医疗器械创新，助推医疗器械产业高质量发展。

上海市药监局探索医疗器械注册人综合监管措施，引导企业、行业组织、社会第三方机构协同管理。上海、江苏、浙江、安徽四省（市）药监局联合印发《长江三角洲区域医疗器械注册人制度跨区域监管办法（试行）》，联合开展体系核查，规范注册人跨区域委托生产。截至目前，22 个省、自治区、直辖市共计 552 个产品通过医疗器械注册人制度试点获批上市，较 2019 年底（93 项）增长 494%。总体来看，试点工作取得了预期的效果，批准试点注册产品数量增长幅度大，试点注册形式覆盖面广，试点成效显著。

（三）助推医疗器械产业创新发展

落实《创新医疗器械特别审查程序》和《医疗器械优先审批程序》，做好创新和优先产品审评审批工作。《创新医疗器械特别审查程序》针对我国拥有发明专利、技术国内首创、水平国际领先，并且具有显著临床应用价值的医疗器械，设置特别审批通道，优先进行审评审批。实施创新特别审查程序，积极推动医疗器械研发创新、新技术推广应用、产业高质量发展。

为了进一步满足临床使用需要，国家药品监督管理局发布了《医疗器械优先审批程序》，对于诊断或治疗罕见病、恶性肿瘤、老年人特有和多发疾病及专用于儿童等临床急需的医疗器械，以及列入国家科技重大专项或国家重点研发计划的医疗器械，国家药品监督管理局将加快审评审批，优先进行技术审评和行政审批，优先进行注册质量管理体系核查，缩短产品批准时间，以使相应成果和产品尽快应用于临床。

通过实施创新和优先程序，医疗器械创新产品数量和质量实现了新突破，科技含量进一步提升。2020 年，国家药品监督管理局批准冠脉血流储备分数计算软件等 26 个医疗器械创新产品，批准遗传性耳聋基因检测试剂盒等 15 个临床急需优先产品，批准的"青光眼引流管"采用了临床真实世界数据。

（四）落实"放管服"改革要求推进境外转移境内生产工作

近年来，业界对进口医疗器械产品在中国境内企业生产，优化有关注册申报资料、避免注册申报资料重复提交的诉求不断增加，为落实党中央、国务院深化"放管服"改革和优化营商环境要求，国家药品监督管理局 2020

年 9 月发布《关于进口医疗器械产品在中国境内企业生产有关事项的公告》（2020 年第 104 号），鼓励外商投资企业在国内转移生产已获进口注册证医疗器械。参考借鉴国际相关要求，结合我国医疗器械注册、监管、临床使用等方面的实际情况，基于医疗器械科学监管的原则，对进口医疗器械注册人如在境内生产已获进口注册证的产品，在产品设计未发生改变、质量管理体系保持基本一致，保证产品安全有效性的前提下，简化注册申报资料要求，认可部分已注册进口医疗器械原已提交的注册申报资料，优化相应审查资料要求，避免注册资料的重复提交。

（五）强化医疗器械临床试验监管

为满足公众临床使用需要，使临床急需治疗的患者能够尽快使用正在进行临床试验的医疗器械，国家药品监督管理局和国家卫生健康委员会联合发布了《医疗器械拓展性临床试验管理规定（试行）》（公告 2020 年第 41 号）。医疗器械拓展性临床试验，是指患有危及生命且尚无有效治疗手段的疾病的患者，可以在开展临床试验的机构内，使用尚未批准注册的医疗器械的活动和过程。医疗器械拓展性临床试验方案和数据，可以在申报医疗器械注册资料时一并提交，并对数据进行分析评价，形成分析评价报告。

为维护医疗器械临床试验过程中受试者权益，提高审批效率，加快产品上市，国家药品监督管理局对需进行临床试验审批的第三类医疗器械目录进行了修订，发布了《需进行临床试验审批的第三类医疗器械目录》（2020 年修订版）。修订的目录增加了适用产品的共性原则描述，调整了 6 项目录产品描述，删除了 2 项产品，更新了分类编码。

为加强医疗器械临床试验监督管理，国家药品监督管理局于 2020 年 11 月对在审的 10 个医疗器械注册申请项目组织开展了临床试验监督抽查，涉及 27 家临床试验机构，并对检查中发现的真实性问题进行了公告。申办者和临床试验机构开展临床试验，应当执行《医疗器械临床试验质量管理规范》，落实主体责任，保证临床试验的过程科学规范、结果真实可靠。

二 加强医疗器械注册管理的对策建议

一是加快医疗器械注册管理法规制修订工作。以颁布实施《医疗器械监督管理条例》为契机，全面优化医疗器械注册管理体系，加强监管能力建设，加大法规的宣贯力度。开展《医疗器械注册管理办法》《体外诊断试剂注册管理》等15部配套规章和规范性文件的制修订工作，确保《医疗器械监督管理条例》和审评审批制度改革成果落地。

二是全面实施医疗器械注册人制度。全面总结医疗器械注册人制度试点工作经验。宣贯注册人制度在优化资源配置、鼓励科研机构研发创新、支持集团企业做大做强等方面的制度红利。药监部门在"品种属人、生产属地"的原则下履行监管职责，督促企业严格落实主体责任。

三是继续优化"最严谨的标准"工作体系。进一步强化标准体系建设，继续实施标准提升计划，加快监管急需、促进产业高质量发展的标准制修订。全面评估论证和优化强制性标准体系，鼓励各方积极参与标准化工作。支持我国自主创新产品、技术优势领域的标准申请国际标准立项。

四是持续提高医疗器械分类管理水平。强化医疗器械分类技术委员会建设，完善分类技术委员会工作规则。继续推进分类目录动态调整工作，科学评估产品风险，有序开展分类目录调整。加大分类界定结果公开力度，提升分类工作质量和效率。

五是稳步推进唯一标识制度实施。2021年1月1日起，医用内窥镜等9大类69个品种正式实施医疗器械唯一标识。拓展唯一标识在各环节的应用，推进唯一标识与医药、医疗、医保等领域的衔接，实现注册上市、生产经营、临床使用、支付结算全链条联动，运用唯一标识创新监管手段。

六是加强医疗器械临床试验监管。落实临床试验机构、临床试验项目责任制度，完善临床试验监督检查要求，强化临床试验项目监督检查。明确注册申报和技术审评临床评价有关要求。深入推进临床真实世界数据试点应用，将临床真实世界数据用于注册审评。

七是持续鼓励医疗器械创新发展。继续做好创新和优先产品审评审批工作。支持指导具有显著临床应用价值、国产自主可控的高端医疗器械研发,集中审评资源,提升审评能力,争取"全球新"产品在国内同步上市。

B.3
2020年我国医疗器械经营监管报告

马忠明　李青云　杨　波*

摘　要： 新修订的《医疗器械监督管理条例》已于2021年6月1日实施，该条例继续保留了医疗器械经营监管的基本制度性规定。本文基于对北京、上海、湖南、陕西、甘肃、河南等部分省市药监局在医疗器械经营环节所开展的监管工作的调研，对一些制约市场主体发展、可以通过主体责任落实解决的问题及域外先进管理经验进行了分析，梳理归纳了近年来国家药监局和地方监管部门出台的一系列加强医疗器械经营监管的工作制度、机制，以及其对加强医疗器械监管、规范医疗器械经营秩序起到的重要作用；也针对监管实践中发现的薄弱环节，提出了完善、加强监管工作制度、机制的措施和建议，有助于进一步提升医疗器械经营监管工作的针对性和有效性。

关键词： 医疗器械　经营监管　监管制度

现行的医疗器械经营监管相关规章主要有《医疗器械经营监督管理办法》和《医疗器械网络销售监督管理办法》，监管工作中还会经常使用到

---

* 马忠明，国家药品监督管理局医疗器械监督管理司综合处处长，主任药师；李青云，上海市药品监督管理局医疗器械监管处副处长；杨波，陕西省药品和疫苗检查中心医疗器械专职检查员。

《医疗器械说明书和标签管理规定》《药品医疗器械飞行检查办法》《医疗器械召回管理办法》《医疗器械不良事件监测和再评价管理办法》①。此外,原国家食药监局印发的一些具体规范性文件,如《医疗器械经营企业分类分级监督管理规定》《医疗器械经营环节重点监管目录及现场检查重点内容》《医疗器械经营质量管理规范现场检查指导原则》《关于医疗器械经营企业跨行政区域设置库房办理事项的通告》等,也是日常监管工作开展的依据。以上法规类文件实施几年来,对于规范医疗器械经营行为,指导医疗器械经营监管,维护市场秩序与产品安全,起到了重要的法制保障作用。

一 当前依法形成的八项制度机制

(一)三类医疗器械经营许可制与二类医疗器械经营备案制

依据《医疗器械监督管理条例》(以下简称《条例》)第41条、42条规定,目前对于从事第二类、第三类医疗器械经营的企业,都设置了一定的经营条件,分别实施经营备案制、经营许可制。其中备案无效期规定,许可证效期为5年②。

(二)医疗器械经营企业进货查验与销售记录制度

根据《条例》有关规定,医疗器械经营企业、使用单位购进医疗器械,应当查验供货者的资质和医疗器械的合格证明文件,建立进货查验记录制度。从事第二类、第三类医疗器械批发业务以及第三类医疗器械零售业务的经营企业,还应当建立销售记录制度。进货查验记录和销售记录应当真实,并按照国务院药品监督管理部门规定的期限予以保存。

---

① 王兰明、赵阳:《深化医疗器械审评审批制度改革,促进医疗器械产业高质量发展——中国医疗器械审评审批制度改革概述》,《中国食品药品监管》2021年第1期。
② 《医疗器械监督管理条例》。

（三）法定监管职责清晰的市场监管综合制

依据《条例》规定，从事第二类、第三类医疗器械经营的企业，应当向设区的市级人民政府负责药品监督管理的部门申请备案许可。尽管《医疗器械经营监督管理办法》第3条规定了"县级以上药品监督管理部门负责本行政辖区医疗器械经营监督管理工作"，但按照"谁审批，谁监管"的原则，工作实践中，具体监管职责仍由设区的市级人民政府药品监督管理部门承担。实施监管体制改革后，医疗器械经营企业的监管职责，被完全合并到企业所在地的市场监管局，体现出网格化综合监管而非专业化的监管机制。

（四）网络销售采取线上线下主体同一制

《医疗器械网络销售监督管理办法》第七条规定："从事医疗器械网络销售的企业应当是依法取得医疗器械生产许可、经营许可或者办理备案的医疗器械生产经营企业。"由此可见，医疗器械网络销售的主体是具有医疗器械生产经营许可证或备案证的适格企业，即医疗器械线上与线下销售应当是符合医疗器械法规要求的同一企业主体，无证线下企业不能成为网络销售主体。

（五）实施分类分级监管制

根据《医疗器械经营企业分类分级监督管理规定》，药品监督管理部门根据医疗器械的风险程度、经营业态、质量管理水平和遵守法规的情况，结合医疗器械不良事件及产品投诉状况等，将医疗器械经营企业划分为三个监管级别，并按照属地监管的原则，实施分级动态管理。三级监管为风险最高级别的监管，主要是对重点监管目录涉及的医疗器械经营企业、第三方物流企业、上年度因违法经营被处罚且整改不到位以及有不良信用记录的经营企业进行的监管。这一规定，突出了监管重点，提高了监管效率。

（六）实施飞行检查制

《药品医疗器械飞行检查办法》规定，飞行检查是指由食品药品监督管理部门针对药品和医疗器械经营、使用等环节开展的不预先告知的监督检查，该办法第八条明确了食品药品监督管理部门开展药品医疗器械飞行检查的七种情形。同时，还规定了食品药品监督管理部门根据飞行检查结果，可以依法采取限期整改、发告诚信、约谈被检查单位、监督召回产品、收回或者撤销相关资格认证认定证书，以及暂停研制、生产、销售、使用等风险控制措施。企业采取整改措施使风险因素得到消除的，可及时解除相关风险控制措施。在监管工作中，无论是上级部门的督查，还是职能部门组织的日常监督检查，飞行检查仍是最直接有效的一种监管形式。

（七）实施责任约谈制

医疗器械生产经营企业是医疗器械产品安全的第一责任人，在医疗器械经营监管工作中落实企业的第一责任人制度在风险管控上显得尤为重要。监管部门在日常监管工作中发现企业存在安全风险隐患时要及时采取相应措施。《医疗器械经营监督管理办法》第五十一条、《医疗器械网络销售监督管理办法》第三十四条，分别从不同角度规定了药品监督管理部门对医疗器械经营企业进行责任约谈的 8 类情形。实际工作中，对违法违规企业进行行政约谈，已成为常用的一种工作措施。

（八）跨辖区设置仓库的协同监管机制

《关于医疗器械经营企业跨行政区域设置库房办理事项的通告》规定，医疗器械经营企业跨行政区域设置库房，只能从事与本企业购销业务有关的物流活动，既要向医疗器械经营许可证（备案凭证）发证部门提交变更申请，又要向库房所在地设区的市级药品监督管理部门提交经营许可或备案申请，并提供库房相关资料。此项业务需要两个不同行政辖区的市级药品监督管理部门互相配合、协同，才可以实现对跨区设置仓库经营企业的有效监管。

二 对保留调整相应制度机制的建议

在以上八项制度机制中，综合监管工作实际，建议对第（四）、（五）、（六）、（七）予以保留并强化、细化，对第（一）、（二）、（三）（八）予以保留但进行相应调整完善。具体建议与理由如下。

（一）保留并强化、细化

1. 医疗器械网络销售主体，应当是获得线下许可备案的实体

《条例》第四十六条：从事医疗器械网络销售的，应当是医疗器械注册人、备案人或者医疗器械经营企业。有了《条例》这一上位法规的肯定，《医疗器械网络销售监督管理办法》这一网络器械管理制度必将能够得到更好的深入贯彻，将线上与线下统一起来，有力地避免空壳公司与网上虚假信息的出现，铆定销售主体的责任能力，更好地保证网上医疗器械产品质量安全，为网络销售主体的责任能力与赔偿能力设置了前提。网络销售医疗器械具有虚拟性特点，应坚持"线上线下"一致原则，全面强化网络销售主体责任、法定义务，推进"线上线下"一体化监管，严格核查经营主体的医疗器械经营资质。重点夯实医疗器械网络销售第三方平台的主体责任，是全面规范网上医疗器械销售行为的制度保障。

2. 实施飞行检查制度、分级分类监管制度和责任约谈制度

这些制度都在《条例》中得到了强化，可以充分发挥监管部门的监督检查作用，突出监管的针对性与有效性，在责任约谈的柔性执法中，纠正违法违规行为，及时地处置与化解质量安全隐患。有了这些制度性规定，可以为基层执法检查提供明确充分的依据，可以通过坚持并进一步细化有关内容，继续发挥其应有的作用。

（二）保留但宜进行相应调整完善

1. 对于第三类医疗器械经营许可制与第二类医疗器械经营备案制，建议

结合《条例》，在配套的制度层面从许可备案的对象、范围、方式方面做出一定的完善

许可与备案是第一道监管，对于经营第二类、第三类医疗器械的企业，无论实施许可制还是备案制，都是非常必要的。但许可备案制在为监管提供明确目标对象的同时，也凸显了企业数量庞大与监管力量不足之间的矛盾。因此，从风险管理与简化流程的角度看，在坚持"三类许可、二类备案"的前提下，建议考虑做出以下修订："按照国务院药品监督管理部门的规定，不需要经营许可或备案就能够保证其安全的第三类、第二类医疗器械，可以免于许可、备案""按照国务院药品监督管理部门的规定，以及按照高类覆盖低类的原则，对于同时经营第三类、第二类医疗器械的，可以免于第二类医疗器械备案"，如此可以减少现有企业 50% 以上的备案凭证发放数量。同时，对于第二类经营备案的企业，可以明确实施告知承诺制，可以免交一些不必要的相关材料。湖南省积极开展医疗器械许可、备案委托下放事项的指导、培训、考核，特别是湖南省株洲市在市区范围内对药品零售企业试点了多证合一，对同时经营医疗器械、药品、食品两个以上项目的药品零售企业，将原来分别核发不同的许可证，改为只按要求最高的药品经营项目核发一个《药品经营许可证》，并在经营范围中注明兼营其他经营项目。甘肃省简化审批程序，完善许可、备案标准，实行"容缺"审批备案，建立"一网通办"资质互认机制，开展医疗器械自助销售终端试点，取得较好成效。

2. 对医疗器械经营企业进货查验与销售记录制度，在继续坚持规定企业履行查验与销售记录义务的基础上，调整记录事项的内容

以记录的"销售日期"以及"供货者或者购货者地址及联系方式"等内容为例来说明。销售日期难以界定，可以是指合同日期，也可以是指发货日期，且记录销售日期意义不大；至于供货者或者购货者地址及联系方式，由于 GSP 的首营审核中有记录，在大量的记录中重复记录这一事项，是徒增无效劳动，对于质量管理无实质性作用。因此，建议配套的管理制度对此类与实际不相符的规定进行创新性的删减。

3. 对于法定监管职责清晰的市场监管综合制，可根据风险管控原则，在实践中对监管职责进行调整

由于对医疗器械经营企业的监管职责的划分涉及不同情况，如对于零售企业的许可与监管，由县级相关部门负责；有的业务需要由省级部门统筹，如《医疗器械网络销售监督管理办法》明确，医疗器械网络交易服务的备案管理，由省级药品监管部门负责。再如"从事为其他医疗器械生产经营企业提供贮存、配送服务"的企业的许可与监管职责，部分地方也由省级药品监管部门统筹负责。因此，建议在法规制度设定完善时，给予省级以下监管部门更多的监管力量调配权，不再做出明确的"由设区的市级人民政府药品监督管理部门负责"这样的硬性规定，授权由省级部门根据辖区情况做出具体职责划分的规定。另外，部分省、市结合实际，在地市设置省药监局地市分局与省药品和疫苗检查中心地市分中心的做法，很好地将药品安全监管从体制机制上往职业化专业化方向引导强化，值得借鉴。

4. 对于跨辖区设置仓库的监管配合机制，建议从简化企业办事流程和扩大适用范围的角度，做出相应的调整

国家药监局《关于医疗器械经营企业跨行政区域设置库房办理事项的通告》（2018年第108号）与原国家食药监局《关于印发医疗器械经营企业跨省辖区增设仓库监管规定的通知》（国食药监市〔2006〕223号）都是为了规范企业跨行政区域设置仓库而做出的规定，虽然工作监管模式相近，但前者增加了向增仓地药品监督管理部门提交资料的规定。这在实践中，一方面增加了企业不必要的义务，另一方面也难以体现企业所在地承担主体职责。建议按照变更增加仓库的程序，仅向企业主体所在地提交资料。另外，"从事为其他医疗器械生产经营企业提供贮存、配送服务"的经营企业，由于业务属性原因，其往往需要超出所在省市辖区范围，甚至在全国范围内设置仓库，因此，对于异地增设仓库的需求更大，建议在此项规定中，将该类经营企业列入适用范围，不再限定"只能从事与本企业购销业务有关的物流活动"。

三 对完善医疗器械监管的几点思考

（一）关于增设进口医疗器械源头监管机制的思考

据相关行业协会统计，进口医疗器械目前在我国的上市产品市场中占据五成以上的份额。由于进口医疗器械在我国的载体常常表现为经营企业的属性，如何有效地加强对进口医疗器械经营企业的监管，特别是源头监管，是我们一直在思考的问题。总的建议是，对进口医疗器械通盘制定相关规定，首先要抓住每一个进口医疗器械的境内责任人（区别于代理人的概念内涵），就像抓住境内注册人（生产企业）一样，做出类似的规定。这需要规定境内责任人需要具有境外注册人的明确授权并向监管部门报备的义务。而且由于境内责任人需要具有责任能力与赔偿能力，因而应当对其设置一定的准入条件。在此基础上，才可以实现进口医疗器械监管源头清晰、监管目标明确、监管事半功倍的目的。

（二）提高医疗器械立法位阶，学习吸收域外先进经验

食品、药品（疫苗）和医疗器械安全关乎民生，国家明确提出要建立食品（药品）安全国家战略，实践中这些产品都是由市场监管部门（药监部门）进行监管。《食品安全法》几经修订成为"史上最严的食品安全法"并于 2015 年 10 月 1 日正式施行。《药品安全法》自 1985 年 7 月 1 日施行以来，经过 2015 年、2018 年的两次修正以及 2019 年的系统修订，成为"史上最严的药品安全法"，并于 2019 年 12 月 1 日施行。吉林长春长生疫苗安全事件等使得国家加强了疫苗立法，《疫苗流通和预防接种管理条例》升级为《疫苗管理法》，并于 2019 年 12 月 1 日施行。我国的医疗器械监管工作虽与药品监管工作同步开展，但相对药品来说，医疗器械品种更多，分类更为复杂，风险防控任务仍很艰巨。现阶段我国医疗器械监管主要的法律依据是国务院制定的《医疗器械监督管理条例》，属于行政法规。除此以外还有

国家药品监督管理部门颁布的《医疗器械生产质量管理规范》《医疗器械生产监督管理办法》《医疗器械注册管理办法》《国务院关于改革药品医疗器械审评审批制度的意见》等部门规章和规范性文件。虽然医疗器械监管法规数量众多，但是缺乏由全国人大制定的、具有更高位阶和更高效力的法律，从长远来看还不能满足医疗器械监管和行业发展需要。我们应当推动《医疗器械监督管理法》尽早出台，建立以《医疗器械监督管理法》为核心，相关行政法规、规章为补充，涵盖医疗器械研发、注册、生产、经营、使用等各个环节的监督法规体系，确保医疗器械被全程监管。在立法过程中，我们也应当考虑与国际接轨的问题，学习借鉴美国、日本等发达国家在医疗器械立法方面的成功经验。[①]

（三）加强社会共治和行业自律，完善不良企业退出机制

医疗器械从实验室到医院，从生产经营到监管，链条长，环节多，要想真正实现全程监管，确保各环节的实际效果，需要监管部门、企业、社会大众、行业协会共同参与，形成社会共治格局。《医疗器械监督管理条例》第11条指出："医疗器械行业组织应当加强行业自律，推进诚信体系建设，督促企业依法开展生产经营活动，引导企业诚实守信。"为了更好地加强行业自律，笔者认为可以充分发挥行业协会在医疗器械监管中的作用，规范行业秩序，促进行业自律，引导行业良性发展。协会也可以发挥自身作为监管部门和医疗器械生产经营企业间的纽带作用，推动建立完善沟通磋商机制，更好地进行科学监管。另外，通过监管大数据结合信用管理办法、黑名单制度形成市场退出机制；对不守信企业加大检查力度和频次，对存在问题的企业依法查处，从而倒逼企业加强主体责任的落实；对严重失信的企业启动淘汰退出机制，净化医疗器械生产经营行业环境。[②]

---

① 塔娜、李思：《美国医疗器械上市前监管概述与启示》，《中国医疗设备》2020年第3期。

② 《医疗器械不良事件监测和再评价管理办法》，《中华人民共和国国务院公报》2018年第33期。

（四）推进医疗器械标识唯一制度的落实

近年来，医疗器械产业迅猛发展，特别是国家医保集中带量采购政策的大面积推开，使得国产医疗器械看到了发展的契机，创新医疗器械大量涌出。[①] 目前，我国医疗器械无唯一标识码，虽然新的医疗器械分类工作在持续推进，但仍存在新旧分类目录被混淆的问题。加之，医疗器械在临床治疗、科学研究等领域得到深度应用，产品安全的主体责任、临床治疗的医疗责任、科学研究的伦理责任、法律诉讼的责任认定等需要各种行为主体与产品之间有一种标识锁定，而且这个标识要有唯一性，所以，推行医疗器械产品唯一标识工作迫在眉睫。国家药监局联合国家卫生健康委、国家医保局自2019年7月开展唯一标识试点工作，试点工作开展以来，唯一标识在医疗器械生产、经营、使用全链条各环节得到示范应用，有力助推了医疗器械从源头生产到最终临床使用全链条联动，进一步拓展了医疗器械唯一标识在医疗、医保等领域的衔接应用[②]。2019年8月，国家药监局印发《医疗器械唯一标识系统规则》，自2019年10月1日起施行，根据政府引导、企业落实、试点推进、分步实施的原则，推进落实医疗器械唯一标识制度。医疗器械唯一标识有利于实现监管数据的整合和共享，创新监管模式，提升监管效能，加强医疗器械全生命周期管理，助力产业转型升级和健康发展，为公众提供更加安全高效的医疗服务，增强人民群众的获得感。

（五）完善医疗器械产品风险等级管理

在国家药监局发布的分类目录中，第一类备案产品所占比例为33%，反观美国，豁免上市前公告的产品占多数，约占74%，远高于我国。居高不下的第二类和第三类产品占比意味着企业需要提交更多的资料证明产品的安全有效性，这无疑会增加企业的经营成本，不利于行业发展，也会增加药

---

① 王者雄：《全力保障医疗器械质量安全始终在路上》，《中国医药报》2021年2月24日。

② 易力、黄伦亮、余新华：《医疗器械唯一标识国内外进展》，《中国食品药品监管》2021年第3期。

品监管部门的技术审评和现场核查的工作压力，加大行政成本。建议依据产品风险、市场充盈量、技术成熟性，及时调整分类目录。同时，结合医疗器械不良事件监测等对已上市产品有足够证据证明风险可控的，可适当降低风险类别，以此合理控制上市产品风险并减轻申请人负担。

（六）加强科研院所与医疗机构在医疗器械研发领域的创新性研究与监管

《条例》增加了医疗机构研制和使用尚未上市体外诊断试剂的要求，即第五十三条：对国内尚无同品种产品上市的体外诊断试剂，符合条件的医疗机构根据本单位的临床需要，可以自行研制，在执业医师指导下在本单位内使用；还增加了"医疗机构临床急需进口情况的要求"，即第五十七条第二款：医疗机构因临床急需进口少量第二类、第三类医疗器械的，经国务院药品监督管理部门或者国务院授权的省、自治区、直辖市人民政府批准，可以进口。进口的医疗器械应当在指定医疗机构内用于特定医疗目的。同时，《条例》鼓励医疗机构积极开展临床试验相关工作，并把开展临床试验工作作为医院评定级别的条件之一。医疗器械注册备案人制度也鼓励科研院所及医疗机构积极开展医疗器械的研发工作，并提出对在医疗器械相关工作中有重大贡献的予以表彰，可见法律已经为科研院所开展医疗器械研发、临床试验等形成了制度保障，药品监管部门要在日常监管工作中，积极落实《条例》精神，在院内诊断试剂制剂、医疗器械研发等方面给予政策的支持和实地的指导帮扶。

总之，要在规章和规范性文件层面，尽可能地将监管实践中的有效经验转化形成可推广的制度，切中监管薄弱环节，提供有针对性的制度供给，将《条例》新增的延伸检查、风险警示等内容细化在制度文件中。同时，在推进实施医疗器械监管工作过程中，继续鼓励各地结合实际创新监管方式、方法，进一步丰富监管工具，立足新发展阶段，全面贯彻新发展理念，融入新发展格局，全力推进医疗器械经营高质量监管迈上新台阶。

B.4
2020年我国医疗器械
不良事件监测报告

岳相辉*

摘　要： 2020年是我国医疗器械不良事件监测工作史上较为特殊的一年，全国医疗器械不良事件监测系统人员积极投身新冠肺炎疫情防控工作，主动作为，为临床医疗和医疗器械产业提供服务和技术支持，为疫情防控工作取得胜利做出了重要的贡献。在抗击新冠肺炎疫情的同时，积极推进《医疗器械不良事件监测和再评价管理办法》的实施，进一步完善不良事件监测规范体系，发布相关指南文件，不良事件监测工作质量得到进一步提高，收集到的可疑不良事件报告数量大幅度增加，通过不良事件监测及时发现和处置产品风险，监测工作取得了新的进展和成绩，为保障医疗器械安全有效发挥了重要作用。

关键词： 医疗器械　不良事件　风险管理

2020年是医疗器械不良事件监测工作史上较为特殊的一年，突袭而至的新冠肺炎疫情对我国的社会生产生活造成了严重的冲击，整个社会运行按下了暂停键。疫情对我国的医疗器械监管工作提出了严峻的挑战，在党中央

＊ 岳相辉，外科学博士，国家药品监督管理局器械监管司监测抽验处三级调研员。

的坚强领导下，医疗器械生产和医疗器械监管工作均迅速转到战时状态，以防疫物资保供给和保质量安全为重点开展各项工作。医疗器械不良事件监测系统工作人员积极投身新冠肺炎疫情防控工作，主动作为，密切结合临床需求，创造性地开展工作，为临床医疗和防疫物资生产提供服务和技术支持，为疫情防控工作取得胜利做出了重要的贡献。在抗击新冠肺炎疫情的同时，医疗器械不良事件监测系统稳步推进各项工作，做好日常监测工作，积极推进《医疗器械不良事件监测和再评价管理办法》的实施，进一步完善不良事件监测规范体系，发布三份指南文件。在全系统工作人员的共同努力下，不良事件监测工作质量得到了进一步提高，各地收集到的可疑不良事件报告数量大幅度增加，通过不良事件监测及时发现和处置产品风险，监测工作取得了新的进展和成绩，为保障医疗器械安全有效发挥了重要作用。

一　2020年新冠肺炎疫情防控相关工作

2020年初，新冠肺炎疫情突袭而至，抗击疫情成为全国各行各业的首要任务。面对疫情，国内外抗疫防疫物资如口罩、防护服、红外测温计、新冠病毒检测试剂奇缺，防疫物资的扩产能保供应成为重中之重，药监系统由此成为抗疫后方的主战场。随着应急审批、紧急进口、紧急使用等应急措施的实施，大量新企业新产品及转产产品上市，极大地缓解了供应紧张的局面。但同时，一些企业仓促上马，生产质量管理体系不够健全，生产工艺存在问题，加之特殊时期部分熔喷布原料及自动化口罩生产机存在问题，致使产品质量不稳定，如何在保障市场供给的基础上严格质量监管，对药监部门提出了严峻的考验。各地药监部门主动作为，夜以继日地开展各种形式的检查、检验、监测工作，有效地确保了防疫用医疗器械产品的质量安全。在不良事件监测工作方面，疫情初期国家药监局即部署加强监测工作，2月中旬又印发了加强疫情防控期间医疗器械不良事件监测的文件，部署加强疫情防控产品的不良事件监测。国家药品评价中心积极围绕防疫相关医疗器械上市后安全性监测开展工作，密切跟进《新型冠状病毒肺炎诊疗方案》动态更新，详细梳理了救治工作相关的防护口罩、防护服、隔离衣、气管插管、鼻氧管、呼吸面罩、血液透析、灌流器具等防护、诊疗器械的品种目录，建立应急值班日志文档以及国家和省级的协调联动工作机制，开展新冠肺炎疫情防控相关器械的日监测、周汇总，做到对疫情防控相关医疗器械风险的"早发现、早沟通、早处理"，国家医疗器械不良事件监测信息系统共收集到疫情防控相关无源医疗器械的可疑不良事件报告数千份，通过对收集到的报告及时开展调查、分析和评价，对可能存在伤害风险的产品实时开展调查处置，发现风险信号十余个。经调查核实，监测到的风险信号多数涉及假冒伪劣产品及质量问题，也有部分是产品说明书内容不全面不准确，导致使用者错误使用。国家不良反应监测中心与省级监测机构协同处置，督促注册人对一百多个产品采取了包括修改说明书、改进产品工艺设计、产品召回、加强培训等一系列风险控制措施。通过各级药品监管部门的努力，自疫情发生以来国家医疗器械不良事件监测系统未发现疫情防控医疗器械产品出现聚集性风险信号，充分证明了我国的疫情防控医疗器械产品质量安全可靠。

二　2020年不良事件监测法规制度建设

为进一步完善医疗器械不良事件监测法规制度体系，细化不良事件监测各项工作要求，更好地指导各级医疗器械不良事件监测的行政管理人员、监测技术人员、注册人备案人、生产经营企业和使用单位不良事件监测人员依法、科学地开展监测工作，国家药监局在新版《医疗器械不良事件监测和再评价管理办法》（以下简称《办法》）发布实施的基础上，组织监测技术部门和部分省局制定了一系列指南文件。其实该项工作早在《医疗器械不良事件监测和再评价管理办法》修订过程中即已着手开展，在《办法》发布实施后，依据《办法》实施情况和在实施中发现的问题以及监管形势和监管要求的变化及时进行补充、调整，历经调研、起草、公开征求意见、多次开展会议研讨、修改完善等程序，于 2020 年先后发布了《国家药监局关于发布医疗器械注册人开展不良事件监测工作指南的通告》（2020 年第 25号）、《国家药监局关于发布医疗器械定期风险评价报告撰写规范的通告》（2020 年第 46 号）、《国家药监局关于发布医疗器械注册人开展产品不良事件风险评价指导原则的通告》（2020 年第 78 号）三个指南文件，主要用于指导和规范医疗器械注册人、备案人开展不良事件监测和风险评价工作。这三个指南文件详细梳理了《医疗器械监督管理条例》和《办法》中对注册人、备案人的不良事件监测工作要求，结合不良事件监测工作多年来的经验和工作实际，力求解决注册人监测工作中遇到的主要问题和普遍性问题，其内容按照标准操作程序的方式组织成文，基本做到了各指南文件独立成系统，企业监测人员可将其做成"口袋书"随身携带，随用随看。

2020 年，为加强我国药品不良反应监测系统的建设，尽快形成完备的药品不良反应/医疗器械不良事件监测工作体系，国家药监局起草发布了《关于进一步加强药品不良反应监测评价体系和能力建设的意见》，提出今后一个时期医疗器械不良事件监测评价体系和能力建设的目标以及工作任务，为下一步不良事件监测工作明确了思路、统一了认识。

三　2020年不良事件监测宣贯培训

各级药品监管部门继续深入开展宣贯培训工作，逐步提高监管人员和不良事件监测人员业务水平。新版《办法》相较于老版《办法》调整了工作思路，强化了注册人、备案人主体责任，提高了监测工作要求，重新设计了工作流程。实践中发现，行政相对人，特别是部分医疗器械生产企业仍存在理解不全面、措施不到位、工作不适应的情况；部分监管人员和监测技术机构监测人员在法规变化、工作量激增、工作要求大幅度提升的背景下也需要进一步统一认识、统一工作尺度，提高工作能力和工作效率。在前期法规宣贯培训的基础上，各级药监部门想方设法克服疫情带来的不利影响，多措并举，采用现场授课、网络课堂、印制发放教材及法规指南文件单行本等方式，积极主动地开展了大量的培训工作。国家药监局结合援疆援藏工作，对青海、西藏两地监管人员及监测机构骨干人员近百人进行了现场培训，组织评价中心对省市级监管人员、监测技术机构人员和行政相对人进行了网络培训。国家药品不良反应监测中心举办了 2 期国家级医疗器械不良事件监测法规及技术培训班，主题分别为医疗器械不良事件关键技术、国际监管法规交流，培训内容包括医疗器械不良事件监测工作开展情况介绍、配套指导原则重点内容介绍、国际医疗器械监测法规介绍等，共计培训 1000 余人次。此外，国家药品不良反应监测中心还组织召开了第五届中国医疗器械警戒大会，大会以"医疗器械警戒与监管科学"为主题，通过线下线上结合的方式，邀请了国内外 20 余位专家学者作专题报告，国内外不良事件监测领域专家学者和医疗器械行业人员、生产经营企业积极参加，参会人员达 900 余人。2020 年国家药监局举办了"全国医疗器械安全宣传周"，其中安排一天的时间进行医疗器械不良事件监测主题宣传，充分利用多媒体、网络等平台，向公众积极宣传相关知识，努力营造全社会理解、全社会参与、全社会受益氛围。通过一系列的宣传、培训活动，不良事件监测工作取得新的进展，2020 年收集到的可疑不良事件报告较上一年大幅度增长，报告的质量持续提高，各级监管部门通过监测工作发现、识别、控制风险的能力和水平得到有效的提升。

四　2020年不良事件监测概况

2019 年新版《办法》实施后，不良事件监测系统工作人员开展了大量的基础性工作，如上线新版的医疗器械不良事件监测信息系统，广泛开展宣贯培训，督促生产经营企业、医疗机构注册为系统用户并通过系统上报和处理不良事件报告等，为不良事件监测工作的顺利开展和转型打下坚实的基础。医疗器械不良事件监测信息系统基层注册用户（包括注册人、经营企业和使用单位）数量持续提升，达到 35 万余家，比上年增长 10.03%，其中注册人 27195 家，比上年增加 38.3%，占用户总数的 7.75%，这主要与防疫物资生产企业数量激增有关；经营企业 198833 家，占用户总数的 56.65%；使用单位 124945 家，占用户总数的 35.60%（见图1），经营企业和使用单位的基层注册用户分别比上年增长 11.52% 和 3.24%（见图2）。可疑医疗器械不良事件报告数量在经历 2019 年短暂的调整后再次快速增长，2020 年全年全国收集可疑医疗器械不良事件报告数达到 53.6 万余份（剔除错报误报后），比上年增加 35.25%（见图3）。全国绝大多数省（区、市）（28 个，较 2020 年增加 10 个）的不良事件报告县级覆盖率达到 100%，有效扩大了监测的覆盖面，为开展医疗器械上市后的风险分析与评价提供了数据依据。

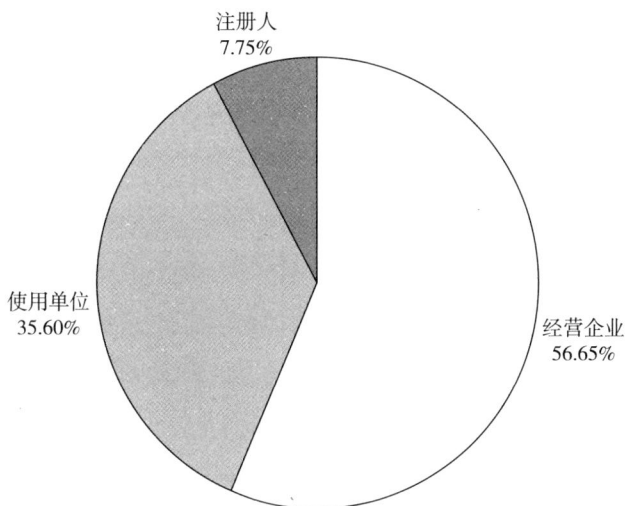

图1 2020 年国家医疗器械不良事件监测信息系统基层注册用户情况

资料来源：国家医疗器械不良事件监测信息系统。

2020 年，全国各地的医疗器械不良事件报告数量与 2019 年相比总体呈增长趋势，其中河北、天津、安徽、吉林、广西、西藏、江苏等地增幅较大（见表1）。全国每百万人口平均医疗器械不良事件报告数量达到 402 份（见表2），各省（区、市）每百万人口平均医疗器械不良事件报告数量均超过

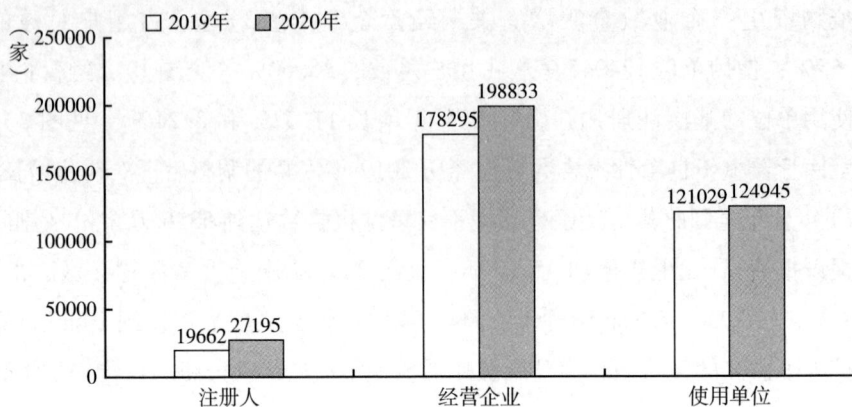

图2　2019 年和 2020 年全国医疗器械不良事件监测信息系统
基层注册用户分类比较情况

资料来源：国家医疗器械不良事件监测信息系统。

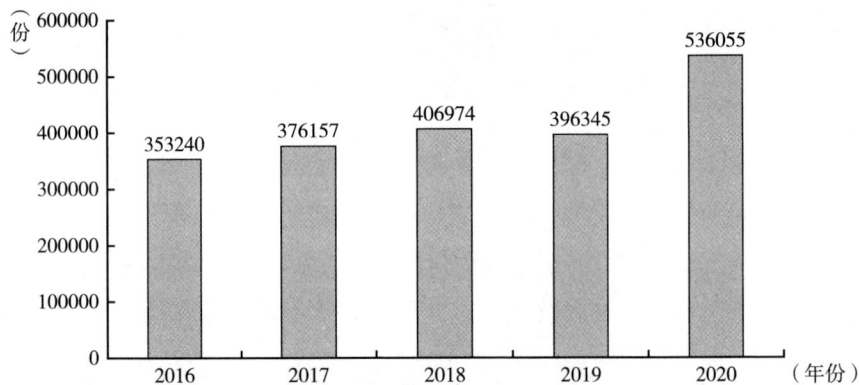

图3　2016～2020 年全国可疑医疗器械不良事件报告数量

资料来源：国家医疗器械不良事件监测信息系统。

了 100 份。2020 年各省（区、市）医疗器械不良事件报告县级覆盖率持续
提高，其中 28 个省（区、市）的县级覆盖率达到 100%（见表 3），反映出
我国医疗器械不良事件监测工作在各地区实现了较为均衡的发展，已经没有
明显的空白区域。

表1 2020 年各地医疗器械不良事件报告数及增长率

单位：份，%

序号	地区	2020 年报告数	增长率
1	北　京	7037	−12.68
2	天　津	8465	230.41
3	河　北	55037	365.35
4	山　西	10948	11.11
5	内蒙古	7131	−4.22
6	辽　宁	10492	15.97
7	吉　林	6885	109.65
8	黑龙江	8995	−2.76
9	上　海	10250	7.31
10	江　苏	43123	40.26
11	浙　江	15531	4.95
12	安　徽	35250	121.56
13	福　建	9520	9.99
14	江　西	17748	23.21
15	山　东	52872	17.96
16	河　南	40109	31.15
17	湖　北	18991	7.90
18	湖　南	19686	19.86
19	广　东	41129	21.47
20	广　西	17242	71.99
21	海　南	2869	−6.97
22	重　庆	11203	7.87
23	四　川	28324	30.93
24	贵　州	11863	1.19
25	云　南	12180	16.99
26	西　藏	367	46.80
27	陕　西	14492	5.32
28	甘　肃	7784	15.76
29	青　海	864	−24.80
30	宁　夏	1346	−24.59
31	新　疆	7971	26.08
32	新疆生产建设兵团	351	−15.01
	合　计	536055	35.25

资料来源：国家医疗器械不良事件监测信息系统。

表2　2020年各省（区、市）每百万人口平均医疗器械不良事件报告数量

单位：份

省(区、市)	每百万人口报告数	省(区、市)	每百万人口报告数
北京市	359	湖北省	332
天津市	654	湖南省	300
河北省	766	广东省	394
山西省	307	广西壮族自治区	375
内蒙古自治区	289	海南省	331
辽宁省	240	重庆市	388
吉林省	251	四川省	352
黑龙江省	235	贵州省	341
上海市	445	云南省	265
江苏省	548	西藏自治区	122
浙江省	285	陕西省	388
安徽省	592	甘肃省	304
福建省	258	青海省	154
江西省	398	宁夏回族自治区	214
山东省	552	新疆维吾尔自治区	382
河南省	427	全国	402

资料来源：国家医疗器械不良事件监测信息系统。

表3　2019年、2020年各省（区、市）医疗器械不良事件报告县级覆盖率

单位：%

省(区、市)	2020年县级覆盖率	2019年县级覆盖率
北京	100.00	100.00
天津	100.00	100.00
河北	100.00	100.00
山西	100.00	96.64
内蒙古	100.00	91.26
辽宁	99.06	95.54
吉林	100.00	100.00
黑龙江	99.07	87.80
上海	100.00	100.00
江苏	100.00	100.00
浙江	100.00	99.14
安徽	100.00	99.17

续表

省(区、市)	2020 年县级覆盖率	2019 年县级覆盖率
福　建	100.00	100.00
江　西	100.00	100.00
山　东	100.00	100.00
河　南	100.00	100.00
湖　北	100.00	100.00
湖　南	100.00	99.22
广　东	100.00	99.18
广　西	100.00	100.00
海　南	100.00	100.00
重　庆	100.00	100.00
四　川	100.00	95.12
贵　州	100.00	100.00
云　南	100.00	100.00
西　藏	85.00	39.19
陕　西	100.00	100.00
甘　肃	100.00	98.84
青　海	100.00	90.91
宁　夏	100.00	86.96
新　疆	100.00	100.00

资料来源：国家医疗器械不良事件监测信息系统。

不良事件报告中，医疗器械使用单位上报 455782 份，占报告总数的 85.03%；注册人上报 11191 份，占报告总数的 2.09%；经营企业上报 68902 份，占报告总数的 12.85%；其他来源的报告 180 份，占报告总数的 0.03%。

按报告的伤害程度分，死亡可疑医疗器械不良事件报告 218 份，占报告总数的 0.04%；严重伤害的报告 32874 份，占报告总数的 6.13%；其他的报告 502963 份，占报告总数的 93.83%。国家和各省级监测技术机构均对事件伤害程度为死亡的可疑医疗器械不良事件报告进行了及时调查处置，督促注册人及时开展调查、评价。经调查核实，收到的可疑死亡医疗器械不良事件报告均为个例报告，无群发性情形；经评价，其中绝大多数与器械的使用无明确关系，仅 15 份报告与涉及的医疗器械有一定的关联。在后续监测中，未发现上述事件涉及的医疗器械有风险异常增高情况。

按产品分类统计，涉及第三类医疗器械的报告 178305 份，占报告总数的 33.26%；涉及第二类医疗器械的报告 242457 份，占报告总数的 45.23%；涉及第一类医疗器械的报告 46995 份，占报告总数的 8.77%。监测到的发生情况反映出产品的固有风险与产品的风险等级一致。

涉及无源医疗器械的报告 345326 份，占报告总数的 64.42%；涉及有源医疗器械的报告 118730 份，占报告总数的 22.15%；涉及体外诊断试剂的报告 3672 份，占报告总数的 0.69%，还有 12.75% 的报告未填写医疗器械结构特征，共 68327 份。

医疗器械使用场所为"医疗机构"的报告 459553 份，占总数的 85.73%；使用场所为"家庭"的报告 64109 份，占总数的 11.96%；使用场所为"其他"的报告 12393 份，占总数的 2.31%。

2020 年，监测信息系统收到的可疑不良事件报告涉及了医疗器械分类目录中的所有类别。报告数量排名前十的医疗器械类别见表 4。

表4 2020 年医疗器械不良事件报告数按医疗器械分类目录统计前十名

单位：份，%

排名	医疗器械分类目录	报告数	占报告总数百分比
1	14 注输、护理和防护器械	226536	42.26
2	07 医用诊察和监护器械	53229	9.93
3	09 物理治疗器械	40731	7.60
4	22 临床检验器械	26002	4.85
5	08 呼吸、麻醉和急救器械	22036	4.11
6	18 妇产科、辅助生殖和避孕器械	15338	2.86
7	06 医用成像器械	13025	2.43
8	10 输血、透析和体外循环器械	12722	2.37
9	02 无源手术器械	12061	2.25
10	17 口腔科器械	8276	1.54

资料来源：国家医疗器械不良事件监测信息系统。

B.5

2020年我国医疗器械应急审批报告

袁　鹏[*]

摘　要： 为满足新冠肺炎疫情防控需求，2020年，国家药监局启动医疗器械应急审批工作，各级药品监督管理部门应急审批通过了体外诊断试剂、防护服、各类防护口罩等多种疫情防控产品，应急批准时间、产品数量均充分满足了疫情防控工作的需要，并发挥了关键性的作用，为打赢疫情防控阻击战提供了有力保障。在应急审批工作中，国家药监局创新举措，通过并联审查、随到随审，提升速度；通过附条件批准、限定许可效期，提高效率；通过信息系统保障，确保连续审查和持续的指导；通过上市前后联动，确保了上市产品的质量持续可控。本文对相应应急审批工作进行了全面回顾，并对有关问题进行总结分析，在此基础上，对下一步工作包括应急审批程序的完善、条例相关紧急使用要求等进行了分析。

关键词： 医疗器械　应急审批　新冠肺炎疫情

在新冠肺炎疫情防控过程中，医疗器械特别是体外诊断试剂和防护产品对于相应疾病的诊断、救治均起到了不可替代的作用，为打赢疫情防控阻击战提供了有力保障。

---

* 袁鹏，国家药品监督管理局医疗器械注册管理司注册一处处长。

一 新冠肺炎疫情暴发后医疗器械应急审批情况

近年来，国家药监局曾多次针对突发公共卫生事件，比如由 H7N9、MERS 和埃博拉等病毒引发的疫情，启动医疗器械应急审批工作，但由于相关疫情在国内并不严重，申请医疗器械应急审批的主要是体外诊断试剂产品，较少有生命支持和维持设备、防护服、医用口罩等产品。即使是体外诊断试剂，申请应急审批的数量也较少，且少量产品获批后即可满足当时疫情防控需要，甚至存在部分产品被纳入应急审批后，由于疫情快速结束等原因，直接放弃后续注册工作的情况，所以此前应急审批面临的整体压力较小。但新冠肺炎疫情持续时间长、影响大，国内外环境更为复杂，这与近些年我国曾经出现的其他突发公共卫生事件情况完全不同，因此，2020 年医疗器械应急审批工作面临的压力空前，经受了最严峻的考验。

（一）国家药监局应急审批情况

新冠肺炎疫情暴发后，根据国务院有关会议精神，国家药监局于 2020 年 1 月 20 日启动医疗器械应急审批程序，针对疫情防控急需，决定对新冠病毒检测试剂开展应急审批。

为做好应急审批工作，中国食品药品检定研究院在 2 天内形成注册检验操作技术指南，4 天内完成标准品的标定、制备和分装。国家药监局器审中心制定了新冠病毒检测试剂注册技术审评要点。

2020 年 1 月 22 日，国家药监局按照《医疗器械应急审批程序》，组织疾控系统和临床机构的特别专家进行审核和评估，拟定将 8 家企业的 8 个产品纳入应急审批程序。随后，国家药监局器审中心组织应急审批工作小组，全程对接相应企业，全天 24 小时提供指导咨询，随到随审，全力加快审评进度。国家药监局器械注册司加快协调中国食品药品检定研究院、相关省局、医疗器械检测机构以最快速度完成注册检验、体系考核等工作。2020年1月26日、28日、31日，国家药监局先后批准上海捷诺生物科技有限公司、华大生物科技（武汉）有限公司等7家企业的7个体外诊断产品上市，极大地满足了疫情初期对于诊断试剂的强烈需求。

截至2020年底，国家药监局共批准54个新冠病毒检测试剂，其中包括25个核酸检测试剂、26个抗体检测试剂、3个抗原检测试剂，核酸检测试剂还包含8个快速检测产品（检测时间为35～90分钟），形成了种类齐全、方法多样的检测技术体系，产能达到2401.8万人份/天，完全满足了疫情防控的需要，为常态化疫情防控工作提供了有力保障。李克强总理在考察国家新冠肺炎药品医疗器械应急平台时指出，检测试剂在这次疫情防控中发挥了十分关键的作用。

此外，国家药监局还批准了基因测序仪、核酸检测仪、呼吸机和血液净化装置等20个诊断、治疗仪器设备，1个检测配套软件和3个敷料产品。

（二）省级药品监督管理部门应急审批情况

根据《医疗器械监督管理条例》，省级药品监督管理部门负责境内第二类医疗器械注册审查，因此本次疫情中，各省级药品监督管理部门应急审批的产品主要是口罩和防护服等第二类防护产品。

2020年，各省级药品监管部门共应急批准疫情防控用第二类医疗器械4900个，其中包括420个防护服产品，307个防护口罩产品，1430个外科口罩产品，2285个一次性使用医用口罩产品，以及心电图机、一次性使用检查手套、一次性使用介入手术包、一次性使用外科手套、隔离舱、一次性使用医用帽、医用隔离病床、加热呼吸管路、红外体温计、红外耳温计、血氧仪、高流量呼吸湿化治疗仪等产品。

疫情初期医用防护服和医用口罩缺口较大，通过应急审批，至2020年底，我国医用防护服、医用口罩注册证较疫情前分别增加了1260.5%、1064.6%，不仅能充分保障使用需求，而且可以大量出口国外。

对比2019年和2020年注册数据，2020年，各省级药品监管部门共批准境内第二类医疗器械首次注册14407项，比2019年增长132%，其中应急审批产品占比达34%。而境内第一类医疗器械备案数量也创历史新高，达到34644项，比2019年增加106.8%。疫情期间，新开办企业、企业转产情况较多，因此生产企业许可证发放数量比2019年增加107%，通过上述数据可以看到省级药品监管部门应急审批数量巨大，我国医疗器械产业具有巨大的生产潜能。

（三）其他情况

在疫情发展初期，由于国内防护产品产能不足，各地存在引入国外防护产品的情况，但是国内外防护产品标准并不一致。为了更好地确保相应产品质量，国家药监局紧急组织开展了防疫用械标准研究比对工作，对美、欧、日等国家和地区医用防护服、医用口罩以及工业防护服、民用口罩标准进行重点研究比对。同时，国家药监局还紧急开展《可重复使用医用防护服技术要求》等行业标准制定，开展可重复使用医用防护服应急攻关，批准3个可重复使用医用防护服上市。此外，国家药监局还完成《新型冠状病毒核酸检测试剂盒质量评价要求》等6项国家标准和2项国际标准立项，其中，《医用电气设备第2~90部分：高流量呼吸治疗设备的基本安全和基本性能专用要求》获得国际标准化组织立项通过。这些研究为保证疫情防控产品质量提供了技术基础。

综上所述，在疫情期间，无论是国家层面还是省级层面，应急审批工作都卓有成效，应急审批工作程序运转良好，应急批准时间、产品数量均充分满足了疫情防控工作的需要，并在疫情防控中发挥了关键性的作用。

二 医疗器械应急审批取得良好成效的原因

2020年医疗器械应急审批工作能够取得较好成绩，主要是因为应急审批流程的创新、技术力量的充分投入、科学合理地设置了审查要求以及良好的信息化建设基础。

（一）并联审批、随到随审，提升审查速度

按照通常产品注册要求，企业需要自行向检测机构提交注册检测申请，在完成注册检测后才能开展临床试验，临床试验完成后，整理相应注册申报资料并提交注册申请，随后再由技术部门发出体系核查通知，省药监局按照通知等待企业提交相应核查资料，然后开展核查，相应过程串联开展。但在应急审批过程中，只有创新举措，才能充分压缩时间，满足急迫的防控需求。因此在新冠肺炎疫情应急审批过程中，药品监督管理部门允许上述工作全部并行开展，即对于应急审批产品，可以并行开展注册检验、临床试验和体系核查等工作，从而把各环节衔接时间基本压缩到了零。对于三类产品，国家药监局器审中心对每一个应急审批产品均组织相应团队对接，安排专人负责，改变了过去全部资料完成后再开展技术审评的做法，实施随到随审的工作举措，对任何一份企业完成的研究资料、临床资料等，随时予以接收，审评人员和企业随时沟通，同步提出补正要求，通过这样的方式，将技术审评资料等待时限也基本压缩到了零。

环节衔接和资料等待时间的大幅压缩，使得初期应急审批时限较《医疗器械应急审批程序》规定的已经超出常规的时间又有大幅压缩。虽然时限大幅压缩，但是由于采用了团队审查、全程指导、全天无休的技术审评方式，实际投入的技术审评力量与正常产品相差不大，这也保证了我国医疗器械应急审批的质量。

（二）附条件批准、限定许可效期，提升审查效率

由于是在应急状态下进行的审评审批，相关过程并行开展，企业研发资料、临床资料等受客观因素，如患者样本难以获取，各医疗机构、疾控部门对数据的限制，临床机构难以开展临床试验等限制，无法做到像常规注册时那么充分。但疫情防控形势紧急，不可能等产品资料准备充分后再予以批准，因此，在应急审批过程中，鉴于产品临床前和临床评价均基于

当时可获得的有限证据，药品监督管理部门科学设置审查要求，在基本保障产品安全、有效的前提下，充分考虑产品上市后可以收集的数据与已获得的有限证据之间的平衡，对于通过有限证据能够证明产品对于新冠肺炎诊疗具有临床价值的，采用附条件方式批准相应产品上市。企业应当在产品上市后继续完成相应工作，如对于部分体外诊断试剂明确要求，其在延续注册时应提交临床应用数据的总结报告，临床应用数据应具有完善的信息，样本量符合统计学要求等，从而在满足疫情使用和确保安全有效之间形成最佳平衡。

同时，根据产品技术审评情况，综合评估上市前后工作、疫情发展等因素，对于应急审批产品注册证书效期也进行了限定，国家药监局审批产品一般限定为 6 个月至 1 年的有效期，省级药监部门可根据各自审查情况来定有效期。

科学审查，一方面保证了应急审批产品的质量，另一方面也满足了疫情防控急迫的需求。

（三）充分利用信息系统、依托网络，提升审查效能

疫情期间，由于人员流动受限，无法通过纸质文件寄送等方式递交注册申请资料，而通常情况下的当面咨询沟通等更是无法开展。这种情况下，国家药监局的注册电子申报系统发挥了巨大的作用。

2019 年 5 月，国家药监局发布《关于实施医疗器械注册电子申报的公告》，对于医疗器械注册实施电子申报，企业可以通过网络传递注册申报资料，很多在疫区的企业，如湖北等地的企业，不需要任何人员离开当地，就可以通过网络传递资料。相应咨询和沟通也可以通过网络视频方式开展，在疫情期间，为了更好地指导企业和省药监局开展有关工作，国家药监局还通过网络组织了大规模的培训，没有因为人员流动管控等不利因素停止应急审批工作。而国家药监局器审中心内部信息系统也使得审评人员可以做到远程连接，随时随地投入审评。这些举措都将外界环境因素对审查影响减到最低，为应急审批工作提供了基础保障。

（四）上市前后联动、合并许可，提升监管质量

在疫情期间，很多原来不生产医疗器械的企业转产医疗器械，很多科研机构研发转化产品成立相应企业生产医疗器械，因此促使上述企业建立完善的医疗器械质量管理体系，确保产品质量持续稳定，对于疫情防控至关重要。为了做好相应工作，各级药品监督管理部门建立了良好的上市前后联动机制，如国家药监局及时将批准产品信息通知相应省级药品监督管理部门，加强应急审批产品监督检查工作，确保企业作为产品质量第一责任人的主体责任的落实，督促企业认真履行有关规定要求，确保完成附条件审批后续工作，确保质量管理体系有效运行，严格按照产品技术要求来组织生产。对于非医疗器械生产企业转产医用产品的，省级药品监督管理部门也加强现场指导，促使企业达到监管要求。此外，各省级药品监督管理部门也及时跟踪产品使用情况，加大不良事件监测工作力度，确保产品质量安全，从而确保了对应急审批产品全链条的监管。

各省（区、市）在审批防护产品时，从疫情防控实际出发，对医用防护服等产品生产许可程序等进行了优化，提高工作效率。部分省级药品监督管理部门在办理医用防护服注册申请时，将生产许可现场检查与注册现场核查合并进行，对符合条件的，同步发放产品注册证和生产许可证。

三 存在的问题和相关建议

（一）主要问题

虽然医疗器械应急审批工作取得了成效，但新冠肺炎疫情严重情况不同以往，实践检验结果表明，医疗器械应急审批工作还存在如下问题。

一是大量同质化产品对应急审批带来巨大压力。比如本次疫情暴发后，由于病毒基因序列、检测位点都已及时公布，体外诊断试剂开发难度低，大量企业生产的产品同质化严重，数量极大，企业申报踊跃，而各相关部门又

给予各种支持，没有统一指挥，各自为政，给有限的审查资源带来了巨大的压力。

二是应急审批要求还需进一步细化。比如启动应急审批的具体操作要求、筛选要求，充分发挥省局初审、初核作用，临床急需品种的判定，企业纳入应急审批后提交资料时限要求、注册证效期等，这些都需要通过总结本次疫情经验，加以完善。

三是联动的产品研发机制还没有形成。疫情期间，产品注册，特别是体外诊断试剂产品申报注册面临的最大问题是临床样本获取难、临床试验开展难。由于我国疫情在相对较短时间内得到了有效控制，研发机构难以获取足够的临床样本开展临床试验；有些产品需要借助新鲜样本进行临床试验，而这些新鲜样本一般只在疫情集中暴发地的部分指定救治医疗机构中才有，但这些医疗机构忙于患者诊疗，无法投入精力开展临床试验；体外诊断试剂检测用的标准品，其材料来源受限于我国相应血液制品管理规定，难以通过正式渠道获取；部分有样本能够进行体外诊断试剂临床试验的机构很多是疾控中心，这些单位由于不了解医疗器械监管法规或者没有相应需求，往往忽视医疗器械临床试验开展需要机构备案的要求，没有备案。以上种种情形，对于产品研发上市都造成了障碍。

（二）相关建议

第一，修订《医疗器械应急审批程序》。通过总结本次新冠肺炎疫情防控经验，我们认为今后医疗器械应急审批程序应当增加省局初审职能，细化申报资料要求，明确纳入应急审批的评估要求，吸收随到随审、并联审批的经验，明确纳入应急审批后提交资料的时限、注册证效期等，从而进一步完善应急审批要求，确保应急审批能够充分应对突发公共卫生事件。

第二，配合新条例的发布实施，研究紧急使用要求。新的《医疗器械监督管理条例》已于2021年6月1日正式实施，其中第十九条明确了紧急使用医疗器械的相应条件、范围和要求。

对于紧急使用应重点考虑以下几方面。一是启动条件；二是卫生健康部门根据疾病防治和诊断需要提出具体的医疗器械品种、范围以及期限的紧急使用建议；三是在国家层面建立相应的应对处置或者联防联控机制，并组织评估论证；四是评估论证同意的，允许特定医疗器械在指定范围和期限内使用，紧急情况结束后如需继续使用，应当按照正常程序获得上市许可；五是医疗器械的临床紧急使用应当在卫生健康部门组织或者指导下进行，严格监测使用风险，密切跟踪产品的使用情况和风险信息，若出现重大风险，卫生健康部门应当采取紧急治疗措施或者立即停止产品的紧急使用；六是应当建立相应的补偿赔偿机制。

第三，建立相关部门联动机制，促进应对疫情防控产品研发。要建立顺畅的部门协同机制，提前做好准备，包括建立样本库，有效进行样本的调取、储藏和运输，指定和确定临床试验机构，集中开展临床试验等，相关工作的开展应该和疫情其他防控措施实施同步。

B.6
2020年我国医用耗材集中
采购状况和趋势

耿鸿武　戴　斌　叶小芳*

摘　要： 本文梳理了我国医药集中采购政策脉络，归纳总结了顶层政策对医用耗材集中采购提出的具体要求和发展方向。统计汇总了2020年全国31个省（区、市）、333个地级市进行的医用耗材集中采购项目，重点对2020年新增医用耗材集中采购项目进行研究和分析。数据显示：2020年，我国医用耗材集中采购按照国家级、省级（含联盟）、市级（含联盟）多层次并行发展，模式仍以传统集中采购、挂网采购、集中带量采购为主。各省（区、市）、各市在延续原有思路的同时，加快了集中带量采购的试点和探索。通过对结果数据的汇总统计发现，集中带量采购总体价格降幅为58.87%，最大降幅为97.76%，取得了良好的降价效果。最后，本文提出现阶段医用耗材集中采购呈现出十大趋势，为各地今后开展集中采购工作提供了实践参考依据。

关键词： 医用耗材　集中带量采购　价格降幅

---

* 耿鸿武，清华大学老科协医疗健康研究中心执行副主任，九州通医药集团营销总顾问（原业务总裁）；戴斌，江苏华招网信息技术有限公司总经理，高级工程师；叶小芳，江苏华招网信息技术有限公司市场总监，高级调研师。

2019年7月31日，针对医疗器械领域中存在的问题，国务院办公厅印发《关于治理高值医用耗材改革方案的通知》（国办发〔2019〕37号）（简称37号文），对高值医用耗材的集中采购、医保支付、价格管理、流通监管等提出新要求。截止到2021年1月，已有江苏、福建、陕西等15个省份发布省级高值医用耗材治理改革方案，各地围绕37号文要求广泛开展了集中带量采购的试点及编码对接、平台完善等相关工作。

2020年，医用耗材集中采购模式不断地迭代和完善，国家、省（区、市）、地市多级齐头并进。本文对2020年医用耗材集中采购的政策进行了梳理，对31个省（区、市）医用耗材集中采购数据进行了分析，总结了现阶段医用耗材集中采购的方式，并对"十四五"时期集中采购的趋势进行总结，为今后医用耗材集中采购工作的开展及完善提供参考和依据。

一　我国当前医用耗材集中采购相关政策

2019年11月29日，在国家药品联采试点一年之际，国务院深化医药卫生体制改革领导小组印发了《关于以药品集中采购和使用为突破口进一步深化医药卫生体制改革的若干政策措施》（国医改发〔2019〕3号），强调"全面深化国家组织药品集中采购和使用改革；总结评估全国范围推进国家组织药品集中采购和使用试点经验做法；坚持市场机制和政府作用相结合，国家组织药品集中采购模式不断优化，有序扩大国家组织集中采购和使用药品品种范围；探索逐步将高值医用耗材纳入国家组织或地方集中采购范围；构建全国药品公共采购市场和多方联动的采购格局"。

2020年7月23日，国务院办公厅发布《关于印发深化医药卫生体制改革2020年下半年重点工作任务的通知》（国办发〔2020〕25号），将集中带量采购、医保医用耗材目录编制、打击商业贿赂、医保信息标准化、医保支付方式改革、高值耗材重点品种监控等列为工作重点，明确

"制定改革完善药品采购机制的政策文件"将成为下半年的重点工作任务。这一年,国家医疗保障局组织了三批四轮药品集中带量采购,2020年11月3日进行了首轮国家组织的冠状支架集中带量采购,并启动开展了骨科类耗材数据填报工作;地方以联盟或独立集采的形式开展了百余项集中带量采购的试点。延续了以往"分类采购、量价挂钩、招采合一、保证质量"的思路和方法,采用了明确采购数量、医保提前结算货款、医疗机构不得限制中选产品进院等新的方法,解决了过去制约产品购销的四个痛点(结账、数量、进院、使用)问题,收效显著。

2020年9月10日,韩正副总理主持召开了"药品和高值医用耗材集中采购座谈会",对集中带量采购提出了更高的要求。2020年9月16日,国家医疗保障局出台了《关于建立医药价格和招采信用评价制度的指导意见》(医保发〔2020〕34号),对医药购销领域商业贿赂、涉税违法、价格垄断、不正当价格行为、违规投标、恶意违反合同约定等有悖诚实信用的行为提出了严格的要求,设置了未来集中采购的新规则。截至2020年12月31日各省(区、市)已经全部发文对此项工作进行落实。《医药价格和招采信用评价的操作规范》《医药价格和招采信用评价的裁量基准》等配套文件也于2020年11月由国家医疗保障局医药价格和招标采购指导中心正式印发。

2021年1月15日,国务院总理李克强主持召开国务院常务会议,对"进一步推进药品集中带量采购改革,以常态化制度化措施减轻群众就医负担"进行部署,提出"集采要在为患者减负的同时,兼顾企业合理利润,推动药品、耗材行业在竞争中提高集中度,促进产品创新升级,对节约的医保费用按规定给予医疗机构结余留用激励,努力使这项改革实现患者和企业、医疗机构都受益"。2021年1月28日,国务院办公厅发布《关于推动药品集中带量采购工作常态化制度化开展的意见》(国办〔2021〕2号文)(以下简称"2号文"),标志着我国现阶段集中采购已经从试点阶段进入制度化、规范化的"常态化"实施阶段。该文件提出"探索逐步将高值医用耗材纳入国家组织或地方集中采购范围"。

2021年2月8日，国家医疗保障局2021年工作要点出台，在集中采购方面，将"贯彻落实《国务院办公厅关于推动药品集中带量采购工作常态化制度化开展的意见》"，"推进第四批、第五批国家组织药品集采，做好国家组织冠脉支架集采中选结果实施，常态化制度化开展药品耗材集中带量采购"；"探索构建联盟采购机制，扩大药品集采，分层、分类、分批开展医用耗材集采"；"完善省级平台阳光挂网采购制度，规范挂网撤网规则，促进信息联动，逐步实现公立医疗机构全部从省级平台采购所需药品和医用耗材"；"落实医保资金结余留用政策，激励医疗机构和医务人员合理使用中选产品"等，作为2021年度的工作重点。

二　2020年我国医用耗材集中采购状况

2020年是"十三五"的收官之年，全国集中采购政策方向基本确定，进入常态化操作阶段。对于临床用量较大、采购金额较高、临床使用较成熟、多家企业生产的产品，按类别探索集中带量采购。国家医疗保障局秉持"应采尽采、一品一策"的原则，提出将占用医保基金80%的全部药品和耗材纳入集中采购范围。

根据国家政策，2020年各地如火如荼地开展了医用耗材的集中采购。

（一）2020年医用耗材集中采购项目

根据江苏华招网信息技术有限公司建项数据，从2020年1月1日至2021年4月30日，全国正在执行的地市级及以上的医用耗材集中采购共计393项，其中国家级1项，省级178项，地市级214项。

其中，有16个省（区、市）的集中采购品种同时覆盖高值医用耗材、低值医用耗材、试剂。有11个省（区、市）仅对新冠病毒检测试剂开展集中采购（见表1）。

表1 全国31个省（区、市）医用耗材及试剂集中采购进度

省（区、市）	高值医用耗材（十大类）	低值医用耗材	试剂	省（区、市）	高值医用耗材（十大类）	低值医用耗材	试剂
北　京	尚未独立启动集中采购			湖　南	√	√	√
天　津	√	√	√	河　南	√	√	
河　北	√	√		广　东	√	√	
内蒙古	√	√	√	广　西	√	√	√
山　西	√	√		海　南	√	√	
吉　林	√		√	四　川	√	√	√
黑龙江	√			云　南	√	√	
辽　宁	√	√		重　庆	√		
上　海	√	√		西　藏	√		
浙　江	√	√	√	贵　州	√		
江　苏	√	√		陕　西	√	√	
福　建	√	√	√	甘　肃	√	√	
江　西	√	√	√	宁　夏	√		
安　徽	√			青　海	√		
山　东	√	√		新　疆	未招满	√	√
湖　北	√	√	√				

说明：①根据江苏华招网信息技术有限公司建项数据统计，统计时间截至2021年4月30日；②国家及京津冀联盟集中采购项目不是按照十大类划分目录，未纳入统计；③试剂部分仅针对新冠病毒检测相关产品开展集中采购的未显示在表中。

（二）2020年医用耗材新增集中采购项目

根据江苏华招网信息技术有限公司建项数据，2020年1月1日至2021年4月30日，新增医用耗材集中采购项目130项，占比为32.91%。

1. 国家级项目新增1项

2020年10月16日，国家组织高值医用耗材联合采购办公室发布《国家组织冠脉支架集中带量采购文件（GH－HD2020－1）》，启动首次耗材的国家联采，并于2020年11月5日正式开标。此次集中采购品种为冠状动脉药物洗脱支架系统（材质要求为钴铬合金或铂铬合金，载药种类要求为雷帕霉素及其衍生物，以下简称"冠脉支架"）。在"一个注册证一个申报价"

"一轮竞价""拟中选企业申报价不超过最低申报价的 1.8 倍/2850 元"等规则下，最终有 10 个支架产品中选，最低价 469 元。与 2019 年相比，相同企业相同产品的集中采购价格平均降幅为 93%，其中，国内产品平均降幅为92%，进口产品平均降幅为 95%。

2021 年 4 月 1 日，《关于开展部分骨科类高值医用耗材产品信息采集工作的通知》由国家组织高值医用耗材联合采购办公室发布，由此启动了人工髋关节、人工膝关节类高值医用耗材产品信息采集工作，也意味着第二批高值医用耗材的国家联采即将开展。

2. 省级项目新增80项

省级项目包括省际联盟集中采购和省级集中采购两种方式。

新增省际联盟集中采购项目 15 项，品种涉及人工晶体、球囊、部分骨科材料等耗材。广东联盟、京津冀"3＋N"联盟仅对新冠病毒检测试剂进行了集中采购。

新增省级集中采购项目 65 项：新冠病毒检测试剂项目及疫情相关物资（如注射器、采血管、口罩、防护服等）项目共计 22 项，其余 23 项为集中带量采购项目，涉及品种见表2；20 项为挂网采购项目。

表 2　全国各省（区、市）和新疆生产建设兵团及联盟集中带量采购涉及品种

地区	冠脉支架	冠脉球囊	人工晶体	吻合器	医用胶片	补片	新冠病毒检测试剂	骨科材料	导引导丝	起搏器	留置针	输液器	其他
北京	■	⑪	④										
天津	■	⑪	④										
河北	■	⑪	④								▲	▲	
上海	■		▲										
重庆	■	①	⑥	⑦	⑦	⑦	⑧	⑫					
山西	▲＋■	③	④	▲	▲	▲		⑨＋⑫	⑨				
辽宁	■	③	④					⑨	⑨				
吉林	■	③	④					⑨	⑨				
黑龙江	■	③	④					⑨	⑨				
江苏	▲＋■	▲	▲	▲	▲	▲		▲		▲			
浙江	■	▲						▲					
安徽	■		▲					▲		▲			

地区	冠脉支架	冠脉球囊	人工晶体	吻合器	医用胶片	补片	新冠病毒检测试剂	骨科材料	导引导丝	起搏器	留置针	输液器	其他
福建	■							▲			▲		▲
江西	■	②	⑩				⑧	⑫					
山东	■	▲	④			▲		▲		▲			▲
河南	■	②	▲+⑩	⑦	⑦	⑦	⑧	⑫			▲		
湖北	■	▲			▲			⑫				▲	
湖南	■	▲	⑤	▲			⑧	▲					
广东	■	②	⑩				⑧						
海南	■	①	⑤				⑧	⑨	⑨				
四川	■	③	⑥					⑨	⑨				
贵州	■	①	⑤	⑦	⑦	⑦		⑨+⑫	⑨				
云南	■			⑦	⑦	⑦	⑧	⑫					
陕西	■	②	⑤				⑧					▲	▲
甘肃	■	③	⑤					⑨	⑨				
青海	■	②	⑤				⑧	▲+⑨+⑫	⑨	▲	▲	▲	
内蒙古	■	③	④					⑨	⑨				
广西	■	②	⑤				⑧	⑫					
西藏	■	③	⑥										
宁夏	■	②	⑤				⑧	⑨+⑫	⑨				
新疆	■	⑪	⑤					⑨	⑨				
新疆生产建设兵团	■	⑪	⑤					⑨	⑨				

说明：①仅统计省级及以上集中带量采购品种类别，方形、圆形、三角形分别代表组织单位为国家、联盟、各省（区、市），其中圆形内序号一致的表示属于同一联盟（按集中带量采购先后顺序排序）；②"骨科材料"包含关节、脊柱、创伤类耗材；"补片"包括疝补片、可吸收硬脑（脊）膜补片；"其他"为目前仅有一个省份进行集中带量采购的品种，包括福建（超声刀、镇痛泵）、山东（穿刺器）、陕西（敷料）；③统计时间截至2021年4月16日。

3. 市级项目新增48项

市级项目包括省内市级联盟集中采购和市级集中采购项目。

市级联盟集中采购项目共计 15 项，主要实施省份为山西、河南、山东三省，采购目录品种主要涉及注射器、输液器、采血管、采血针等低值耗材，其中，新乡联盟采购目录含试剂，山西省太原、晋中、忻州、吕梁联合对疫情物资进行集中谈判，辽宁省锦州市、葫芦岛市对省目录品种进行联合议价。

市级集中采购项目共33项。其中，集中带量采购项目18项，传统集中采购项目11项，挂网采购项目5项。

三 2020年我国各省（区、市）医用耗材集中采购模式

2020年，我国医用耗材和医疗器械集中采购模式仍以传统集中采购、挂网采购、集中带量采购为主。2020年全国新增的集中采购项目中，传统集中采购项目21项，挂网采购项目39项，集中带量采购项目70项。

（一）集中采购的三种主要模式

1.传统集中采购模式

传统集中采购是根据各类产品情况，通过综合评审、集中竞价、议价谈判等不同的方式确定中标品牌及成交价格。2020年该模式主要应用于新冠病毒检测试剂的采购及市级医用耗材、试剂的传统招标工作中，主要是对《国务院办公厅关于完善公立医院药品集中采购工作的指导意见》（国办发〔2015〕7号）中规范的集中采购方法的延续，本文不再阐释。

2.挂网采购模式

目前，全国绝大多数省（区、市）启动了挂网采购模式，在满足一定价格要求情况下，实现大部分品种的及时准入。总结2020年全国各省（区、市）的挂网采购项目，按照操作形式可以划分为三种。

（1）直接挂网

各地方医疗保障局根据医疗机构的实际采购需求启动挂网采购。直接挂网通常是指对在采购范围内的品种定期/不定期地开展挂网采购，并进行目录的动态增补。2020年新增的39项挂网采购项目中，采用该方式的共计34项（含6项增补挂网项目），占87.18%。

（2）目录共享挂网

目录共享挂网是近年来出现的跨区域联合采购下的一种方式，即同一联

盟的不同成员之间通过共享采购目录及价格实现快速高效的挂网。比如：2020年新增的39项挂网项目中，仅5项为目录共享挂网。分别为：宁夏普通耗材项目，共享了陕西普通耗材挂网产品；广西第一批、第二批高值医用耗材和贵州第二批、第三批高值医用耗材四个项目均共享了陕西牵头的省际联盟数据。

在挂网项目中，各地普遍开展了议价，按照议价主体不同可以将采购模式划分为两种。

一是医院议价。医院议价是目前最常见的采购模式，即医疗机构在政府集中采购平台上对挂网品种开展议价，并将议定价格作为医疗机构的采购价格。2020年新增的项目中，除辽宁和山东低值医用耗材外，其他项目均采取该方式。

二是地市议价。该模式是医院议价的延伸。二者区别在于该模式不再是医疗机构自主议价，而是招标主管部门代表辖区内医疗机构统一与企业议价。2020年4月27日，辽宁省发布《关于开展以市为单位医用耗材联合议价和带量采购工作的通知》，要求以市为单位对挂网品种开展统一议价，实行同城同价，鼓励市级区域间价格联动，促进全省统一市场、统一价格。

（3）直购专区

该模式是指山东低值医用耗材直购专区，该直购专区于2020年2月10日上线试运行，为省药械集中采购平台的一部分，是一种网上直接采购新模式的探索。该模式借鉴京东、天猫、拼多多等电商模式搭建平台，架起桥梁，为生产或经营企业网上开店、挂网展示产品，医疗机构、零售药店以及居民个人浏览并筛选，网上直购自己需要的低值医用耗材（个人采购须符合有关规定）提供服务。

3. 集中带量采购模式

（1）省际联盟集中带量采购

2020年，医用耗材领域已成立十个跨省集中带量采购联盟（见表3），不同联盟间存在成员交织，共涉及30个省（区、市）及新疆生产建设兵团，目前全国仅有福建一省没有参与联盟集中带量采购。

表3　2020年医用耗材跨省集中带量采购联盟一览

联盟名称	采购类别	成员数量	山西	内蒙古	北京	天津	河北	青海	宁夏	新疆	甘肃	陕西	黑龙江	吉林	辽宁	河南	湖南	湖北
参加联盟次数			4	3	1	1	1	4	4	3	4	2	3	3	3	3	2	1
京津冀"3+N"	高值医用耗材	11	√	√	√	★	√					√	√	√	√			
陕西省际	高值医用耗材	10						√	√	√	√	★					√	
渝贵云豫四省	高值/低值医用耗材	4														√		
渝贵琼三省	高值医用耗材	3																
广东联盟	高值医用耗材/试剂	13						√	√	√	√					√	√	
六省二区	高值医用耗材	8	√	√							√		√	√	√			
内蒙古省际	高值医用耗材	14	√	★				√	√	√			√	√	√			
河南省际	高值医用耗材	10	√					√	√							★		√
川渝藏三省	高值医用耗材	3																
长三角区域	未定	4																

联盟名称	采购类别	贵州	重庆	云南	四川	西藏	海南	广西	广东	江西	安徽	山东	浙江	江苏	上海	福建	新疆生产建设兵团
参加联盟次数		6	5	3	3	3	4	3	1	2	1	1	1	1	1	0	3
京津冀"3+N"	高值医用耗材											√					√
陕西省际	高值医用耗材	√					√	√									√
渝贵云豫四省	高值/低值医用耗材	√	★	√													

续表

联盟名称	采购类别	贵州	重庆	云南	四川	西藏	海南	广西	广东	江西	安徽	山东	浙江	江苏	上海	福建	新疆生产建设兵团
渝贵琼三省	高值医用耗材	★	√				√										
广东联盟	高值医用耗材/试剂	√	√	√			√	√	★	√							
六省二区	高值医用耗材				★	√											
内蒙古省际	高值医用耗材	√			√	√	√										√
河南省际	高值医用耗材	√	√	√				√		√							
川渝藏三省	高值医用耗材		√		★	√											
长三角区域	未定										★		√	√	√		

说明：五角星为联盟牵头省（区、市）。

（2）省级医用耗材集中带量采购

安徽、江苏、山西、青海、福建、湖北、浙江、上海、河南、陕西、湖南、山东、河北等13个省市进行了共计24项集中带量采购。省级医用耗材集中带量采购主要以临床需求为导向，不以淘汰品种和企业为目的，也不搞单一品种采购。大部分省（区、市）在制度设计上，尊重不同企业间产品的价格差异。

（3）市级联盟医用耗材集中带量采购

市级联盟有两种表现形式，一是同省地市合作，呈现出区域性分布的特点（见表4）；二是跨省地市合作，以南京联盟和三明联盟为典型。

表4 2020年医用耗材跨市集中带量采购联盟一览

省份	市级联盟	采购类别	济南	青岛	淄博	枣庄	东营	烟台	潍坊	济宁	泰安	威海	日照	临沂	德州	聊城	滨州	菏泽	莱芜
山东省	七市联采	低值医用耗材		✓	★		✓	✓	✓			✓					✓		
	七市联采	高值医用耗材		✓	★		✓	✓				✓			✓		✓		
	胶东经济圈	低值医用耗材	✓					✓	★			✓	✓						

省份	市级联盟	采购类别	太原	大同	阳泉	长治	晋城	朔州	晋中	运城	忻州	临汾	吕梁
山西省	两市联采	低值医用耗材		✓	★								
	三市联采	低值医用耗材	★						✓				
	中片联盟	低值医用耗材/试剂	★						✓		✓	✓	
	北片联盟	低值医用耗材		★	✓			✓					
	南片联盟	低值医用耗材				★	✓			✓		✓	

省份	市级联盟	采购类别	郑州	开封	洛阳	平顶山	安阳	鹤壁	新乡	焦作	濮阳	许昌	漯河	三门峡	南阳	商丘	信阳	周口	驻马店	济源
河南省	豫北联盟	低值医用耗材					✓	✓	★											
	中部联盟	低值医用耗材											★				✓	✓		
	新乡联盟	低值医用耗材/试剂					✓	✓	★	✓			✓							
	西部联盟	高值医用耗材			★									✓						✓

说明：星号为牵头单位，底色未填充地市（如泰安、聊城、莱芜、许昌）尚未加入任一市级联盟。

（4）市级集中带量采购

黑龙江、贵州、山西、江苏、浙江、福建、重庆等7省（市）共开展了18项集中带量采购。其中，江西地市项目最多，共计9个。市级集中带量采购品种稍多于省级，最多为8个品种；规则相对比较简单，价格成为主要考虑因素。

（二）集中带量采购影响因素分析

1. 降幅

2020年的70项集中带量采购项目，从目前已公开发布中选结果的36个项目看（见图1），价格总体降幅为58.87%，最高降幅为97.76%，为2020年7月渝贵云豫联盟采购的吻合器（管型、肛肠）价格降幅。采购主体覆盖区域越广降价效果越明显，即降价成效与采购主体覆盖范围呈正相关。

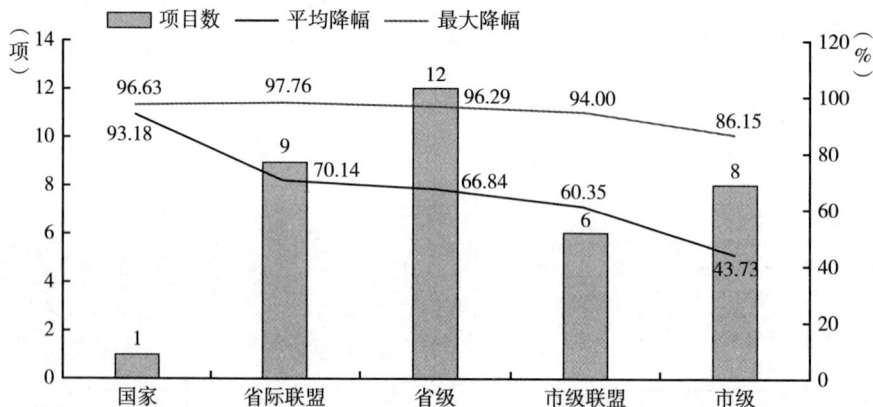

图1　全国地级市及以上地区医用耗材集中带量采购项目按照招标形式降幅统计

说明：宁波负压引流护创、一次性活检针价格降幅分别为96.76%、91.54%，因其采购结果全省共享，故未将其纳入市级最大降幅统计。

统计显示，集中带量采购涉及高值医用耗材、低值医用耗材及试剂等，不同品种价格降幅差异较大。从价格降幅看，全国地级市及以上地区高值医用耗材平均降幅（约62.08%）＞低值医用耗材（约57.28%）＞试剂（35.12%）（见图2）。

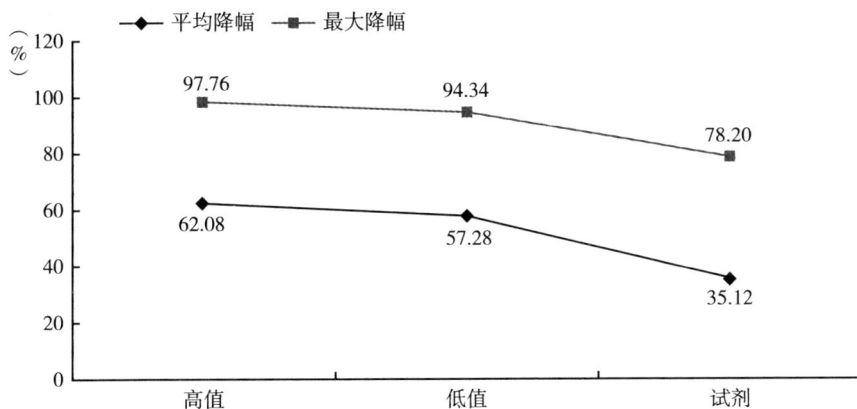

图2　全国地级市及以上地区不同品类医用耗材集中带量采购项目价格降幅统计

各品类医用耗材集中带量采购中选价格降幅差异较大（见表5），平均为58.72%，除缝线降幅为13.58%外，其他品类降幅均在20%以上。

表5　全国集中带量采购涉及品种价格平均降幅一览

类别	平均降幅（%）	类别	平均降幅（%）	类别	平均降幅（%）
护创材料	90.52	气体过滤器包	66.02	肌酐试剂	43.30
套管穿刺器	86.74	敷料	64.00	活检针	43.10
冠脉球囊	84.34	造影注射器及附件	62.97	血糖试纸	42.87
镇痛泵	83.75			超声刀	40.77
核酸提取试剂	80.00	关节类	61.38	循环管路	40.67
吻合器	78.53	吸氧管	61.14	心脏起搏器	37.20
疝修补材料	77.77	采血管	58.20	透析粉	36.47
留置针	76.85	穿刺针	57.00	血液透析类	35.20
硬脑膜补片	76.11	人工晶体	55.98	液基试剂	35.00
冠脉支架	73.08	输液器	55.38	注射器	29.68
冲洗器	72.81	医用胶片	49.52	同型试剂	27.05
中心静脉导管	70.74	柠檬酸	46.33	采血针	21.71
脊柱类	70.50	透析护理包	44.67	缝线	13.58
创伤类	67.30	血液透析器	44.54		

2. 中选率

因各地在中选规则、中选数量上有较大差异，中选率也有很大差异。例如，河南省留置针项目和广东联盟的人工晶体项目中选率均在 90% 以上；而福建南平集中带量采购项目每组仅一家企业中标，中选率不到 10%。总体来看，省级集中带量采购项目平均中选率约为 57.11%，市级平均中选率约为 30.21%，且同层级的联盟集中带量采购项目中选率高于单独开展的集中带量采购项目的中选率。[1]

（三）价格联动

2020 年，各地纷纷完善挂网价格的监测工作，全国 2/3 的省（区、市）要求联动全国最低价（见表 6）。

表 6　全国各省（区、市）价格联动情况

联动价格	全国最低价	指定省份/联盟价格	全国若干省份均价/最低价	暂未明确联动取值
各地情况	陕西、甘肃、湖南、黑龙江、海南、贵州、辽宁、山东、江苏、浙江、重庆、四川、广东（联盟区）、湖北、西藏	宁夏:陕西 山西:省际联盟 广西:省际联盟 吉林:浙江、山东、陕西、福建 上海:北京、天津、江苏、浙江、广东、重庆、安徽、福建、江西、山东、河南、河北、辽宁、湖北、湖南	青海:全国最低三省采购价 云南:全国最低三省平均价 安徽:本省采购价中位数及外省中标价和本省中位数的平均价中的低值	京津冀:参考多方采集到的价格数据 内蒙古:对自治区交易数据进行梳理，结合企业自主申请 福建:谈判采购价、省内外耗材采购价等 江西:参考外省采购价

2020 年 10 月 15 日，国家医疗保障局明确表示"国家医疗保障局建立了医用耗材快速集采功能模块系统，收集全国高值医用耗材的交易数据，建立医用耗材明细交易信息库，完成数据收集和数据库建设后，拟尽快开展全

---

[1]　中选率＝中选企业数/参与投标企业总数×100%。

国价格联动等工作"①。截至 2021 年 4 月底，国家医疗保障局针对血管介入类、非血管介入类、起搏器类、眼科类、人工髋关节、人工膝关节、除颤器、封堵器、骨科材料、吻合器等类别的产品开展了两批价格采集与监测工作。

四 我国医用耗材集中采购趋势预判

2021 年，国务院总理李克强在《政府工作报告》中提出"采取把更多慢性病、常见病药品和高值医用耗材纳入集中带量采购等办法，进一步明显降低患者医药负担"。《中共中央关于制定国民经济和社会发展第十四个五年规划和二〇三五年远景目标的建议》要求深化医药卫生体制改革，推进国家组织药品和耗材集中采购使用改革。

我国医用耗材集中采购的未来趋势已经非常清晰，可概括如下。

一是医改的现阶段核心目标依然是降价和控费，集中采购成为改革抓手和突破口。集中带量采购成为本阶段集中采购的主要特征。

二是集中带量采购的品种范围将进一步扩大。医保基金占用较多的高值医用耗材将被率先纳入各省（区、市）的集中带量采购范围，各省（区、市）将从试点阶段进入实施落地阶段，按照国家统一部署加速开展集中带量采购工作，两年之内可实现占用医保基金80%的产品应采尽采。

三是国家组织的联合采购触发机制已经形成；省际、区域联盟采购成为政策要求的方向，过渡期内联盟数量会不断增加，并逐渐向规范化方向发展，形成以龙头区域为主导的联盟采购格局。

四是分类采购依然是集中采购的方向，一品一策专项采购成为医疗耗材集中带量采购的原则，按照品种特点区别对待、建立更加细化的评价规则；不能纳入集中带量采购的品种将以直接挂网的方式进行操作，建立创新性产品的医院备案采购机制。

---

① 国家医疗保障局网站，http：//www. nhsa. gov. cn/art/2020/10/15/art_ 26_ 3737. html。

五是按照价格和招采信用评价政策的要求,落实自我承诺、主动报告、信息效验、信用评级、分级惩戒、信用修复的集中采购新要求。

六是有效地解决产品的质量评价问题,利用临床大数据和专家评价的方式解决集中采购中产品质量评价的相关问题。

七是综合评议,即关注价格,也对产品的质量、安全、临床价值、品牌、市场占有率进行评价,广泛引用价格联动政策;招采合一,医保通过支付的杠杆,解决集中采购中医疗机构长期拖欠货款的问题。

八是集中采购作为"价格发现机制",成为医保支付价格制定的基础。未来将逐渐过渡到以医保支付价格为引导的新的管理体系。

九是"结余留用"制度被广泛应用,成为管理的导向。医保对医疗机构制约、监督、考核的作用将逐渐显现,医疗机构的运营和管理行为将因此改变,并带来医疗机构对产品采购行为的改变。

十是品种、生产、流通的集中度将大幅提高,经营生态将发生改变,行业格局将重新构建,销售规则将重新改写。

B.7
2020年我国医疗器械行业政策分析报告

刘　强*

摘　要：　医疗器械是医药行业的重要组成部分。据中国药招联盟搜集的医药相关政策文件数据，"十三五"期间，国家和地方官方发布的医药行业相关政策文件共7666件。其中国家层面（含行业协会）发布1690件，占比22.0%，地方层面发布5976件，占比78.0%。直接涉及医疗器械行业的相关政策有1311件，其中国家层面发布374件，占比28.5%，地方层面发布937件，占比71.5%；2016～2020年分别出台135件、207件、162件、314件、493件。2020年，医疗器械行业相关政策依然以覆盖全产业链的政策为最多，按文件性质分析，通知类、细则类、通告类政策排在前三位；按三医联动分析，医药类政策文件最多；从各省（区、市）发布的数量来看，排名靠前的广东、四川、贵州、河南、湖北、湖南，共计发文126件，占比30.5%；按关键词排序，2020年排名前五位的是集中采购、注册管理、疫情特殊监管、设备配置、飞行检查。

关键词：　医疗器械　行业政策　集中采购

---

* 刘强，中国药招联盟政策研究员。

2020 年，是我国"十三五"收官之年。按照中共中央和国务院医药卫生体制改革的部署，国家各有关部门和各省、区、市出台了一系列相关政策文件。本文对"十三五"期间，尤其是 2020 年，医疗器械行业政策文件出台情况进行了分析，对影响行业发展的政策主题和重点进行了梳理和解析，并对未来的政策发展趋势进行了预判和展望。

一 2016~2020年医疗器械行业政策发布情况

据中国药招联盟不完全统计，2016 ~ 2020 年（以下统称"十三五"期间），国家、省（区、市）发布的医药行业相关政策文件数量共 7666 件，其中：国家层面（含行业协会）发布 1690 件，占比 22.0%，省级层面发布5976 件，占比 78.0%；直接涉及医疗器械行业的相关政策有 1311 件，其中国家层面发布 374 件，占比 28.5%，省级层面发布 937 件，占比 71.5%（见表 1）。

表 1 "十三五"期间医药行业及医疗器械行业相关政策发布情况

单位：件

国家层级政策文件发布情况							
部门	文件数	部门	文件数	部门	文件数	部门	文件数
国家食药监总局/药监局	1088 (330)	国家卫(健)计委	261 (9)	人社部/国家医疗保障局	118 (17)	国务院(中共中央)	99 (10)
国家发改委	22	科技部	4	国家中医药管理局	5	工信部	3
审计署	1	商务部	1	司法部	1(1)	国家税务总局	1
联合发布	70(6)	行业协会	16(1)				
总 计		1690(374)					

省(区、市)层级政策文件发布情况							
省(区、市)	文件数	省(区、市)	文件数	省(区、市)	文件数	省(区、市)	文件数
安徽	285(43)	河北	204(27)	辽宁	246(40)	四川	232(36)
北京	203(42)	河南	137(32)	内蒙古	214(28)	天津	206(19)
福建	207(29)	黑龙江	227(32)	宁夏	165(32)	西藏	30(4)
甘肃	352(34)	湖北	174(40)	青海	129(15)	新疆	114(11)
广东	295(54)	湖南	190(33)	山东	191(25)	云南	163(30)
广西	304(38)	吉林	143(24)	山西	170(37)	浙江	195(34)
贵州	199(32)	江苏	181(30)	陕西	169(36)	重庆	111(19)
海南	189(38)	江西	167(18)	上海	184(25)		
总 计			5976(937)				

说明：中国药招联盟根据公开资料整理，括号内为医疗器械行业相关政策文件数据。

2016～2020年，医疗器械行业政策文件出台数量呈逐年上升趋势。医疗器械行业政策文件在医药行业政策文件中的占比也逐年提高，从2016年的8.4%提高到2020年的26.5%。如果对全部政策文件按照药、械和其他进行分类分析发现，医疗器械行业政策文件的比例增长趋势更加显著，2016～2020年药械文件数比率分别为100∶15、100∶24、100∶30、100∶46、100∶49。可见，随着医药卫生体制改革的推进，医疗器械行业所面临的监管将越来越严格。

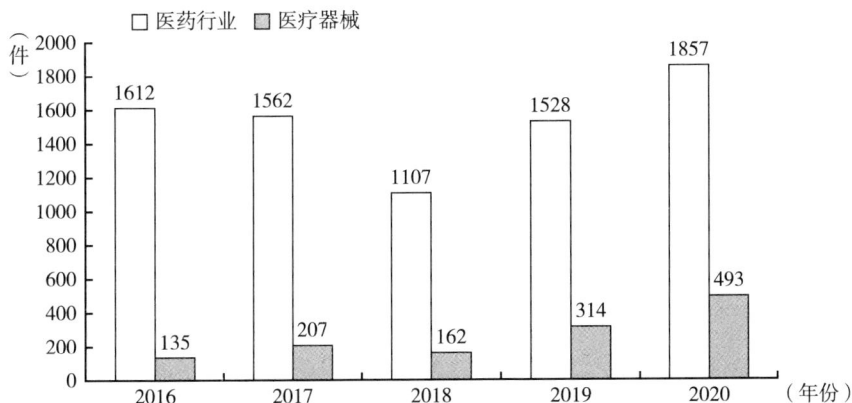

图1　"十三五"期间医药行业及医疗器械行业相关政策文件按时间发布情况

（一）按发文部门分析

药监部门发布数量最多，共计578件，占比44.1%；其次是招标部门，发布数量230件，占比17.5%；再次是医保部门，发布167件，占比12.7%。排名第3~5位的是医保部门、卫生部门、人民政府，发文数分别为167件、148件和95件，占比分别为12.7%、11.3%和7.2%，多部门联合发文87件，占比6.6%；其他如价格主管部门、行业协会、司法部门发文6件，占比仅为0.5%。

（二）按发文省（区、市）分析

省级层面发文共937件，发布数量居前十的省（区、市）依次是广东（54件）、安徽（43件）、北京（42件）、辽宁（40件）、湖北（40件）、广西（38件）、海南（38件）、山西（37件）、陕西（36件）、四川（36件）。排名前十的省（区、市）共发文404件，占比43%。

（三）按文件性质分析

根据政策的性质，相关政策文件可分为宏观性文件、细则、通知、通告、公告、年报、决定等（见表2）。其中，通知、公告和细则类文件为最多，占比88.7%。

表2 "十三五"期间医疗器械相关政策文件按性质统计

单位：件，%

年份	通知	通告	细则	公告	年报	宏观性文件	决定
2016	65	13	36	18	2	1	
2017	61	14	64	45	1	12	10
2018	89	9	47	11	3	3	
2019	190	27	66	24	3	4	
2020	231	28	144	72	2	0	16
合计	636	91	357	170	11	20	26
占比	48.5	6.9	27.2	13.0	0.8	1.5	2.0

（四）按产业链环节分析

按照医疗器械的生命周期可以将医疗器械产业链分为研发环节、生产环节、流通环节及使用环节，医疗器械行业相关政策多数是覆盖整个产业链的全产业链政策，覆盖全产业链的政策数量为 693 件，占比 52.9%。从产业链的每个环节来看，研发环节政策数量 260 件、生产环节 84 件、流通环节 168 件、使用环节 106 件，占比分别为 19.8%、6.4%、12.8%、8.1%，除全产业链政策外，研发环节的政策也比较多（见表3）。

表3 "十三五"期间医疗器械相关政策文件按产业链统计

单位：件，%

年份	全产业链	研发环节	生产环节	流通环节	使用环节
2016	37	45	9	26	18
2017	110	38	18	34	7
2018	48	53	12	42	7
2019	153	58	15	39	49
2020	345	66	30	27	25
合计	693	260	84	168	106
占比	52.9	19.8	6.4	12.8	8.1

（五）按关键词分析

中国药招联盟针对每件文件都做了关键词的标定，按照关键词出现的频率统计，排名居前十的关键词分别为集中采购、注册管理、飞行检查、监督管理、临床试验、医保政策、流通管理、技术审查、标准规范、发展规划等，含有排名前十的关键词的政策文件数量占整体政策数量的90%以上。

二 2020年医疗器械行业相关政策发布情况

2020 年医疗器械行业相关政策共发布 493 件，其中国家层面发布 80 件，地方层面发布 413 件。

（一）按发文部门分析

2020 年按发文部门统计，主要发文部门有药监部门、医保部门、招标部门、人民政府、卫生部门、价格部门以及多部门联合和行业协会。发文部门排在前五位的是药监部门，发布 145 件，占比 29.4%；医保部门发布 127件，占比 25.8%；招标部门发布 110 件，占比 22.3%；多部门联合发布 58件，占比 11.8%；人民政府发布 38 件，占比 7.7%；其他如卫生部门、价格部门、行业协会合计发布 15 件，占比 3.0%。

（二）按发文省（区、市）分析

2020 年省级层面发文 413 件。排名靠前的广东、四川、贵州、河南、湖北、湖南发文 126 件，占比 30.5%。此排名与"十三五"期间总体排名略有不同（见图 2）。

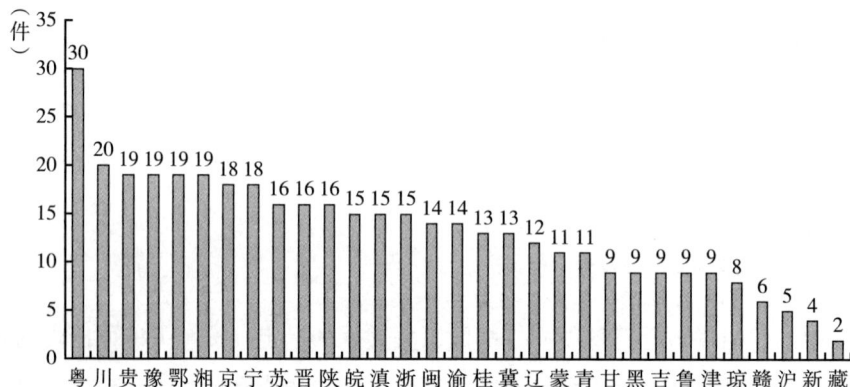

图 2　2020 年各省（区、市）医疗器械相关政策文件发布情况

（三）按文件性质分析

根据政策文件的性质，2020 年医疗器械相关政策文件可分为细则类、通知、通告、公告、年报、决定等。其中通知类 231 件、细则类 144 件、公告类 72 件，占比分别为 46.9%、29.2%、14.6%，其他如通告、决定、年报性质的文件占比 9.3%。

（四）按产业链环节分析

2020年医疗器械行业相关政策文件数量最多的依然是覆盖全产业链的政策。覆盖全产业链的政策345件，占比70%；研发环节政策66件，占比13.4%；生产环节政策30件，占比6.1%；流通环节政策27件、使用环节政策25件，占比分别为5.5%、5.1%。

（五）按三医联动分析

从"三医联动"的维度来看，医药政策数量为477件，依然占整个"三医联动"数量的96.8%；医保政策14件、医疗政策2件，仅占比3.2%。

（六）按关键词分析

从关键词维度看，2020年排名前五位的是集中采购、注册管理、疫情特殊监管、设备配置、飞行检查。其中集中采购政策271件，为最多，含其余四个关键词政策分别为71件、23件、19件和16件。该顺序与"十三五"时期的文件总数分析有很大不同，说明了阶段性重点发生了变化，此变化反映了当前的政策重点和热点的转移。

三 医疗器械行业政策重点和发展趋势

综合对"十三五"期间医疗器械行业政策文件的分析，可以看出"集中采购、医保制度、监督管理"成为2020年医疗器械行业政策实施的三个重要方面，且"十四五"期间将会进一步延续。

（一）国家宏观纲领性政策引领医疗器械行业改革发展方向

《关于治理高值医用耗材改革方案的通知》（国办发〔2019〕37号）（以下简称"37号文"）提出"要聚焦高值医用耗材价格虚高、过度使用等重点问题推进改革，主要措施为完善价格形成机制，降低高值医用耗材虚高价格；规范医疗服务行为，严控高值医用耗材不合理使用；健全监督管理机制，严肃查处违法违规行为"；把"促降价、防滥用、严监管、助发展"作为阶段性的改革重点。2020 年，部分省（区、市）陆续印发了"省级治理高值医用耗材改革方案"，如甘肃、湖南、海南、四川、陕西、福建、天津、广西等。"37 号文"明确了 2020 年医疗器械行业改革的重要方向，即通过优化制度、完善政策、创新方式，理顺医用耗材价格体系，完善全流程监督管理，净化市场环境，推动形成高值医用耗材质量可靠、流通快捷、价格合理、使用规范的治理格局。"37 号文"勾勒出了医疗器械行业未来发展的方向，标志着医疗器械行业将进入严格监管的新时代。

笔者通过对 2020 年各省（区、市）治理高值医用耗材改革方案进行梳理，将 2020 年医疗器械领域改革工作主要分为八个方面：①制定医疗器械唯一标识系统规则；②医用耗材医保准入制度建立和实行医保目录动态调整的机制；③在集中采购过程中实行分类采购，试点地方耗材集中带量采购；④医用耗材取消加成；⑤制定医保支付政策，深化医保支付方式改革；⑥规范医疗服务行为；⑦鼓励流通管理实施"两票制"；⑧针对违法违纪行为严肃查处。以上工作涉及医药卫生部门、医保部门、招标部门、药监部门等。

2019 年 11 月，国务院深化医药卫生体制改革领导小组《关于进一步推广福建省和三明市深化医药卫生体制改革经验的通知》（国医改发〔2019〕2 号）（以下简称"2 号文"）和《关于以药品集中采购和使用为突破口进一步深化医药卫生体制改革的若干政策措施》（国医改发〔2019〕3 号）（以下简称"3 号文"）两份文件明确了 2020 年国家医药卫生体制改革的目标和方向；2020 年 3 月 5 日，中共中央、国务院印发《关于深化医疗保障制度改革的意见》（中发〔2020〕5 号）（以下简称"5 号文"），明确了推动"三医联动"的新医改向"三医系统集成"方向发展，绘制出 2030 年"中国式医疗保障系统"的蓝图，提出了医保、医药、医疗改革的新举措、新思路、新方法；2020 年 7 月 23 日，国务院办公厅《关于印发深化医药卫生体制改革 2020 年下半年重点工作任务的通知》（国办发〔2020〕25号）将上述文件中的改革思路划分为26个方面的重点工作，并将责任落实到各个部门，明确了执行的时间表。

（二）医疗器械行业集中带量采购如火如荼，2020年实现"常态化"运作

2019年，国家医疗保障局按照"国家组织、联盟采购、平台操作"总体思路，积极开展了"4+7""扩围"的药品国家集中带量采购试点；2020年，紧接着推出第二、三批国家联采，2021年即将启动第四批药品国家联采，同时也对医疗器械行业的国家集中带量采购进行了深入的政策研究。2020年11月5日，国家组织冠脉支架集中带量采购开标，本次高值医用耗材的国家联采基本延续了药品领域的集中带量采购思路，价格平均降幅达90%以上，最大降幅达到96%，成为过去20年集中招标采购最大降价幅度，受到了国家高层的肯定及老百姓的一致赞许。

"37号文"明确指出"对于临床用量较大、采购金额较高、临床使用较成熟、多家企业生产的高值医用耗材，按类别探索集中采购"。按照国家医疗保障局"应采尽采"的制度安排，未来1~2年国家联采将与各省（区、市）的集采相结合，完成占用医保基金80%的全部药品和耗材的集中带量采购。

2020年，各省（区、市）进行了广泛的医用耗材集中带量采购探索，总结起来大体可以分为三种类型：①常规性的挂网项目；②应对疫情的医疗用品的采购；③医用耗材的省级或省际联盟、地市联合体或单独地市的集中带量采购。笔者对集中采购文件按照主题词进行了统计，其中：疫情特殊招采数量最多，排在了第一位；采购工作管理、地方集中带量采购、联盟采购、国家集中带量采购分列第2~5位（见图3）。

2020年，各地招标机构针对疫情产品的应急采购以及疫情特殊时期的招采工作制定了特殊政策，主要呈现几个特点：①为抗疫医疗器械和耗材顺利进入临床开通绿色通道；②抗疫医疗器材和耗材采用直接挂网方式；③特事特办，效率当先，先挂网再审核，先采购，后备案；④加强

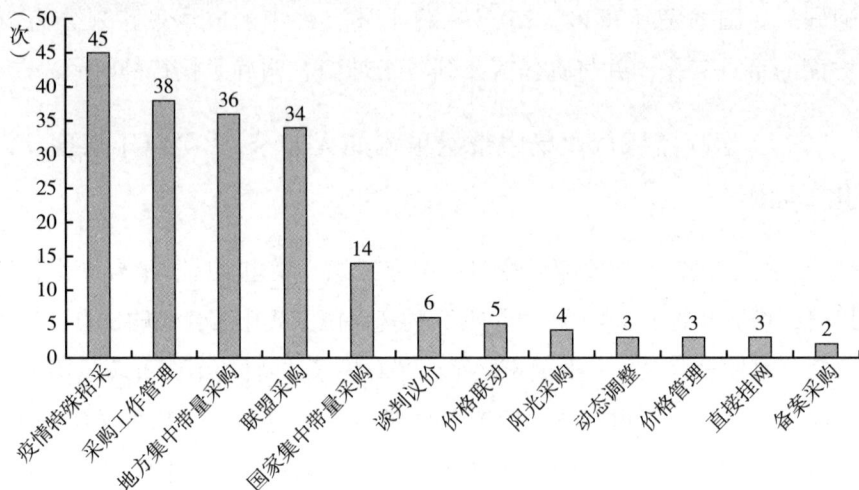

图3　2020年集中采购政策文件关键词频率分析

价格管理，严控随意涨价；⑤改变办公方式，在线交流。据不完全统计，2020年，涉及新型冠状病毒相关内容的医疗器械和耗材招标资讯为374条。

（三）医保机制发生重大变革，各项改革措施向医疗器械行业延伸

2020年3月5日，中共中央、国务院印发的《关于深化医疗保障制度改革的意见》是自1998年我国颁布《关于建立城镇职工基本医疗保险制度的决定》（以下简称"44号文"）以来，关于医保改革最高级别的文件，是从2009年《中共中央国务院关于深化医药卫生体制改革的意见》发布以来，首次将深化医改的重点转移至支付领域，这将会对医疗体制改革的各参与方，包括医院、医生、药械生产经营零售企业、医保支付方及其他所有支持行业，带来利益格局的重大调整，将重塑未来医药行业的经营生态。

"5号文"勾勒出了"未来中国医保体系"的发展蓝图，即到2030年全面建成以基本医疗保险为主体，医疗救助为托底，补充医疗保险、商业健康保险、慈善捐赠、医疗互助共同发展的医疗保障制度体系，待遇保障公平适度，基金运行稳健持续，管理服务优化便捷，医保治理现代化水平显著提升，实现更好保障病有所医的目标。"5号文"的出台和全面实施标志着我

国医保制度将从以往试验性改革阶段进入定型成熟的发展阶段，"5号文"是未来十年我国医改的顶层设计和"纲领性"文件。

"5号文"还提出了部分创新性的医保改革措施。笔者将其总结为六个方面：一是改革职工保险个人账户，建立健全门诊共济保障机制。二是创新医保协议管理，从准入到退出机制，规范管理、考核、评价。三是实施保障待遇清单目录管理，建立统一领导下的医保制度。四是改革医保管理体系，将统筹层次上移，提高基金的效率。五是新增重大公共卫生应急事件的医疗救治保障原则措施；鼓励商业保险的发展。六是改革基金监管机制，促使医保监管向医药服务的质量和有效过渡。直接涉及医疗器械领域改革的新突破主要有三项工作：一是制定《基本医疗保险医用耗材目录》，采用准入的方式进行管理，填补医疗器械领域医保目录的空白；二是建立医用耗材谈判准入机制，谈判准入的医用耗材在谈判协议期内直接挂网采购；三是医用耗材医保支付标准的制定和执行，对于独家产品，原则上通过谈判确定首次医保支付标准。

（四）完善和深化医疗器械全生命周期严格监管，创新措施落地

2020年，全国药品监督管理部门认真贯彻落实党中央国务院重大决策部署，全面落实"四个最严"要求，履行"守住安全底线，保障公众用药用械安全，维护公众健康；促进创新发展，满足人民对优质先进医疗器械的需求"的监管职责，深入推进医疗器械审评审批制度改革，持续推动医疗器械全生命周期严格监管，不断强化法规标准基础建设，各项工作取得新成效，有力地推动了我国医疗器械行业的健康快速发展。

在医疗器械上市前监管方面，积极贯彻落实国务院《关于改革药品医疗器械审评审批制度的意见》和中共中央办公厅、国务院办公厅《关于深化审评审批制度改革鼓励药品医疗器械创新的意见》，根据新冠肺炎疫情防控与医疗诊治需要，开辟了医疗器械应急审评的绿色通道，实施应急审评审批程序，持续深化医疗器械审评审批改革，做好注册人制度的试点工作，鼓励医疗器械创新发展，优化临床试验管理；加强医疗器械法规体系和标准体

系建设，积极做好《医疗器械监督管理条例》与配套规章和规范性文件的修订工作；扎实推进唯一标识（UDI）系统的建设，出台相关规则和技术要求，会同医疗保障和卫生健康部门开展 UDI 试点；深入开展监管科学研究，推进将真实世界数据用于医疗器械临床评价的试点。

在医疗器械上市后监管方面，强化医疗器械全生命周期管理，坚决推进医疗器械监管法规制度建设，综合运用医疗器械不良事件监测和监督抽检、飞行检查等多种手段，切实防控医疗器械质量安全风险。加强对新冠病毒检测试剂、医用防护口罩、医用外科口罩、一次性医用口罩、医用防护服、红外体温计、呼吸机等疫情中使用产品的质量监管，加大监督检查和抽检力度，加大案件查办力度；坚持预防为主，问题导向，进一步推行医疗器械风险会商制度；针对重点产品无菌和植入性医疗器械开展重点专项整治；深化"清网"行动；优化抽检制度和不良反应事件监测；严厉打击违法犯罪行为。

（五）三医系统集成改革，用组合拳构建医疗器械行业健康生态

三医联动是医改现阶段改革核心，"5 号文"提出"坚持系统集成、协同高效，增强医保、医疗、医药联动改革的整体性、系统性、协同性，保障群众获得高质量、有效率、能负担的医药服务"。两票制政策进一步推进、零差价政策全面实施、分级诊疗市场空间扩大。"十四五"规划和 2035 年远景目标指出"为人民提供全方位全周期健康服务"，"坚持基本医疗卫生事业公益属性，深化医药卫生体制改革，加快优质医疗资源扩容和区域均衡布局，加快建设分级诊疗体系，加强公立医院建设和管理考核，推进国家组织药品和耗材集中采购使用改革，发展高端医疗设备"。医疗器械常态化集中带量采购、医疗服务收费、医保支付改革、严格监管等将成为未来政策关注的重点。

行业篇
Industry Reports

B.8

2020年我国医疗器械国际化
发展状况及趋势

孟冬平*

行业篇
Industry Reports

B.8

2020年我国医疗器械国际化发展状况及趋势

孟冬平*

摘　要：　2020年，受新冠肺炎疫情的影响，国际市场对中国医疗器械产品需求增加，中国生产的防疫物资大量出口，体外诊断试剂产品呈爆发式增长。医疗器械产品的出口成绩亮眼，对中国外贸的整体表现贡献突出；进口受疫情的负面影响较大，增速放缓。由于疫情的原因，世界产业链与全球产业格局正在发生改变，各国政府高度重视，纷纷采取措施鼓励支持医疗器械产品发展，同时加强对医疗器械产品的市场准入管理。比如中国对五类重点医疗防疫物资和非医用口罩的出口管理措施有效规范了产品出口秩序，支援各国抗击疫情。同时，国际局势和地缘政治对医疗器械国际化的影响也不容忽

---

* 孟冬平，中国医药保健品进出口商会党委书记、副会长。

视，需要对产业动态予以密切关注，顺势而为，抓住机遇，不断创新，实现健康、可持续的高质量发展。

关键词： 医疗器械 国际化 新冠肺炎疫情

2020 年，新冠肺炎疫情肆虐全球，对国际贸易和世界经济造成严重冲击，给全球公共卫生体系带来了挑战。中国政府保持高度战略定力，在以习近平同志为核心的党中央坚强领导下，同社会各界勠力同心，控制了疫情的蔓延，并使经济发展回到正常轨道。受疫情影响，国际贸易与国际合作持续低迷，但我国的医疗器械产业备受全球关注，我国生产的医疗防疫物资及相关医疗器械为驰援全球抗疫贡献了力量，出口快速增长，成为我国对外贸易中的亮点，为稳外贸发挥了重要作用。

一 医疗器械出口增长迅猛

根据中国医保商会统计，2020 年我国医疗器械（含防疫物资）进出口贸易额 1037.2 亿美元，其中医疗器械（含防疫物资）出口额约为 732.04 亿美元，同比增长 72.59%（2019 年医疗器械出口额不包含防疫物资为 287.02 亿美元，包含防疫物资为 424.16 亿美元）。医疗器械（含防疫物资）进口额为 305.16 亿美元，同比增长 1.72%（2019 年医疗器械进口额不包含防疫物资为 267.85 亿美元，包含防疫物资为 300 亿美元）。中国医疗器械出口额大增，最主要的原因是在不少国家产业链、供应链受到重创甚至停摆之际，中国产业体系率先恢复正常运转，出口的竞争优势进一步凸显。

在 2020 年出口商品中，防疫物资出口总值达 4385 亿元，其中口罩出口 2242 亿只，相当于为除中国以外的全球每人提供了近 40 个口罩。此外，我国还出口防护服 23.1 亿件、护目镜 2.89 亿副、呼吸机 27.1 万台、新冠病毒检测试剂盒 10.8 亿人份。与抗疫直接相关的产品，如红外线人体测温计、诊断试剂、手套、病员监护仪出口更是实现了爆发式增长。从单一市场来看，美国、中国香港、日本、德国和英国是我国内地主要出口市场，占我国内地出口总额的46.08%。

从出口地区看，2020年上半年我国医疗器械出口排名前十的省市（广东、江苏、浙江、上海、北京、山东、福建、湖北、河北和湖南）出口额占比达到89.92%，体现了我国医疗器械出口地区的高度集中性。主要出口省市如广东、江苏和浙江均呈现增长的好态势，广东省继续稳居出口首位。

（一）2020年体外诊断试剂出口交出亮丽答卷

体外诊断产品成为出口增长最为显著的产品，在抗击新冠肺炎疫情过程中，我国体外诊断行业积极开拓全球业务，出口呈井喷式增长，抗体、抗原、核酸、中和检测试剂受到全球的青睐，体外诊断企业业绩整体向好。据中国医保商会按照主要体外诊断试剂的HS编码三类（38220010、30021500、38220090）统计数据，2020年我国主要体外诊断试剂共出口50.87亿美元，同比激增901.96%，其中免疫试剂产品出口31.78亿美元，同比增长率高达1540.84%，体外诊断设备出口也呈现不同程度的增长（见表1）。主要出口市场集中在疫情比较严重的美国、巴西、印度等国家，还有很多是从我国香港转口（见表3），浙江、福建、广东为我国体外诊断试剂主要出口省份（见表4）。2021年常规产品业务出口在上半年逐步恢复，欧盟市场对以自检为主的新冠检测试剂需求激增，预计下半年将逐步恢复平稳。

体外诊断企业的未来国际市场开拓之路将呈现以下几个特点：以国内市场为主的企业借助疫情影响逐步打开国际市场，进一步加快了我国体外诊断产品进军国际市场的脚步；我国体外诊断产品和品牌的国际竞争力明显提升；企业的研发创新动力和受资本关注程度在加速提升。在取得成绩的同时，我们也看到体外诊断行业国际化面临诸多问题和挑战。一是市场需求催生了更多的体外诊断企业，造成了严重的同质化竞争，低价竞销已经从

2020 年第四季度开始显现。二是为了应对疫情，各国相继出台了一些紧急临时或者特殊授权的规定，对与疫情相关的产品进行快速审批，其中新冠检测试剂较多，相关企业应增强法律和风险意识，学习了解国际规则标准，在获得订单的同时，随时关注国外法规变化，切实合规经营，避免不必要的纠纷。我们已经注意到美国、欧盟等国家和地区启动了倒查和追溯工作，个别产品被曝出存在质量问题、涉嫌倾销等。

表 1　2020 年体外诊断相关产品出口统计

	HS 海关编码	2020 年出口额 （亿美元）	2019 年出口额 （亿美元）	同比增长率 （％）
体外诊断试剂	38220010	3.00	1.52	97.03
	30021500	31.78	1.94	1540.84
	38220090	16.10	1.62	894.91
合　计		50.87	5.08	901.96
体外诊断设备	90275000	4.70	2.91	61.45
	90278099	7.77	7.49	3.77
合　计		12.47	10.40	19.90

注：因篇幅限制，表中出口额数据仅保留两位小数，但进行相关计算时采用的是原数据，故略有偏差。

表 2　2020 年体外诊断相关产品进口统计

	HS 海关编码	2020 年进口额 （亿美元）	2019 年进口额 （亿美元）	同比增长率 （％）
体外诊断试剂	38220010	3.94	3.85	2.34
	30021500	70.40	64.60	8.98
	38220090	14.00	15.40	−9.09
合　计		88.34	83.85	5.35
体外诊断设备	90275000	18.00	20.80	−13.46
	90278099	15.00	22.70	−31.28
合　计		33.60	43.50	−22.76

注：因篇幅限制，表中进口额仅保留两位小数，但进行相关计算时采用的是原数据，故略有偏差。

表3　2020 年体外诊断试剂出口排名前十的市场

38220010 出口市场	美国	印度	巴西	德国	埃塞俄比亚	阿联酋	印度尼西亚	俄罗斯	委内瑞拉	菲律宾
出口额（万美元）	7825.19	1539.57	1152.55	1101.7	1058.67	1030	973.11	921.4	731.33	683.93
30021500 出口市场	英国	德国	美国	巴西	法国	中国香港	意大利	印度尼西亚	西班牙	澳大利亚
出口额（万美元）	73123.7	51337.03	36150.62	17422.53	11493.2	11130	10760.7	8564.67	7280.32	6817.9
38220090 出口市场	中国香港	美国	法国	菲律宾	印度尼西亚	俄罗斯	阿联酋	意大利	新加坡	日本
出口额（万美元）	31790.3	13181.37	10785.31	7325.45	6014.38	4211.9	3956.6	3439.75	3351.25	3233.5

表4　2020 年体外诊断试剂出口排名前十的地区

单位：万美元

报关口岸	出口额	报关口岸	出口额
浙江省	125300.49	上海市	7400.24
福建省	65830.12	河北省	7271.57
广东省	49644.73	天津市	5958.99
江苏省	34541.22	山东省	4571.13
北京市	33547.62	安徽省	4317.07

（二）2020年家用健康保健产品出口逆市增长且增势强劲

受疫情居家的影响，全球"宅经济"快速发展，家用健康保健产品出口增长态势强劲。2020 年初，家用健康保健产品出口由于疫情影响一度受到重创，但依托产业的不断创新、持久沉淀和发展韧性，我国企业克服困难，顶住压力，实现了全年出口逆市上扬的佳绩。据中国医保商会统计，我国家用健康保健全行业出口实现了量价齐升的良好态势，均创下了历史新高。作为世界健康保健器具制造和出口大国，2020 年我国相关产品共出口200 个国家和地区，覆盖全球大部分地区，尤其是美国、德国、韩国、日本和英国对我国健康保健器具呈现出较强的需求增势，目前市场仍供不应求。

二 进口因为疫情增速放缓

2020 年，我国医疗器械进口额 305.16 亿美元，同比增长 1.72%。上半年，受新冠肺炎疫情影响，医疗器械进口一度出现负增长，1~6 月医疗器械进口同比下降 17.7%。下半年，随着部分市场逐步恢复，进口业务有所增长，进口来源地仍以美国、德国、日本为主，占到进口总额的 53.68%，进口产品中导管类耗材、体外诊断试剂及高端医疗设备是进口额最大的品种。上海、北京、广州为主要的进口城市。

三 关于我国医疗器械对外贸易发展的思考

(一)坚定国际合作新理念——开放合作、包容共享

习近平总书记在博鳌亚洲论坛发言中倡议亚洲和世界各国回应时代呼唤，携手共克疫情，加强全球治理，高质量共建"一带一路"，朝着构建人类命运共同体方向不断迈进。虽然当前国际局势变幻莫测，但危中有机，中国与欧盟签署中欧全面投资协议，中欧政治经济合作迈上新台阶；RCEP 正式签署，展开了国际合作的新纪元；"一带一路"建设正在坚定不移地持续推进。

(二)产业链重构与全球产业变局

疫情仍在全球范围内蔓延，持续深刻影响着世界经济格局和全球化走向。在全球化条件下，可持续的供应链是克服经济困难的重要路径。中国是医疗物资生产和出口大国，疫情令全球加大了对中国医药产业供应链的依赖程度，也决定了全球对中国医疗产品的需求在相当长的时间内是刚性的，中国作为大国，应义不容辞地负起责任，为维护大局稳定继续努力；同时在内部产业链与国际产业链的对接过程中，逐步探索形成新策略、新思路。

目前中国是全球最大的口罩、医用防护服、医用手套、中低端医用耗材、原料药出口国，产品在国际市场占有绝对份额，但是，不可否认的是，这几年贸易保护思潮泛起，各国政府纷纷强调"制造业回归"，以减少对外部的依赖，抵御未来供应干扰。现在，东南亚各国正在抓紧布局各个领域供应链，疫情后供应链可能更多地会被设置于接近需求终端的地点。过去以成本效率优先原则建立起来的全球产业链正在受到严重的威胁。产品迭代，模式创新，特别是供应链的稳定、可持续性和抗风险能力，正在成为医疗产品供应链调整的核心变量。而新冠肺炎疫情，成为重塑全球产业格局的推动力，导致全球供应链正发生从集中到分散、从效率到安全、从开放到合作的深刻变革。特别是，中美关系日趋紧张，可能常态化的双方战略竞争局面，将使"产业链重构"成为疫情后全球化变局的集中体现。

当然，各国保障医药供应链，有利于我国医疗器械企业"走出去"。短期看，因防疫抗疫需求，全球将加大对中国医疗器械供应链的依赖。长期看，随着各国鼓励政策出台，国际竞争将加剧，我国产品将面临挑战。从目前看，全球化发展仍是大势所趋，不会改变，更不会因为短期内的政策行为或个人意志而出现颠覆性的变化，同时多年形成的供应链和产业链，也难以轻易改变。新冠肺炎疫情暴发后，中国在全球供应链中的角色作用日益凸显，显示了中国产业的实力及其相当长时间内在国际市场上的不可替代性。

（三）RCEP与中国的经济"外循环"

《区域全面经济伙伴关系协定》（RCEP）正式签署，这是我们国家加入世贸组织以来取得的又一重大开放成果。RCEP是系统性很强的综合政策体系，囊括了关税减让、贸易便利化措施、服务贸易和投资扩大开放、投资自由化和促进等全方位、多领域的内容，将为行业发展带来新的机遇。RCEP成员国总人口达22.7亿人，GDP达26万亿美元，出口总额达5.2万亿美元，均占全球总量的约30%。RCEP蕴涵的巨大市场潜力，将为本地区和全球经济增长注入强大动力。

在货物贸易方面，RCEP各成员普遍实现了较高的自由化水平。协定生效后，区域内90%以上的货物贸易将最终实现零关税，且主要是协定生效立刻降税到零和10年内降税到零，这有望在较短时间内惠及各国企业和消费者。RCEP在货物贸易领域的另一大亮点是原产地累积规则。根据原产地累积规则，在确定产品原产资格时，可将RCEP各成员的原产材料累积计算，以满足最终出口产品增值40%的原产地标准，从而更容易享受优惠关税。在货物贸易便利化方面，RCEP各成员还就海关程序、检验检疫、技术标准等形成了一系列高水平的规则。从已经发布的RCEP全文和中国加入WTO的实践分析，RCEP必将对中国医药产业产生重要的影响，原因如下。

一是虽然RCEP成员国经济发展水平差别较大，但经济互补性强，既有医药大国如日本，也有医药"小国"，零关税的RCEP为区域内医药和健康产品发展提供了一体化可能。二是在RCEP成员国中，日本是该区域内此前唯一没有同中国签署自贸协定的国家。三是由于关税等制度成本降低，未来包括制药在内的制造业将更受成本优势驱动，产业外迁可能重回加速状态。四是RCEP协定中的"原产地累积规则"值得关注，这意味着更多企业可以实现成本大幅下降。RCEP各成员国在本地区使用累积原则，使得产品原产地价值成分可在成员国构成的区域内累积。

四　2021年我国医疗器械对外贸易发展趋势

总体上看，2021年由于新冠肺炎疫情的冲击，国际贸易和经济增长失速，各国之间利益纷争不断，矛盾加深，短期内难以缓解，对外贸易面临的复杂形势和不确定性前所未有。随着各国疫情逐步得到控制，对我国防疫物资需求将有所下降，国内相关产品如口罩、医用防护服、医用手套、呼吸机产能过剩问题可能将逐步暴露，库存压力增大。印度疫情的蔓延使得印度对我国制氧机的需求激增，我国制氧机市场周期性波动显著，暴露出我国医用制氧和非医用制氧设备存在的标准和监管方面的问题，这将是行业未来实现可持续发展需要面对的重要问题。综上，对我国相关产品出口保持乐观的同时也需保持谨慎。

对我国医疗器械产品而言，美国仍然是最重要的贸易市场。2020年中国对美国出口仍呈现高速增长态势，但当前，中美紧张局势仍在加剧，随着美国国内疫情缓解和拜登新政府诸多对华限制措施的实施，我国未来产品出口可能会面临较大的挑战。除传统市场外，"一带一路"新兴市场也将是我国医疗器械对外贸易的重要区域。2020年上半年，我国对共建"一带一路"国家出口医疗器械产品38.41亿美元，同比增长33.31%。"一带一路"建设将在未来中国对外贸易发展中发挥重要的支撑作用。

从进口看，我国部分高端医疗器械产品和核心零部件、关键材料仍依赖进口，受中美关系影响难言乐观。但是，中国国内巨大的市场需求和发展潜力，正在吸引更多的海外力量进入中国，创新、转型、合作、共赢已成为这个时代发展的主旋律。

中国经济正在进入创新高质量发展的阶段，突袭而至的疫情，让发展前行中的中国经济面临更大的挑战和压力，中国医药行业虽难以独善其身，但可喜的是，中国政府提出了新时期新的发展方略，中国正在走向更深、更高层次的改革，公共卫生健康问题被进一步提高到前所未有的战略高度，医疗大健康正在迎来黄金时代和爆发期。只要我们以科学务实的精神、创新开放的理念、国际化的思维，专心致志搞改革、精益求精促发展，就会迎来中国医疗健康产业更加辉煌的明天。

B.9
2020年我国医疗器械小微生产企业质量管理体系认证情况及趋势

常佳 李朝晖 袁长忠*

摘　要：　本文借助认证认可业务综合监管平台，对通过ISO13485：2016
质量管理体系认证的医疗器械企业认证数量、企业人员数量等
进行统计分析，发现我国通过质量认证的第二、三类医疗器械
生产企业80%为人数不足100人的小微企业。通过剖析我国医疗
器械小微企业现状，找到阻碍医疗器械小微企业质量管理发展
的问题，并借助国家市场监督管理总局推动的"小微企业质量
管理体系认证提升行动"，提出助力加强医疗器械小微企业质
量管理的途径。医疗器械小微企业发展除需借助监管部门"放
管服"改革，还需不断进行质量提升，以增强生存能力和抗风
险能力，主要途径包括：①建立合规的医疗器械质量管理体
系；②明确产品市场定位，积极对标国际；③不断提升人员能
力和质量意识；④运用过程方法，关注过程中的风险点。

关键词：　医疗器械　小微生产企业　质量认证

十八大以来，党中央国务院大力推动"大众创业、万众创新"，并积极
推进商事制度改革，小微企业凭借灵活多样、商业模式转换快速等优势，成

---

* 常佳，博士，北京国医械华光认证有限公司技术开发部；李朝晖，北京国医械华光认证有限
公司总经理；袁长忠，中国认证认可协会综合业务部副主任。

为拉动经济、促进就业的强大动力，成为一支富有活力的生力军。但是小微企业在质量管理和质量认证上存在着对于通用的国际标准适应性不良、管理成本增加等问题，使得小微企业质量管理工作存在短板。监管部门需要深入了解小微企业管理现状，探究适合小微企业的质量管理和质量认证模式，提出针对小微企业质量工作的有效机制。

本文首次从"企业规模"维度对我国医疗器械行业发展情况进行分析，借助质量管理认证行业数据平台中组织人员数量登记情况，对我国大部分第二、三类医疗器械生产企业规模进行统计，剖析作为多数企业的医疗器械小微生产企业现状和发展中的"痛点、难点"，提出质量管理体系改进的建议以促进小微企业质量提升。

一 质量管理及认证现状

我国企业规模的划分，主要是依据 2011 年由工业和信息化部、国家统计局等四部委联合印发的《中小企业划型标准规定》。该规定是为落实《中小企业促进法》和《国务院关于进一步促进中小企业发展的若干意见》而制定的，主要是根据各行业特点，基于企业的从业人员、营业收入、资产总额等指标划分企业规模。由于各省、区、市医疗器械企业的营业收入、资产总额等指标不便查询，本文仅以企业从业人员作为衡量医疗器械企业规模的唯一指标。按照此规定将医疗器械行业企业划分为医疗器械生产企业和医疗器械批发和零售行业。医疗器械生产企业规模划分标准：从业人员在 1000人以上为大型企业，300 人以上为中型企业，300 人以下、20 人以上为小型企业，20 人以下为微型企业。本文中有关医疗器械小微企业认证数据均来自认证认可业务综合监管平台。据统计，获得医疗器械质量管理体系ISO13485 证书的 90% 为医疗器械生产企业，还有医疗器械产业链供应商和医疗器械经营企业。本文仅对医疗器械生产小微型企业质量管理体系现状进行分析研究。

（一）医疗器械生产企业认证数量情况

2000 年，《医疗器械监督管理条例》实施后，一些医疗器械生产企业为满足法规要求、规范生产，纷纷建立了质量管理体系。2014 年颁布的《医疗器械经营质量管理规范》，要求医疗器械经营企业建立质量管理体系。监管机构通过质量管理体系考核，确定市场主体是否满足准入条件，这促使医疗器械行业相较于其他行业更广泛地建立了质量管理体系。目前，医疗器械行业尤其是生产企业，普遍建立了满足 ISO13485 或 ISO9001 标准要求的质量管理体系并通过认证。

国家药品监督管理局网站公布的各省医疗器械许可备案相关信息显示，截至 2021 年 3 月 31 日，我国颁发的第二、三类医疗器械生产许可证 14399 张；国家市场监督管理总局"认证认可业务综合监管平台"业务数据显示，截至 2021 年 3 月 31 日，我国医疗器械质量管理体系认证有效证书共计 9884 张。因为一些医疗器械生产企业可能同时拥有第二、三类医疗器械生产许可证和第一类医疗器械生产备案凭证，不可统计，且第一类医疗器械相对于第二、三类医疗器械风险更低、附加值更少，只进行第一类医疗器械认证的生产企业数量较少，因此本文仅对第二、三类医疗器械生产企业数进行统计（见表1）。

表1 2018 年和截至 2021 年 3 月 31 日医疗器械九大产业
聚集区生产企业数量和质量认证证书情况

地　区	2018 年*		截至 2021 年 3 月 31 日	
	第二、三类 生产企业（家）	YY/T 0287/ISO13485 认证证书数（件）	第二、三类 生产企业（家）**	YY/T 0287/ISO13485 认证证书数（件）***
广　东	1609	1345	2408	2502
江　苏	1420	1379	2019	2063
浙　江	858	690	1094	1028
山　东	736	304	980	483
上　海	699	588	699	765
北　京	822	525	810	589
河　北	345	123	471	187

地　区	2018 年 *		截至 2021 年 3 月 31 日	
	第二、三类 生产企业（家）	YY/T 0287/ISO13485 认证证书数（件）	第二、三类 生产企业（家）**	YY/T 0287/ISO13485 认证证书数（件）***
辽　宁	235	82	429	111
天　津	293	154	366	205

* 2018 年相关数据来自《中国医疗器械行业发展报告（2018）》。

** 数据来自国家药品监督管理局网站公布的各省医疗器械许可备案相关信息。

*** 通过查询认证认可业务综合监管平台获得的医疗器械质量管理体系认证数据，http：//jp. cnca. cn/zhjg/index. jsp。

统计结果显示，医疗器械九大产业聚集区中除北京和上海外，其他地区医疗器械企业数量增幅明显，同时，各地医疗器械认证证书数量增长迅速。这一方面是因为质量管理体系认证作为国际贸易"通行证"、质量管理"体检证"、市场经济"信用证"作用明显，医疗器械企业需要通过国际ISO13485 质量管理体系认证以满足一些市场国家准入要求。在认证证书数量增长最多的广东地区，统计过程中发现有同一认证企业在不同认证机构共获得 4 张质量管理体系认证证书，旨在适宜产品的不同出口国便利要求和差异化规避风险。另一方面，监管合规、质量提升、顾客分类管理、集成创新对医疗器械企业提出更高的要求，而医疗器械质量管理体系认证的有效实施，能够助力企业降低风险、固化管理、提质增效、创新驱动。在统计过程中发现，医疗器械产品的供应商、经销商通过 ISO13485 质量管理体系认证的也在逐年增加，进一步佐证了 ISO13485 标准在医疗器械供应链和产品生命周期全过程中将发挥更大的作用。

（二）不同规模医疗器械生产企业认证证书分布

截至 2021 年 3 月 31 日，我国医疗器械质量管理体系认证证书共计9884张，其中企业规模在 300 人以上的大中型医疗器械企业质量认证证书 628张，占比 6. 35%；企业规模在 20 ～ 300 人的小型医疗器械企业质量认证证书 7488 张，占比 75. 76%；企业规模在 20 人以下的微型医疗器械企业质量认证证书 1768 张，占比 17. 89%。由此可见，小型医疗器械企业占所有医疗器械企业的 3/4 左右，但对于医疗器械行业来说小型企业规模跨度较大，将小型生产企业按规模进行细分发现，其中规模在 20～50 人的企业数量为 4141 家，占认证企业总数的 41.90%；规模在 50～100 人的企业数量为 2096 家，占认证企业总数的 21.21%；规模在 100～300 人的企业数量为 1251 家，占认证企业总数的 12.66%。

我国医疗器械企业质量认证证书，主要集中在环渤海、长三角和珠三角区域。这三大产业聚集区医疗器械企业质量认证证书数量共计 7933 张，占所有质量认证证书的 80% 左右。特别是广东省，质量认证证书较 2018 年增幅超过 80%。医疗器械出口需求对医疗器械质量认证有促进作用。

表 2　2020 年我国医疗器械主要生产地区不同规模企业的质量认证证书情况

单位：张

地　区	大中型企业	小型企业	微型企业
广　东	226	1909	367
江　苏	119	1518	426
浙　江	57	775	196
上　海	51	530	184
北　京	21	450	118
山　东	25	270	188
天　津	9	147	49
河　北	7	143	37
辽　宁	10	92	9
全　国	628	7488	1768

在我国运行质量管理体系并获得质量认证证书的医疗器械企业中，80% 以上属于规模不足 100 人的小微型企业。我国医疗器械行业起步晚，发展依赖于国外先进技术，并且行业风险高、监管要求严，医疗器械小微企业质量发展受到多方面因素的制约。

二　不同类型小微企业发展瓶颈

医疗器械行业具有产品种类众多、科技水平不平衡等特点，大中型医疗器械企业资金相对充足、科技和质量管理水平较高，医疗器械小微企业抗风险能力弱、资金不充足、技术和人员匮乏、人员稳定性差且质量意识薄弱，拥有核心自主知识产权的中小型企业、拥有发展活力的小微企业集群还不多。企业在研发、管理等多方面存在提升空间。目前我国正处于宏观经济调整阶段，既要充分肯定医疗器械小微企业对国民经济和市场经济起到的有益的补充作用，又需对不同类型小微企业特点逐个进行分析，以寻求促进其发展的途径。

（一）创新型医疗器械小微企业面临的主要困难

随着科技不断进步、医疗器械产业不断创新，不少个人、科研机构、大专院校等欲将先进技术转化为医疗器械产品，由此成立了医疗器械企业。此类医疗器械企业面临的主要困难包括：①经济基础相对薄弱，而其医疗器械产品从研发至批准上市一般投入巨大且周期较长；②很多创新型产品属于跨专业、跨学科医疗器械，产品的初创人员很可能不了解医疗器械行业监管机构的准入流程和要求，导致产品研发和临床过程不符合法规要求，走弯路；③缺乏医疗器械法规和质量管理的专业人才，在建立并运行满足法规和标准要求的质量管理体系上存在一定的困难。

（二）生产传统产品的医疗器械小微企业面临的主要困难

我国一直是低值耗材、家用理疗类医疗器械的生产和出口大国，2020年新冠肺炎疫情暴发后，我国又新增了许多医用防护口罩、医用防护服等防疫物资生产企业，为全球抗击疫情筑起了坚强防线，贡献了中国力量。这些企业的快速落地，也从侧面反映出我国还有很多此类医疗器械生产小微企业。其供应链虽完整，但由于竞争激烈、利润偏低，面临的主要问题也极为突出：①科研能力偏低，产品多年一成不变，有些企业甚至仅依靠一两种产品维持，缺乏技术储备，抗风险能力差；②缺乏专业的医疗器械法规和质量管理人员，在适用的法规或标准发生变化时，组织的敏感度不足，存在不符合法规要求或产品标准要求的风险。

（三）高风险型医疗器械小微企业面临的主要问题

对于高风险医疗器械产品，我国一直采取更为严格的监管要求，从上市前的临床试验、技术审评到上市后的临床跟踪研究、不良事件监测，都体现出医疗器械基于风险的科学监管方法。此类医疗器械小微企业面临的主要问题包括：①上市前临床评价可能需要大量财力、物力和时间，这对于小微型医疗器械企业而言困难较大；②高风险医疗器械需要具备并运行更有效的质量管理体系，对企业的人员、基础设施、管理水平等要求更高。

三　质量提升途径及展望

医疗器械小微企业既是行业发展的主力军，又是生力军。若以创新为引领，小微企业可以逐步发展壮大为大中型企业；但若满足于现状，则可能大浪淘沙，被行业逐渐逼出市场。随着政府职能转变，医疗器械监管部门开始着眼于行业发展现状，激发市场活力，加大"放管服"改革力度，优化小微企业发展环境，优先解决医疗器械小微企业面临的政策性问题。注册人制度的出台和试点，使更多有技术、有资本的组织和个人进入医疗器械行业，有利于医疗器械行业的不断创新发展；创新医疗器械特别审查程序，帮助具备条件的小微企业少走弯路，帮助企业快速获得市场准入；医疗器械审评中心对标国际，不断更新医疗器械的技术审批要求，助力小微企业对标国际，使产品安全性能达到国际同类产品水平；分批次公布的医疗器械免临床目录，为小微企业提供了更为方便、经济的临床评价方式。

医疗器械小微企业除借助监管改革的东风，也需不断强化内生动力，找准破解质量发展的"难点、痛点"，完成自我提升。

首先，要将医疗器械合规融入质量管理体系。合规是医疗器械小微企业立足的根本，应建立合规的医疗器械质量管理体系，指定合规负责人，明确收集、评审、实施、验证的要求，确保质量管理体系和产品符合适用的法规要求和标准要求。

其次，明确产品市场定位，积极对标国际。医疗器械小微企业要明确目标市场、产品定位、顾客需求，提供符合科技发展、满足临床需要、确保使用安全、患者受益的医疗器械。产品应积极对标国际，保持对行业发展趋势的敏锐判断，勇于创新，在产品设计和生产中引入先进的技术和管理方法。

再次，提升人员能力和质量意识。医疗器械小微企业应注重人员能力的培养及增强质量意识和法规意识，由于医疗器械对人类生命安全很重要，因此员工必须具有责任感和使命感。小微企业的领导者是质量管理改进的关键，领导者应激发企业的内生动力，推动各部门和人员合作，充分发挥员工的能动性。

最后，运用过程方法，关注过程中的风险点。医疗器械小微企业不同于大型企业，人员不够充足、运营管理系统性不强，在质量管理体系运行中，应首先梳理组织的核心过程，将质量形成的全过程进行分解，充分考虑过程之间的制约因素和联系，确定对产品质量影响最显著的核心过程，明确各部门管理职责，避免出现"都能管、都不管"现象，描述过程的基本步骤、重大风险及关键控制措施，建立过程的监视和测量要求，采用统计分析工具，对过程进行不断改进。

综上所述，我国医疗器械行业仍以小微企业为主，并存在着一些制约企业质量发展的"痛点、难点"，但监管机构的"放管服"改革，以及"小微企业质量管理提升行动"，有助于我国医疗器械小微企业摆脱"小、散、乱、差"的局面，逐步开创"专、精、特、新"的新局面。

B.10
2020年我国粤港澳大湾区医疗器械
行业政策试验及发展趋势

蔡翘梧　钟　蔚　张晓华*

摘　要：　《粤港澳大湾区发展规划纲要》提出"塑造健康湾区"，其中医疗器械产业是重要一环。在一个国家、两种制度、三个法域及关税区、三种货币流通的粤港澳大湾区推动医疗器械产业协同发展，是史无前例的政策创新试验。该纲要发布两年以来，粤港澳大湾区跨制度之异，推出系列政策和措施，在监管一体化、协同创新、医疗融合以及包括资本、物资、人才在内的产业要素流动方面进行一系列政策试验，加速产业创新、生产和应用进程。目前已形成医疗器械产业协同创新生态体系框架，但在政策实施过程中还存在多处堵点。未来有望通过相关制度创新在试验区的集中试点和完善，加速产业协同创新小生态形成，最终将新模式推广到整个大湾区，延伸产业链至全国乃至全球。

关键词：　粤港澳大湾区　医疗器械　协同创新生态

《粤港澳大湾区发展规划纲要》（以下简称《规划纲要》）提出"塑造健康湾区"，其中医疗器械产业是重要一环。在一个国家、两种制度、三个

---

* 蔡翘梧，深圳市医疗器械行业协会执行副会长兼秘书长，高级工程师；钟蔚，深圳市医疗器械行业协会高级顾问，工程师；张晓华，深圳市医疗器械行业协会分管秘书长，工程师。

法域及关税区、三种货币流通的粤港澳大湾区（以下简称"大湾区"）推动医疗器械产业协同发展，是史无前例的创新试验。

一 大湾区医疗器械产业协同发展基础

（一）湾区产业创新基础

大湾区是我国医疗器械产业发展和创新的重要区域，2019年，大湾区医疗器械产业总产值达1254.83亿元，占全国的16.67%。[①] 截至2020年底，广东省共有医疗器械上市企业29家，上市企业数占全国的1/4，营收规模占全国的近1/3，居各省（区、市）首位。至2020年底，全国累计已有260个国产三类产品进入创新医疗器械特别审查通道，其中广东47个，占18.08%。

（二）深广创新双引擎带领

深广两地是大湾区医疗器械产业创新双引擎。深圳2020年医疗器械产值逾800亿元，出口逾60亿美元，位居全国各大城市之首。[②] 广州高校科研院所、重点实验室汇聚，2020年技术合同交易2256.53亿元，在全国城市中排名第二，仅次于北京。[③] 深广双引擎之间已建立科技创新协同机制，2020年两市签署的《深化战略合作框架协议》《科技创新合作协议》《生物医药产业合作协议》保障了两市重大科技创新资源共享和成果跨地区转化应用。2020年，国家高性能医疗器械创新中心获批在深圳组建，深广高端医疗器械集群入选工信部先进制造业集群榜单。

2020年，深广签署《深化自由贸易试验区战略合作框架协议》，以期建成具有战略合作统筹协调机制的自贸区联合体，推动大湾区试点经济整合。

---

① 默克中国：《粤港澳大湾区创新生态白皮书》。
② 数据来源：深圳医疗器械行业协会，中国医保商会。
③ 数据来源：科技部火炬中心。

（三）基础设施互联互通

至 2020 年底，大湾区 2 小时通达高速公路网络基本形成，港深之间开通 7 个陆路口岸，大湾区港口群集装箱吞吐总量逾 7500 万标准箱，广州、深圳、珠海、东莞 4 个港口进入亿吨大港行列。至 2022 年底，大湾区将形成"12312"交通圈，实现与全球主要城市 12 小时通达，基本达到世界一流湾区发展水平。[①]

（四）湾区政务跨城通办

大湾区 9 地市已形成"湾区通办联盟"，建成 24 小时"跨城通办"自助服务体系，可办理 12 个部门 100 多个政务服务事项。"深港通注册易""深澳通注册易"便利了港澳投资者在大湾区内地城市开办企业。"十三五"期间，大湾区新注册港资企业 1.3 万家、澳资企业 3280 家。[②]

二 大湾区医疗器械监管创新政策试验

（一）产业融合创新探索属全球首创

1. 大湾区与国内外知名区域经济圈

相比全球知名区域经济圈，大湾区面积、人口数量最大，经济总量达 1.78 万亿美元，高于旧金山湾区、接近纽约湾区，但人均生产总值 24471 美元，远低于其他湾区。[③]

从国内看，大湾区和长三角地区经济发展水平和创新活跃程度都位居前列。2020 年，大湾区土地面积、常住人口和地区生产总值分别占长三角地

---

① 交通运输部：《交通强国建设广东试点实施方案》。
② 数据来源：广东省政府。
③ 数据来源：广州日报数据和数字化研究院（GDI 智库）《粤港澳大湾区协同创新发展报告（2020）》、长三角各地区人民政府。

区的 15.7% 、32.3% 和 47.3% ，但人均生产总值高于长三角地区的 16688美元。①

2. 大湾区一体化与长三角一体化

长三角一体化发展属区域经济学范畴，是通过打通地区间产品和要素流动的行政壁垒，构建统一市场，实现跨省市协同发展，涉及基础设施联通、政府间协议、制度建设和整合等多方面。

大湾区内部存在"一国两制"框架下的三种货币、三个关税区和三种法律制度，因此，大湾区一体化已超出区域经济学范畴，是多个不同关税区相对独立的经济体的一体化发展，需跨体制协同，涉及金融、国际贸易、不同制度下的国际监管等。

3. 大湾区与海南医疗先行先试区

（1）海南医疗先行先试以医疗流程为主

海南博鳌乐城国际医疗旅游先行区于 2013 年设立，2019 年进行了深化建设，先行先试范围覆盖医疗器械进口、审批、使用、监管等相关流程，尚未涉及产业范畴。在人员人才流动方面，海南暂时只限于提供入境和就业便利。

（2）大湾区先行先试涉及跨境医疗和委托生产

2017 年，我国首次提出要打破港澳医疗企业进入内地发展的政策壁垒。2019 年明确提出加速医生在大湾区内的资格互认，便利跨境执业。2020 年提出允许港澳医疗器械注册人将持有的医疗器械在大湾区内地 9 市符合条件的企业生产。

（二）医疗器械产业创新政策体系

大湾区是全球首个跨体制跨货币的湾区，医疗器械产业在大湾区是否能突破升级，与大湾区产业生态系统是否能融通紧密相关。《规划纲要》发布

---

① 根据各地区人民政府 2020 年 GDP 统计数据，以 2020 年 12 月 31 日人民币汇率中间价 1 美元兑人民币 6.5249 元换算得到。

两年以来，大湾区推出一系列政策和措施，从政府监管、医疗融合、资本融通、物资融通、人才融通方面加速创新、生产和应用，推动大湾区医疗器械产业协同创新生态体系形成（见图1）。

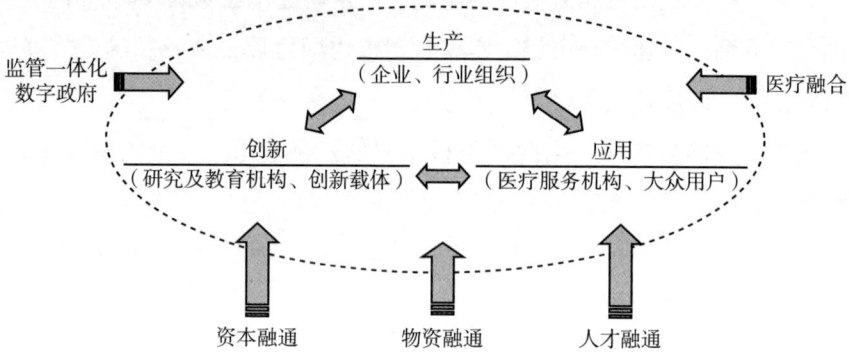

图1 大湾区医疗器械产业创新生态体系

1. 政府监管协同

（1）大湾区数字化政府

根据2021年广东省《政府工作报告》重点任务分工方案，大湾区将加快创建数据中心，加速数字化政府建设进程，探索建立城市群数字化治理新模式。

（2）大湾区商事一体化

大湾区持续推动商事一体化改革，2020年发布的《关于贯彻落实金融支持粤港澳大湾区建设意见的实施方案》《广东省进一步推动竞争政策在粤港澳大湾区先行落地的实施方案》以及2021年发布的《关于全面推进信用分级分类监管的改革方案》等，保障了大湾区成为创新创业和投资发展的首选地。

（3）医疗器械监管协同

大湾区内多种医疗器械监管体制和机制分割并行，2020年《粤港澳大湾区药品医疗器械监管创新发展工作方案》允许港澳药械上市许可持有人、医疗器械注册人将药械转移到大湾区内地企业生产。同年落地的国家药监局医疗器械技术审评检查大湾区分中心承担了促进内地与港澳地区监管体系有效衔接的任务。

2. 产业协同创新

2020 年，在政府多项组合创新政策推动下，大湾区财政共拨付跨境科研资金 1.28 亿元①，成立粤港澳大湾区标准创新联盟，启动粤港澳科技创新团体标准服务平台，发布首个粤港澳三地联合的团体标准，签发全国首单知识产权海外侵权责任保险。至 2020 年底，服务大湾区医疗器械产业创新的合同研发生产组织（CDMO）服务机构达 15 家。②

2021 年广东省《政府工作报告》重点任务分工方案提出，探索改变粤港澳三地市场主体在互动交流中存在的要素流通受阻的现状。

3. 医疗应用及融合

大湾区允许内地九市使用临床急需、港澳公立医院已采购使用、具有临床应用先进性的医疗器械，将加速大湾区与国际医疗器械市场对接。

深港已初步实现电子病历互通，深圳市医院评审评价研究中心计划于 2021 年内完成并通过国际医疗质量协会（ISQua）认证。目前，在深圳的香港长者（年满 70 岁以上者）可使用"长者医疗券"实现免费医疗。深圳"香港医管局在粤慢病患者复诊特别支援计划"至 2021 年初已服务逾 7000 人次。③

更多的港澳医疗服务机构将在大湾区内地城市办医，除现有的港大深圳医院外，2020 年开业的港资禾正医院规划床位 1200 张，预计 2026 年底建成的香港中文大学（深圳）医院规划床位 3000 张。

4. 产业链要素融通

（1）资本融通

大湾区在探索法律衔接、金融创新、资格互认等方面做了多点尝试。同时，多元化融资渠道为大湾区医疗器械企业的成长提供了更多资金支持。香港率先推出鼓励生物科技企业上市的政策。随着私募股权投资基金跨境投

---

① 数据来源：广东省人民政府。
② 众成医械：《粤港澳大湾区医疗器械产业发展现状》。
③ 数据来源：香港大学深圳医院。

资、沪港通及深港通的开通，以及正在筹备的"双向跨境理财通"和债券通项下的"南向通"的推进，大湾区资本的流动性将大大增加。截至 2020 年底，"债券通"累计成交 4.81 万亿元，"深港通"累计交易近 24 万亿元人民币。① 此外，大湾区正在加速实现金融专才资格互认，保障金融科技助推大湾区科技创新和产业发展。

（2）物资融通

由于大湾区呈现区域分割的格局，各级政府一直致力于加速湾区内生产要素及商品流通。

①跨境车辆信息管理综合服务平台、组合港项目服务平台运行

2020 年 11 月，大湾区组合港项目服务平台启动。蛇口－顺德组合港的互联共享区块链网络贯通港口、海关、物流、企业、金融等贸易全流程。惠盐组合港运行后，进出口物流效率提升 60%，时长由原来的 5~7 天压缩至 2 天，企业运输和报关成本节省约 30%。② 同年 12 月，深圳第二个 24 小时通关口岸——深圳湾口岸开通。2021 年 1 月，大湾区跨境车辆信息管理综合服务平台在深圳皇岗海关试点运行。

②科研设备免关税进入、科研样品便利使用

香港大学、香港科技大学等 6 家香港高校在深圳设立的首批研究机构取得科研院所免税主体资质，享受科研设备免征关税进入大湾区的优惠政策。2020 年，上述研究机构从境外引进设备享受减免税款超 500 万元。③

大湾区海关对符合条件的科研样品、高风险特殊物品审批时间目前已压缩一半以上，大幅度提高了跨境科研样品的使用效率，支持了科研创新及产业发展。

（3）人才融通

大湾区鼓励开展人才交流，从职业互认、税收优惠等方面实施多项创新政策。"十三五"期间，大湾区对港澳职业资格（工种）认可由 22 项增至

---

① 数据来源：香港金管局。
② 数据来源：深圳海关。
③ 数据来源：深圳海关。

32 项。① 2020 年大湾区共向境外高端和紧缺人才发放个税补贴资金 23.9 亿元，有近 9000 人受益。② 此外，港澳和外籍医务人员可在大湾区内地九市执业，已初步打通香港医生技术水平认证体系和内地职称体系的壁垒，首批港籍"正高""副高"专家即将诞生。2020 年，金融专才资格实现首批三地互认，广州南沙率先试点实现由港澳籍人才担任公职人员。2021 年，深圳允许港澳涉税专业人士跨境执业，截至 3 月底，27 位港澳涉税专业人才及 2 家合资税务师事务所完成登记。③ 2021 年下半年，"深港医学专科培训中心"将在深圳启动招生计划，医学人才培养模式将与国际接轨。

三 大湾区医疗器械政策试验过程中的重点问题

大湾区经过两年的试验和建设，一系列新政试点施行，医疗器械产业协同创新生态已见雏形，但在实施过程中还存在多处堵点。

（一）产业创新协同问题

1. 跨境科研项目管理问题

内地科研课题对港澳科研、医工人员进一步开放，跨境科研资金已拨付，但在跨境项目管理上仍存在障碍。首先在科研经费财务管理方面，由于内地与香港的拨付年限不同，拨款会在一定程度上滞后或是分散项目经费，经费使用有效性降低。其次在项目管理方面，三地财政资金管理制度不同，资助报告频率不同，给资金使用后总结评估管理带来挑战。

2. 科研数据跨境流动及相关成果转化保护问题

（1）数据安全

跨境数据所包含的科研数据和产业数据，较难清晰界定。在数据跨境流动过程中，去标识化处理、隐私管理、审计管理等数据安全技术需

---

① 数据来源：广东省人力资源和社会保障厅。
② 数据来源：广东省人民政府。
③ 数据来源：深圳市税务局。

要取得突破。此外，还存在相关法律法规尚不健全、数据安全人才缺口较大等一系列问题。

（2）数据定价

跨境流动涉及数据资产，只有在数据资产确权定价以后才方便实施跨境流动管理，而医疗器械相关数据定价目前还是待解难题。

（3）转化成果跨境保护

目前三地尚未建立监管共识，知识产权互认也尚未实现，数据资源的安全性在科研数据跨境过程中、技术成果所有者的知识产权在成果跨境转化过程中均不能被有效保护，跨境成果转化较难开展。

3. 跨境科研人员、产业人才往来便利程度不足

大湾区内跨境科研人员、产业人才往来便利程度需进一步提升，从简化职业资格互认、简化通关到协调个税、畅通跨境保险服务等多方面都需要细化落地。

（二）跨境医疗器械物流问题

医疗器械产业的科研材料、体外诊断试剂企业的生产材料等涉及高危品种，缺乏跨境企业海关信用体系是急需疏通的产业发展堵点之一。此外，还应对医疗器械产业急需的生产材料、零部件、元器件、设备整机等进行深入调研以完善进口正面清单。

（三）医疗服务跨境衔接问题

首先，三地政府须设立医疗监管协同架构，实现监管数据共享、信用体系共建、伦理互认等。

其次，在大湾区跨区域转诊转介过程中，深港澳三地车牌救护车需要建立联合审批机制，建设一车直达医院绿色通道。同时，医疗费用跨境支付需要建立多元化第三方国际医疗保险结算平台。

最后，由于体制机制和政策法规制约，粤港澳三地医疗人才定级考试和资质认可无法全面畅通。

（四）金融要素深化问题

大湾区金融基础设施尚未建成，港澳地区依靠较为成熟的法律体系制约金融机构，而湾区内地9市的金融机构监管仍属灵活性不足的被动性监管。政府层面的金融数据体系仍然是较为割裂的，港澳地区数据和内地数据分别存储，开放度不足，征信信息、基础数据共享和协调较为困难。

（五）本土企业面临更强的国际竞争

在大湾区产业融通的过程中，随着国际资本、国际先进技术、国际企业更便捷地流入和进驻，大湾区本土医疗器械企业需要融会贯通更多国际规则，进行更多的国际跨学科合作，管理国际人才团队，直面更强的国际竞争。

四 大湾区产业协同创新生态建设的趋势及展望

随着大湾区健康综合试验区在广州荔湾、深圳大鹏等地陆续设立，在试验区先行试验建设若干创新小生态，最终扩展到大湾区，逐步成为一条可深入探索的可行路径。

（一）试验区集中试点、拓展延伸

大湾区产业协同创新是密集创新试验，因此，在试验区内小范围试点可以节约资源，加速体制试点改革步伐。试验区作为大湾区医疗器械产业融通前沿，可有针对性地开展制度创新，利用湾区资源配置国际化的产业配套服务，重点发展产业链的中高端环节，打造特色鲜明的医疗器械试验区融合产业链，其中生产制造、加工等环节可延伸、拓展至大湾区、全国乃至全球，以国内大循环为主体、促进国内国际双循环，建立大湾区融合产业链。

（二）创建试验区产业协同发展小生态

通过在试验区建设三地政务公共数据平台，进行统一监管协调。政府可引导建立试验区产业基金，对区内机构群建立小范围信用评价体系、金融基础数据系统以及协调机制。同时借鉴国际国内先进经验，加速试验区医疗资源与科研机构的集聚。在试验区内推动国际临床中心建设，设立跨境科研项目管理协调委员会、知识产权互认及跨境保护平台与科研生产资料通关、产品出口绿色通道等。国家药监局医疗器械技术审评检查大湾区分中心要保障试验区企业享受优先服务。在试验区内探索职业互认、建立人才流动绿色通道等。

通过试验区先行先试，协调各方面运行机制，探索大湾区医疗器械产业协同创新的新模式、新路径和新体系。试点成功产业小生态后，再行推广复制，最终建立大湾区医疗器械产业协同发展新生态，推动产业进步。

B.11
2020年国家组织集中带量采购后
冠脉介入市场面临的挑战及未来展望

张 洁 刘若钧*

摘 要： 国家组织集中带量采购对于冠脉介入市场冲击巨大，打破了
近二十年形成的市场格局。但我国冠脉介入市场还远未进入
成熟阶段，无论是手术例数还是产品创新，仍然都有较大的
增长空间。面对冠心病患者的持续增加，技术的不断革新，
可以在降低患者医疗费用的同时，提供更优质的临床服务，
弥补国家组织集中带量采购后市场的损失。本文将通过对冠
脉介入手术基础数据的整理分析，分别从患者数量的增加、
冠心病精准医疗临床策略的普及和介入无植入治疗手段的革
新三个方面进行研究分析，为冠脉介入市场的发展提供参考
和依据。最后，本文指出支架等产品的集中带量采购会引导
优秀的国内医疗器械生产企业创新发展，推动行业升级，为
冠心病患者提供更加优质的临床手术策略。

关键词： 集中带量采购 冠脉介入 精准医疗 介入无植入

随着我国老龄化时代的到来，冠心病患者持续增加，冠脉介入治疗为国
家医保基金带来了巨大的负担。而且冠脉支架整体技术已较为成熟，不同产

---

* 张洁，国药集团联合医疗器械有限公司总经理；刘若钧，国药器械联齐（北京）医疗器械有
限公司总经理。

品在临床效果上存在细微差异，但已难产生革命性的改进。同时较高的价格，不仅限制了新技术的创新和推广，而且阻碍了冠脉介入手术在基层的开展和普及，不利于推进分级诊疗制度，所以冠脉支架成为国家治理高值医用耗材的首要目标。

为了全面落实国务院办公厅印发的《治理高值医用耗材改革方案》，集中带量采购陆续在全国各省（区、市）落地。基于地区试点，2020 年 10 月 16 日国家组织高值医用耗材联合采购办公室发布《国家组织冠脉支架集中带量采购文件》，正式拉开了高值医用耗材全国集中采购制度改革的序幕。最终产品平均降价 93%，预计将为国家医保基金节省支出 109 亿元。[①]

一 冠脉介入耗材集中带量采购整体情况

根据全国各地市医保局文件，截至 2021 年 5 月 1 日，全国地市级及以上关于冠脉介入耗材的集中采购主要包括冠脉支架、扩张球囊、介入导丝和导管的集中采购。

（一）冠脉支架的国家集中带量采购

2020 年 10 月 16 日发布的《国家组织冠脉支架集中带量采购文件（GH－HD2020－1）》，指出对冠状动脉药物洗脱支架系统（材质为钴铬合金或铂铬合金，载药种类为雷帕霉素及其衍生物）启动集中带量采购。首年意向采购总量为 1074722 支，由地区各医疗机构报送采购总需求的 80% 累加得出。[②]并于 11 月 9 日，公布了中选结果，其中中选产品有 10 个品类，分属于 8 家企业。产品平均降价 93%。

---

① 《专访国家医保局：心脏支架集采节省了 117 亿，下一步将有序推进》，中国新闻周刊，http://www.inewsweek.cn/finance/2020－12－14/11226.shtml，2020 年 12 月 14 日。
② 《国家组织高值医用耗材联合采购办公室关于发布〈国家组织冠脉支架集中带量采购文件（GH－HD2020－1）〉的公告》，天津市医药采购中心。

表 1　国家组织冠脉支架集中带量采购中选结果

产品名称	产品注册证类别	企业名称	中选单价（元/支）
药物涂层支架系统（雷帕霉素）	国械注准 20173461407	山东吉威医疗制品有限公司	469
药物洗脱冠脉支架系统	国械注准 20193131802	易生科技（北京）有限公司	548.99
冠脉雷帕霉素洗脱钴基合金支架系统	国械注准 20163462305	上海微创医疗器械（集团）有限公司	590
钴基合金雷帕霉素洗脱支架系统	国械注准 20173460564	乐普（北京）医疗器械股份有限公司	645
药物洗脱冠脉支架系统	国械注进 20163460682	美敦力（上海）管理有限公司	648
冠脉雷帕霉素洗脱钴基合金支架系统	国械注准 20203130662	上海微创医疗器械（集团）有限公司	750
药物支架系统	国械注准 20163461174	深圳市金瑞凯利生物科技有限公司	755
铂铬合金依维莫司洗脱冠状动脉支架系统	国械注进 20153130608	波科国际医疗贸易（上海）有限公司	775.98
依维莫司洗脱冠状动脉支架系统	国械注进 20173466661	波科国际医疗贸易（上海）有限公司	776.31
冠状动脉钴铬合金可降解涂层雷帕霉素药物洗脱支架系统	国械注准 20163460595	万瑞飞鸿（北京）医疗器材有限公司	798

（二）其他冠脉产品的区域集中带量采购

冠脉扩张球囊的集中采购则是由各省（区、市）和省际联盟来组织执行。截至 2021 年 5 月 1 日，除了安徽省和港澳台地区，其他各地区都已有相关集中采购项目的开展，降价幅度在 90% 左右。

云南省和"六省二区"地区联盟则针对冠脉介入导丝和导管进行了集中采购。

二 冠脉介入手术的基础数据及展望

据统计，2020 年全年冠心病介入（PCI）治疗例数为 968651 例，植入支架数量为 141 万支（见图 1、图 2）。如果按照 10% 的增长率计算，2025 年的 PCI 治疗例数可能会达到 156 万例，植入支架数量会达到 227 万支。

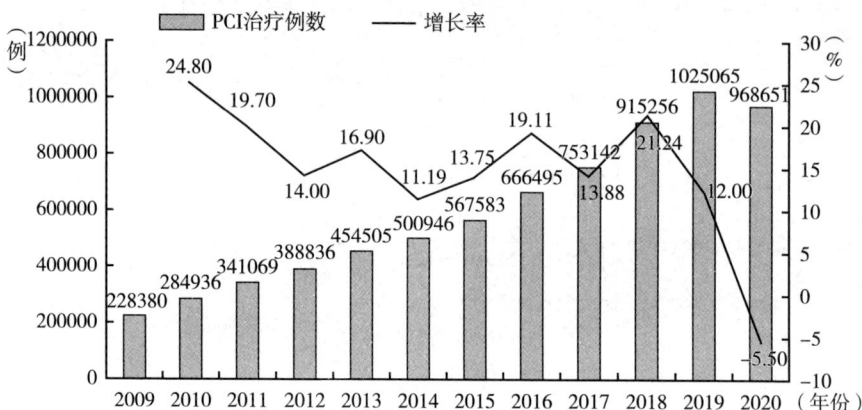

图1 2009～2020 年中国内地 PCI 治疗例数及其增长率

资料来源：2020 年中国内地冠心病介入治疗注册数据，第二十四届全国介入心脏病学论坛（CCIF 2021），2020 年 4 月 24 日。

同时与国外成熟市场相比，欧美和日本每百万人口平均 PCI 治疗例数在 2000～3000 例，而中国则只有 600 多例，仍然有 3～5 倍的上升空间①②。

面对巨大的增长空间，以及应对产品降价导致的市场萎缩，推动临床策略以及技术的革新是弥补市场空间的有效手段。其中"精准医疗"和"介入无植入"项目是现在较有潜力的发展项目。

---

① 美国和日本数据来源于美国心脏病学会杂志，Comparative Trends in Percutaneous Coronary Intervention in Japan and the United States，2013 to 2017，2020 年 9 月。
② 英国、意大利、法国和德国数据来源于 EAPCI White Book database，https：//www. bcis. org. uk/wp - content/uploads/2019/06/Intervention - in - Europe2019_ compressed. pdf。

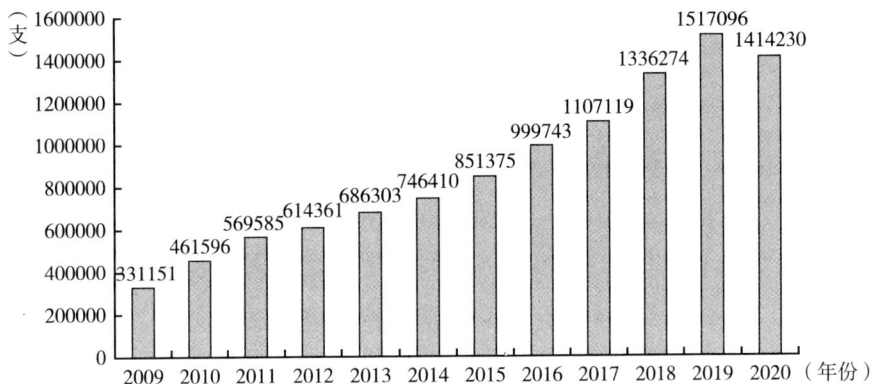

图2　2009～2020年中国内地植入支架数量

资料来源：2020年中国内地冠心病介入治疗注册数据，第二十四届全国介入心脏病学论坛（CCIF 2021），2020年4月24日。

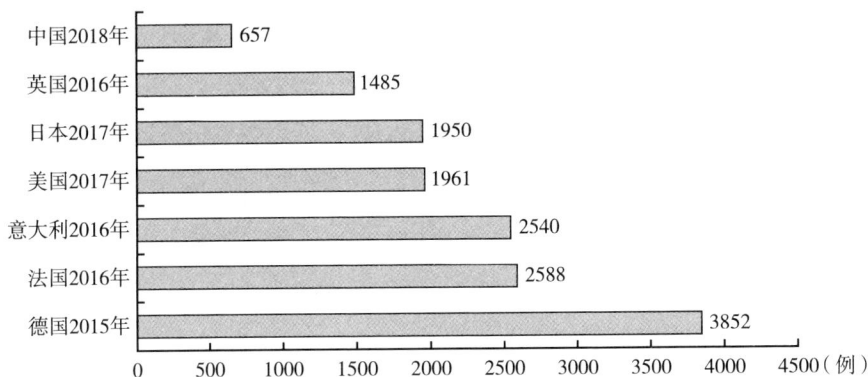

图3　世界主要国家每百万人口平均PCI治疗例数

说明：美国和日本数据来源于美国心脏病学会杂志；英国、意大利、法国和德国数据来源于EAPCI White Book database。

三　"精准医疗"在介入领域的相关技术与应用

相比于传统的冠脉介入手术流程，"精准医疗"的目的在于根据患者的临床信息，应用心脏功能学或影像学等技术，帮助术者临床决策，实现精准的手术分类和诊断，为患者制定更个性化的疾病预防和治疗方案。

国家组织集中带量采购之前，考虑到冠脉介入诊疗费用高昂，"精准医疗"的相关技术作为非必要的临床检查项目，在临床使用较少。国家组织集中带量采购后冠脉支架和扩张球囊费用降低，术者可以根据患者的需求提供最优的冠脉介入治疗方案，使患者获益最大化。

现阶段比较有代表性的心脏功能学和影像学相关技术包括血流储备分数（FFR）、血管内超声（IVUS）和光学相干断层扫描（OCT）。

（一）血流储备分数

传统冠脉介入手术主要通过冠脉造影对病变血管的狭窄程度进行评价，其局限性在于只能显示出造影剂填充的血管管腔轮廓，不同角度投射出的结果不一致，无法评价狭窄病变与心肌缺血的关系。临床研究FAME及FAME 2的结果表明，仅凭造影图像，狭窄率在50%～70%的中度狭窄患者中会有35%的缺血病人被忽略，狭窄率>70%的重度狭窄患者中会有20%的病人被过度治疗。

血流储备分数（FFR）是临床上判断冠脉狭窄病变是否已引起心肌缺血的功能性检查技术。在有创冠脉造影术中，通过压力导丝测量冠脉狭窄远端最大血流量和无狭窄时最大血流量的比值来判断心肌是否缺血。

基于日益增多的临床证据，《2014欧洲心脏病学会心肌血运重建指南》和《中国经皮冠状动脉介入治疗指南（2016）》对FFR都进行了最高等级IA类推荐，2019年我国也针对FFR推出了临床路径专家共识，因此FFR已经成为评判冠脉缺血的功能学金标准。也就是说，FFR对于心肌缺血的评判比造影更加准确，术前可用来决定是否需要植入支架和术后用来检验血流改善的效果是否达到预期。

FFR的技术路径中，压力导丝、压力微导管和基于影像的FFR是三种主要的技术路线。尤其是近几年随着人工智能和大数据的发展，基于影像的FFR产品成为AI的重点应用方向。迄今为止，全球有超过12个基于影像的FFR产品获得欧盟（CE）认证，4个产品获得国家药品监督管理局（NMPA）的批准上市。

表 2　国内外 FFR 主要上市产品

原理	产品名称	厂商	上市进展
压力导丝	FFR	压力导丝全厂家	CE 认证/FDA 批准/NMPA 三类注册证
	RFR	雅培－圣犹达	CE 认证/FDA 批准/NMPA 三类注册证
	iFR	飞利浦－火山	CE 认证/FDA 批准/NMPA 三类注册证
压力微导管	Navvus	Acist Medical	CE 认证/FDA 批准
	TruePhysio	北芯生命科技	CE 认证/NMPA 三类注册证
冠脉造影	QFR	博动医学	CE 认证/FDA 批准/NMPA 三类注册证
	AccuFFRangio	脉流科技	CE 认证
	FFRangio	CathWorks	CE 认证/FDA 批准
冠脉 CTA	FFRCT	Heart Flow	CE 认证/FDA 批准
	DVFFR	科亚医疗	CE 认证/NMPA 三类注册证
	Ruixin-FFR	睿心医疗	NMPA 三类注册证
	CT-QFR	博动医学	CE 认证/FDA 批准/NMPA 创新通道特别审批
血管内超声	FFRivus	脉流科技	CE 认证
	UFFR	博动医学	CE 认证
光学相干断层成像	FFRoct	脉流科技	CE 认证
	OFFR	博动医学	CE 认证

（二）血管内超声和光学相干断层扫描

血管内超声（IVUS）技术和光学相干断层扫描（OCT）技术的目的基本一致，都是通过进入血管腔，对血管内和血管壁进行探测，从而指导冠脉介入诊断和治疗，属于有创性断层显像技术。不同之处是，IVUS 使用的是超声波脉冲，穿透力强，分辨率较低；OCT 使用的是近红外光线，分辨率高，但易受干扰，穿透力较弱。

相比传统的冠脉介入流程，IVUS 或 OCT 能更加准确地识别斑块和血栓等发病机制、测量病变狭窄程度及长度、评估支架植入后情况等。IVUS 循证资料较多，擅长指导左主干、开口和分叉等病变；OCT 画面在识别斑块、血栓、支架贴壁和支架内再狭窄等情况下更加清晰。

国内 IVUS 和 OCT 市场分别由波士顿科学和雅培占据着垄断地位，不过近年来随着冠脉支架和扩张球囊市场的逐渐成熟，国内公司对心血管影像器械的研究创新也日益重视。迄今为止共有 8 家企业的 8 款 OCT 产品进入创新医疗器械特别审批通道,而 IVUS 只有 1 款产品。同时 IVUS 和 OCT 二者各有利弊,"IVUS + OCT"的双模融合也成为近几年 OCT 技术的研发新方向。

表 3　国内外 IVUS 和 OCT 主要生产厂家及上市进展

技术名称	生产企业	上市进展
IVUS	波士顿科学	CE 认证/FDA 批准/NMPA 三类注册证
IVUS	飞利浦火山	CE 认证/FDA 批准
IVUS	开立生物	NMPA 创新医疗器械特别审查通道
IVUS	北芯生命	研发中
OCT	雅培圣犹达	CE 认证/FDA 批准/NMPA 三类注册证
OCT	永士达医疗	NMPA 创新医疗器械特别审查通道
OCT	微创医学	NMPA 创新医疗器械特别审查通道
OCT	中科微光	NMPA 三类注册证
OCT	阿格斯	NMPA 三类注册证
OCT	沃福曼	NMPA 三类注册证
IVUS + OCT	Conavi Medical	FDA 批准/NMPA 创新医疗器械特别审查通道
IVUS + OCT	恒宇医疗	NMPA 创新医疗器械特别审查通道
IVUS + OCT	全景恒升	NMPA 创新医疗器械特别审查通道
IVUS + OCT	英美达医疗	NMPA 创新医疗器械特别审查通道

(三)"精准医疗"医疗器械的临床意义和市场前景

冠脉造影作为冠心病诊断的金标准,在临床上得到了广泛应用,但其对斑块特性和心肌缺血程度仍难以准确评估。因为其本质上是对血管管腔纵截面的二维显影,无法准确体现血管的三维构造。"精准医疗"中使用的功能学医疗器械可直接对心肌缺血情况进行精确评估,影像学医疗器械则可以对冠脉管腔进行三维观测，精准评价病变情况，从而指导冠脉介入临床治疗策略，并丰富和改善流程，让患者享受到更加精准的治疗。

国家组织冠脉支架集中带量采购后，"精准医疗"相关产品的市场数据也体现了其发展潜力。波士顿科学预计 IVUS 在 2021 年增长率为 30%，雅培 2021 年第一季度 FFR 和 OCT 的增长速度均超过 200%。

四 "介入无植入"临床治疗手段的发展现状及未来

冠脉介入治疗经历了球囊成形术、金属裸支架和药物洗脱支架总共三代技术演化过程。从最开始的 50% 的血管再狭窄概率，降到了现在的 10% 以下。但金属支架是永久性植入物，植入后晚期及极晚期支架内再狭窄仍无法避免，并且伴有支架内血栓的风险，同时患者还必须终身服用抗血小板药物。所以改变永久性植入的新需求逐渐产生，"介入无植入"的理念逐渐进入学科视野，其中药物球囊和可降解支架有望迎来快速发展的契机。

（一）药物球囊

目前，药物球囊还是"介入无植入"的主流应用产品，通过球囊载药的方式，将抗增殖药物释放在血管壁上，在无植入物的情况下抑制血管内膜增生。与冠脉支架相比，药物球囊避免了支架内再狭窄和血栓的风险，同时缩短了双抗治疗的时间，无须终身服药，大大降低了患者负担。

药物球囊在欧洲已经被批准用于支架内再狭窄、分叉病变和小血管病变三个适应证的治疗，而在我国主要用于支架内再狭窄的治疗，未来药物球囊在适应证和技术指标无重大突破的情况下，中短期内无法取代冠脉支架，二者主要呈现互补的关系。

目前国内上市的产品共有 6 款，有近 10 家企业正在开展临床前研究和临床研究。

表4 国内药物球囊生产厂商

产品名称	生产企业	药物涂层	载体	上市进展
新普力	贝朗医疗	紫杉醇	碘普罗胺	CE 认证/NMPA 三类注册证
新普畅	贝朗医疗	紫杉醇	碘普罗胺	CE 认证/NMPA 三类注册证
轻舟	垠艺生物	紫杉醇	碘海椿	NMPA 三类注册证
RESTORE	远大医药	紫杉醇	虫胶酸	CE 认证/NMPA 三类注册证
Swide 淇济	申淇医疗	紫杉醇	碘普罗胺	NMPA 三类注册证
Vesselin	乐普医疗	紫杉醇	尿素	NMPA 三类注册证
Selution	信立泰	雷帕霉素	生物降解聚合物	NMPA 医疗器械临床试验备案

（二）可降解支架

可降解支架在植入人体内2～3年后可以完全降解，不仅可以解决药物球囊导致血管弹性回缩的问题，而且可以解决冠脉支架在体内长久留存的问题，所以被认为引发了冠脉介入的第四次技术革命。

2011年雅培的 Absorb 是世界上唯一一款在欧洲、美国实现临床上市的可降解药物涂层支架。支架厚度150μm，其支架平台材料为聚乳酸，表面药物涂层是依维莫司，用来作为抗增殖药物。聚乳酸最大的问题在于材料强度不足，需要通过增厚支架梁来增加径向支撑力，从而阻碍了血管内膜覆盖支架梁，为晚期和极晚期出现血栓等不良事件留下了隐患。由于全球范围内一系列的临床研究分析表明，Absorb 在植入后极晚期血栓风险明显增大，所以2017年雅培公司宣布全球停止销售，转而研发下一代可降解支架。[1]但仍然有多项临床研究证明 Absorb 的有效性可媲美金属药物洗脱支架[2]，所以近年来可降解支架的研发热情依然十分高涨。可降解支架的研发方向按材料来源可分为高分子聚合物类和金属类。

---

[1] 刘兵、何青：《冠状动脉介入治疗新里程碑——生物可吸收支架》，《中国心血管杂志》2016年第4期。

[2] 高润霖：《依维莫司洗脱生物可吸收支架 Absorb BVS 一年血管造影随访病变节段内晚期管腔丢失不劣于金属药物洗脱支架 Xience CoCr-EES》，*J Am Coll Cardiol*，2015，66。

表5　可降解支架材料的优缺点与改进方向

材料分类	材料名称	最终产物	材料优势	材料劣势
高分子聚合物类	左旋聚乳酸PLLA	二氧化碳和水	①良好的生物相容性②力学强度相对较高	①力学性能不足②3年以上完全降解
	聚羟基乙酸PGA	二氧化碳和水		①力学性能不足②降解速度过快
金属类	镁基合金	镁离子	①人体微量元素②良好的生物相容性及生物可降解性	降解速率过快
	铁基合金	铁离子	①人体微量元素②较高的弹性模量和径向支撑力	①核磁共振干扰②降解周期不均匀③腐蚀产物长时间代谢
	锌基合金	ZnO等	①人体微量元素②降解速率介于镁合金和铁合金之间	研究还处于较早阶段

资料来源：杨立、罗日方等：《微创介入全降解血管支架和心脏瓣膜国内外研发现状与研究前沿》，《材料导报》2019年第1期。

虽然Absorb没有逃过退市的结局，但其对冠脉介入的第四次技术革命发挥了不可否定的作用。尤其是全球大量的临床研究和数据，为可降解支架的研发指明了方向并提供了重要参考。

据不完全资料统计，迄今为止全球有20多家企业的近30个可降解支架产品开展过相关的临床研究，其中国内外各有两款产品顺利上市。

表6　国内外可降解支架的主要生产厂商和产品情况

公司	产品名称	支架材质	支架厚度（μm）	完全吸收时间（月）	上市进展
雅培	Absorb	左旋聚乳酸	157	36~42	全球退市
	Esprit	左旋聚乳酸	99	16	临床研究中
Elixir医学	DESolve	左旋聚乳酸	150	12	CE认证
	DESolve Cx	左旋聚乳酸	120	12	临床研究中
Biotronic	Magmaris	镁合金	150	12	CE认证/FDA批准
	DREAMS 3G	镁合金	99	12	临床研究中

续表

公司	产品名称	支架材质	支架厚度（μm）	完全吸收时间（月）	上市进展
Meril Life	MeRes 100	左旋聚乳酸	100	24	临床研究中
乐普医疗	NeoVas	左旋聚乳酸	170	36	NMPA 三类注册证
华安生物	Xinsorb	左旋聚乳酸	160	24 ~ 36	NMPA 三类注册证
微创医疗	Firesorb	左旋聚乳酸	100 ~ 125	24 ~ 36	NMPA 创新通道特别审批
先健科技	IBS	铁合金	70	12 ~ 24	NMPA 创新通道特别审批
阿迈特医疗	Amsorb	左旋聚乳酸	140 ~ 150	24 ~ 36	NMPA 创新通道特别审批
百心安生物	Bioheart	左旋聚乳酸	125	24 ~ 36	NMPA 创新通道特别审批
脉全医疗	BIOMAGIC	外消旋聚乳酸	130	24 ~ 36	NMPA 创新通道特别审批

根据 4 款上市支架临床数据分析，可降解支架的效果并不比金属药物洗脱支架差。但作为第二代可降解支架，其可靠性仍然需要更多大规模真实世界临床数据验证。

（三）"介入无植入"临床治疗手段的市场前景

根据 2021 年 4 月 27 日乐普对外披露的《2021 年第一季度报告》，其介入无植入产品组合实现收入 1.32 亿元，同比增长 1400%，环比增长 320%。虽然市场表现优异，但从上文的分析中可看出，无论是药物球囊还是可降解支架，由于各种原因都还不是成熟稳定的产品，需要继续研究和完善。未来短期内虽然有望获得不小的市场份额，但不会完全替代金属支架，将可能以互补或者高端替代的身份存在。

五 展望

面对持续增长的冠心病患者数量，国家对于医疗耗材的集中带量采购不仅势在必行，而且意义重大。短期是为了降低销售费用、净化医疗环境、节省医保基金和减轻人民群众的医疗负担，但从中长期来看，国家向医疗市场传达了推动生产企业结构调整、鼓励企业产品创新和深化公立医院改革的决心。

经过近 20 年的发展，合金材质的药物支架和扩张球囊整体技术已较为成熟，技术创新空间有限，不同产品在临床使用上不存在较为明显的差异。集中带量采购有利于提高行业集中度，龙头企业能将更多精力投入研发和创造新的产品，杜绝"劣币驱逐良币"的情况发生，促进行业的良性发展。

"精准医疗"中提到的功能学和影像学医疗器械经过数年发展，其临床效果得到了全球专家的一致认可。通过临床应用，可以指导冠脉介入临床治疗策略，并丰富和改善流程，为患者制定更个性化和精准的疾病预防和治疗方案。同时随着人工智能和计算机算法的快速发展，基于影像学的 FFR 技术则有可能面临快速的发展。

"介入无植入"包含的药物球囊和可降解支架虽然已经得到市场的认可，但由于技术的不完善和临床适应证的局限性，仍然无法完全替代药物洗脱支架。但作为冠脉介入的第四代技术革命产品，其市场前景值得期待。

B.12
2020年我国体外诊断试剂原材料市场状况及发展趋势

杨广宇　金宏森　韩　帅*

摘　要： 2020年由于新冠肺炎疫情的影响，体外诊断行业市场规模实现了超过15%的增长，带动体外诊断试剂核心原材料市场规模超过100亿元，较2019年增长30%以上，预计2021年体外诊断试剂原材料市场增长率在20%以上。中国体外诊断试剂原材料企业在各个细分领域市场占有率持续提升，但80%以上体外诊断试剂原材料产品仍为海外品牌，在未来3~5年进口替代仍将是体外诊断试剂原材料市场发展的主要趋势。2020年至今，科技部、国务院、证监会均出台相关政策，为体外诊断关键原材料行业发展提供了指导性意见；先后有5家体外诊断试剂原材料企业提交IPO申请，计划募集资金59.33亿元。中国体外诊断试剂原材料行业虽已进入高速发展期，但也受到一些限制性因素影响。体外诊断试剂原材料企业需要在行业内部协同、政产学研用金合作、海外市场开拓等方面寻找突破口。

关键词： 体外诊断试剂　原材料　供应安全　海外市场

---

* 杨广宇，上海交通大学教授，博士生导师；金宏森，武汉瀚海新酶生物科技有限公司CEO；韩帅，武汉瀚海新酶生物科技有限公司市场总监。

体外诊断试剂可以通过在人体之外对血液、尿液、体液等样本的检测，为疾病诊断、健康评估提供依据，其检测结果影响70%以上的医疗决策。在2020年全球新冠肺炎疫情暴发的背景下，体外诊断领域的聚合酶链式反应技术以及免疫检测技术被广泛用于新型冠状病毒的临床诊断、感染者筛查、流行病学调查等，发挥了重要作用。体外诊断试剂产业分为上、中、下游产业，其中上游产业为体外诊断试剂核心原材料产业，主要是为中游体外诊断试剂生产企业提供基础原材料，如酶、辅酶、底物、抗原抗体、磁珠、微球等，属于基础材料学科，目前该领域以海外品牌产品为主导，国内体外诊断原材料行业还处于起步阶段。中游产业是体外诊断试剂生产型企业，根据不同的产品线可以分为生化诊断、免疫诊断、分子诊断、临检诊断、微生物诊断等。下游产业是指体外诊断试剂的最终用户，包括医院检验科、第三方实验室、基层医疗机构化验室、高校、科研院所、家庭用户等。体外诊断产业上、中、下游目前的市场规模分别是百亿、千亿、万亿级，呈级联放大态势。

体外诊断试剂的核心原材料可根据其在体外诊断试剂中的用途进行分类，包括核心反应体系，如诊断酶、辅酶、抗原、抗体等；信号体系，如胶体金、酶底物系统、荧光/发光物质等；反应体系载体，如NC膜、酶标板、磁珠、微球等；反应环境体系，由各种生物活性材料和精细化学原料组成，包括牛血清白蛋白、阻断剂、缓冲盐等。

一 体外诊断试剂原材料市场规模较小但增长较快

根据《2020年体外诊断行业发展报告》，2020年中国体外诊断市场总规模达1150亿元。就公开数据及调研问卷分析，估计2020年中国体外诊断试剂原材料市场规模约100亿元，较2019年增长超过30%。其中抗原、抗体占比近50%，酶、辅酶、酶底物占比近30%，探针引物等占比在10%左右，磁珠、微球等其他原材料占比约为10%。

体外诊断试剂原材料根据应用领域不同可以分为生化诊断原料、分子诊断原料、免疫诊断原料、基因测序原料、其他原料（如凝血原料、生物传感器原料、质谱原料等）。

二 体外诊断试剂原材料四大发展瓶颈

体外诊断试剂核心原材料是体外诊断试剂研发创新的基础，属于需要长期投入的基础学科领域。中国体外诊断试剂原材料行业起步较晚，2000 年左右才出现专门的体外诊断试剂原材料研发、生产企业。相较海外体外诊断试剂原材料公司，无论是品牌影响力、创新研发能力，还是生产工艺研究、质量控制程序等国内品牌企业都存在差距。从海外品牌占有中国体外诊断试剂原材料市场超过 80% 的份额便可以看出这种差距。目前中国体外诊断试剂核心原材料发展存在的瓶颈主要有四个方面。

（一）国产体外诊断试剂原材料产业自身存在不足，产品性能与海外品牌存在差距，国产化替代的过程并不顺利

根据我们的调查，超过 50% 的行业内企业认为产品不能满足客户需求是目前国产原材料发展的最大障碍。国内体外诊断原材料企业的创新研发能力、规模化生产能力、质量控制流程等，都存在短板。

（二）国产体外诊断试剂原材料企业规模不够，政策及市场影响力弱

由于体外诊断试剂原材料种类较多，涉及专业领域较广，研究开发周期较长，国内体外诊断试剂原材料企业的规模普遍不大。根据我们的调查结果，2020 年销售额超过亿元的国产企业仅约 10 家，而参加 2021 年 CACLP&CISCE 的体外诊断试剂原材料企业超过 300 家。从产品品牌数量对比看，海外主要品牌的产品有 2000 余种，而国产体外诊断试剂原材料企业最多也只有 1200 余种品牌。

（三）体外诊断试剂原材料企业与学术界协同不够，科技成果转化不畅

一方面是学术界缺少及时、准确的技术需求信息，基础研究的方向确定困难；基础研究团队缺少产业化和工程化管理经验，研发成果转化为大规模生产的工艺研究缺失；研发成果转化缺少进行大规模产业化所必需的资源，无论是硬件还是软件都不能满足向工业化转化的需求，最终导致大量学术研究成果无法实现产业化转化，研究成果不能得到充分利用。

另一方面是企业界缺少专业前瞻的技术信息来源，基础性学科的前瞻性人才都在高校与研究机构，少有为企业所用；缺少高端研发人才，创新性产品的研发离不开高端研发人才，而高端研发人才同样集中在高校与科研院所；缺少高端研究装备，体外诊断试剂原材料研究需要的高端研究设备较多，涉及领域也很宽，企业无法在不能预估收益的情况下大规模投入购买此类设备，所以导致创新性研发滞后。

（四）体外诊断试剂原材料产业分散，地方性政策支持较少

中国体外诊断试剂原材料企业分布在全国各个区域，除长三角、珠三角、京津冀区域企业相对集中外，其他区域都是零散分布，地方政府的支持政策惠及面较小，收效不大。由于体外诊断试剂原材料总体市场规模小，地方支持政策很难向原材料行业倾斜。体外诊断试剂原材料企业从创立到实现盈利周期长，对地方税收收入增长的贡献需要较长时间才能体现，地方政府对此重视不够。多种因素叠加，导致体外诊断试剂原材料产业在地方产业政策中受到的支持力度较小。

三 体外诊断试剂原材料高速发展的三大有利因素

随着中国体外诊断试剂核心原材料企业数量增加，品质提升，国内外形

势的发展变化，以及资本市场对上游原材料行业的重视，行业发展的有利因素也初见端倪。

（一）中游体外诊断试剂生产企业对上游原材料产业的重视程度明显提升

由于2020年新冠肺炎疫情的影响，很多体外诊断试剂原材料出现缺货的情况，促使中游体外诊断试剂生产企业对上游原材料供应安全问题加强重视。在此期间，更多的中游体外诊断试剂生产企业对国内上游原材料企业作为备选供应商持开放态度，为国内体外诊断试剂原材料企业提供了更多机会。同时中游体外诊断试剂生产企业面临集中招标采购的成本压力，促使其重视与上游原材料企业的合作，甚至主动参与上游原材料产业的布局，从而推动原材料产业的快速发展。

（二）金融资本对体外诊断试剂原材料行业的关注

根据公开数据统计，2020年体外诊断试剂原材料企业共融资超过25亿元，涉及领域包括抗原抗体、分子诊断、磁珠微球等。

2020年至今，共有五家体外诊断试剂原材料相关企业提交IPO申请。其中两家原材料企业提交了IPO申请，正在等过会，两家企业共计划募集37.31亿元的资金，主要用于体外诊断试剂原材料的研究开发与规模化生产；三家原材料企业IPO申请审核通过，共计划募集资金22.02亿元，主要用于研发中心建设、创新性产品研发、产能扩张以及营销投入等。

金融资本对体外诊断试剂原材料企业的追逐，为行业提供了充足的资金支持，对于上游原材料创新性研发与规模化生产，包括质量管理体系的健全，都将起到积极的推动作用。

（三）政府对关键原材料供应安全的重视

2020年以来，国务院、国家卫健委、证监会均发布了相关鼓励政策，特别强调关键原材料供应链安全、"卡脖子"工程等问题，为体外诊断试剂原材料的发展提供了方向性指导。

2020 年的"科技助力经济 2020 计划"就将体外诊断试剂核心原材料作为重点项目给予支持；2021 年 3 月在重庆召开的体外诊断关键原材料及零部件论坛被人民日报专门报道，后续还专门邀请 CAIVD 协会编写相关提案提交政府部门。2021 年 4 月，证监会发布的《关于修改〈科创属性评价指引（试行）〉的决定》，明确支持与鼓励"关键材料，实现进口替代"的产业在科创板申报上市。这些实质性的鼓励动作，都是国家层面对于关键原材料研发与产业化支持的证明。

随着"十四五"规划落地，国家对国民健康相关产业链供应安全的重视，也为国产体外诊断试剂核心原材料行业发展带来重大机遇。

四 体外诊断试剂原材料需要产业协同

根据对体外诊断试剂原材料企业的调查，50% 以上的企业认为 2021 年行业市场规模增长率在 20% ~30%。但是根据诺唯赞招股说明书相关统计数据，国产体外诊断试剂原材料产品的市场占有率在 2024 年才有望突破 20%。所以在未来 3 ~5 年，海外品牌还将是中国体外诊断试剂生产的主要原材料供应商。而国内体外诊断试剂原材料企业突破瓶颈，实现跨越式发展还需要多方的共同努力。

（一）充分发挥行业协会的领导作用，促进产业协同发展

体外诊断试剂原材料行业涉及的领域与技术平台众多，单一公司实现产品线的全覆盖是有难度的，应当充分发挥行业协会的领导作用，将产业内企业联结起来，形成良好的市场竞争氛围，实现产业协同，优势互补。特别是在产品线布局与分工上，对于拥有不同技术优势的企业给予指导意见，合理配置研发资源，避免重复建设。

（二）组织新型"无院墙"研发机构，提高创新转化成功率

通过相关产业政策打通"政产学研用金"六位一体的协同体系，建立没有学术研究与产业企业"院墙"的研发机构。只有一方面让高校、研究机构的专家学者了解产业发展现状与市场需求，明确基础研究方向；另一方面让产业企业将基础研究成果实现产业化转化，利用好高校、研究机构的高端研发人才与设备，加快创新研发步伐，提升原材料产品品质；同时引入中游生产企业的新产品研发需求，开展与下游产品使用者如医院、疾控中心等的联合应用评价，再加上金融资本的支持，才能提高创新转化成功率，追赶世界原材料研发、生产的最高水平。

目前上海实验室医学研究院下属关键原材料研究所的成立，正是打破学术界与产业界壁垒的一次尝试，为关键原材料从学术研究直接走向产业化铺平了道路。

（三）推动体外诊断关键原材料国家标准的建立

体外诊断试剂原材料没有相关的行业或者国家标准，对于其性能好坏的评价只是停留在应用端的体系适配层面。无论是酶的活性测定，还是底物的纯度分析以及抗体的效价检测，不同企业都有不同的方法与标准，给行业产品品质评价增加了难度。推动行业或者国家标准的建立，将有利于行业发展的标准化与规范化，避免"劣币驱逐良币"的情况发生。

（四）推动体外诊断试剂原材料企业"走出去"

国内体外诊断试剂原材料企业目前主要市场份额还是在国内，而海外市场规模是国内市场规模的数倍。随着国内体外诊断产品走向海外，保证原材料供应安全便成为体外诊断试剂原材料企业的责任。同时随着国内体外诊断试剂原材料企业研发水平的提升，进入海外体外诊断生产企业的供应链也逐步成为它们未来的重要发展方向，这又对国内体外诊断试剂原材料企业的研发、生产、质量管理、营销、技术支持等各方面能力提出了更高的要求。

五 展望

体外诊断试剂原材料行业处在一个大变革时代，既有头部企业的高速增长与示范效应，也有特色小微企业在细分市场的快速扩张，加之金融资本的关注，体外诊断试剂原材料行业已经进入高速发展期。

体外诊断试剂原材料行业发展需要政策支持与行业协会的引导，创造良好的竞争氛围，促进产业协同。随着体外诊断行业的高速发展以及中游生产企业的竞争加剧，与上游原材料企业协同将成为未来趋势。面向海外市场的产业布局与能力建设将是体外诊断试剂原材料企业的下一个竞争热点。针对体外诊断试剂原材料企业目前面临的瓶颈与困难，提升产品品质、加大创新研发投入以及加强产学研用合作是企业未来的重点突破方向。总之，体外诊断试剂原材料行业的发展趋势向好，但面临的机遇挑战并存，需全产业链共同推进才能保持健康稳定增长。

B.13
2020年我国分子诊断行业
状况及发展趋势

曹振国　叶成果　杜鑫立*

摘　要：　分子诊断能够通过一系列的分子生物学方法，对机体及外来病原体的核酸物质或其相应的表达水平进行检测，是目前提供诊断依据或参考的重要手段之一，也是体外诊断的重要组成部分。分子诊断行业虽对技术能力要求较高，但仍是发展最为迅速的体外诊断子行业。分子诊断行业的发展经历了四个阶段，从最初的DNA分子杂交技术到PCR技术，再到生物芯片技术和高通量测序技术。在我国，分子诊断技术虽起步较晚，但无论是分子诊断市场还是分子诊断技术都发展迅速。诸如血源核酸筛查、人类乳头瘤病毒（HPV）分子筛查、新型冠状病毒核酸检测等新兴分子检测领域发展迅猛；高通量测序技术等新技术的发展成熟和应用，带来肿瘤精准诊断、生育健康筛查等检测市场的快速增长。分子诊断作为目前不可或缺的检测手段，为人类健康带来持续的保障，也将助推我国分子诊断产业持续蓬勃发展。

关键词：　分子诊断　PCR技术　核酸检测　目标基因测序

---

* 曹振国，苏州华益美生物科技有限公司副总经理；叶成果，苏州华益美生物科技有限公司总监；杜鑫立，苏州华益美生物科技有限公司经理。

分子诊断能够通过一系列的分子生物学方法，对机体及外来病原体的核酸物质或其相应的表达水平进行检测，可应用于传染病、遗传病、肿瘤等疾病的诊断或辅助治疗。在这些应用领域，分子诊断技术弥补了传统诊断方法的不足，为疾病预防、诊断、治疗监测及预后评估提供了重要证据。本文就分子诊断发展历程及其在传染性疾病、肿瘤及无创产前检测领域的应用现状及发展趋势进行了评述。

一　分子诊断行业的发展历程

分子诊断行业的发展历程大体可以划分为四个阶段。

（一）第一阶段：DNA分子杂交技术在遗传病基因诊断上的应用

1953年，由科学家Watson和Crick所构建的脱氧核糖核酸双螺旋结构模型开启了分子生物学形成和发展的篇章。此后，分子生物学研究不断取得进展，1978年，液相DNA分子杂交技术在镰形细胞贫血症诊断上的成功应用，极大地推动了疾病诊断领域的发展，也为分子诊断拉开了蓬勃发展的序幕。

在分子诊断的初期阶段，基因诊断被应用于对遗传病的判定，即通过对胚胎期婴儿的产前诊断，更早地预知一些遗传的发生和后续的发展、预后。

（二）第二阶段：PCR技术在疾病诊断领域的广泛应用

1985年，由化学家Kary Mullis发明的PCR技术的出现，给分子诊断领域带来了新的概念，推动传统基因诊断向更为全面的分子诊断发展，同时也标志着分子诊断进入新的发展阶段。

随后，基于PCR技术平台，越来越多的PCR应用技术被专家学者开发出来，如巢式PCR（nested PCR）、反转录PCR（reverse transcription PCR）和实时荧光定量PCR与数字PCR（digital PCR）等。其中，实时荧光定量PCR是目前应用最为广泛的PCR技术，其在基因工程、分子生物学以及其他DNA鉴定相关领域中应用广泛，尤其是在疾病检测与诊断方面。另外，在临床应用和商品检疫环节，以及新药开发和法医鉴定方面也被普遍应用。

（三）第三阶段：生物芯片技术引领密集型高通量检测技术的发展

从1992年世界上第一张基因芯片在美国Affymetrix公司问世到现在，芯片技术已经得到长足的发展。芯片按结构分类，可分为基于微阵列（microarray）的杂交芯片与基于微流控（microfluidic）的反应芯片。[1]

传统的核酸印迹杂交技术在自动化程度和检测通量上都相对落后，同时也更为复杂，检测的目标分子数量也相对更少。生物芯片技术很好地解决了这些不足，其能够通过特定的分析方法和探针阵列，实现众多不同方面的应用，从针对基因突变和多态性的分析检测，到基因表达谱的测定，再到基因组文库作图和杂交测序等。这些都有力地助推了基因功能研究、现代医学科学和医学诊断学的快速发展；相关应用也已在基因诊断和药物筛选、个性化给药等方面有了极高的价值体现。

（四）第四阶段：高通量测序技术成为临床分子诊断的重要工具

1977年，第一代DNA测序技术在双脱氧末端终止法（由SangerF等[2]发明）和化学降解法（由Maxam AM、Gilbert W等[3]发明）相继确立的背景下诞生。并在之后的20余年里，助力科学家完成了大量的测序工作，实现了从噬菌体到人类基因组图谱的绘制。但第一代DNA测序技术在成本、速度以及实验复杂程度等方面都存在着很多的不足，这些都极大地限制了其应用的范围。

---

① 吴之源、张晨、关明：《分子诊断常用技术50年的沿革与进步》，《检验医学》2014年第3期。

② Sanger F, Nicklen S, Coulson A R., "DNA Sequencing with Chain-terminating Inhibitors. 1977," *Biotechnology*, 1992, 24.

③ Maxam AM, Gilbert W., "A New Method for Sequencing DNA," *Proc Natl Acad Sci USA*, 1977, 74（2）.

自 2000 年初开始，第二代测序技术的出现推动了测序技术的快速发展。第二代测序技术又称高通量测序（NGS）技术，相比第一代测序技术，具有所需样本量小、总体成本低的特点，能够通过一次实验对多个基因完成检测。NGS 技术可应用于病原微生物的快速鉴定、药物的靶向治疗以及产前筛查等领域[1][2]。

二　我国分子诊断行业发展概况

我国分子诊断技术最早出现在 20 世纪六七十年代，80 年代主要是以点杂交、Southern 印迹杂交等为代表的技术。PCR 技术在 90 年代开始逐步得到推广和应用，随之也带动分子诊断技术在国内快速发展，并开始进入临床实验室。目前我国分子诊断行业正处于分子诊断发展的第三个阶段，生物芯片技术正协同 PCR 技术共同发展，助推分子诊断行业快速发展。

我国分子诊断技术虽起步较晚，但发展速度快于全球。近几年分子诊断市场更是迎来前所未有的发展机遇。市场规模总值从 2013 年的 25.4 亿元增长至 2019 年的 132.1 亿元，年复合增长率达到 31.63%，增长态势迅猛。虽然仅占全球市场规模的 16.86%，但增速约为全球增速的 2.6 倍[3]。

目前，我国在 PCR 技术方面发展成熟，已基本达到国际先进水平。截至 2020 年底，共有 1320 项分子诊断产品被 NMPA 批准，其中 70% 是基于 PCR 技术的分子诊断产品。[4] 因此，目前 PCR 技术仍是国内主流的分子检测平台。

分子诊断应用广泛，应用领域主要包括：①感染性疾病及耐药的快速、

---

① Peng L. , Blan X. W. , Li D. K. , et al. , "Large-scale RNA-Seq Transcriptome Analysis of 4 043 Cancers and 548 Normal Tissue Controls across 12 TCGA Cancer Types," *Sci Rep*, 2015, 5.

② Renkema K. Y. , Stokman M. F. , Giles R. H. , et al. , "Next-generation Sequencing for Research and Diagnostics in Kidney Disease," *Nat Rev Nephrol*, 2014, 10 (8).

③ 数据来源于火石创造国元证券研究中心。

④ 数据来源于国家药品监督管理局网站。

灵敏诊断；②生殖健康的遗传病检测；③肿瘤的早期诊断、分子分型及靶向治疗；④药物基因组学。[1]

（一）国内感染性疾病检测市场

感染性疾病的检测在国内分子诊断领域发展最早，也是市场占比最大的领域。乙型肝炎病毒核酸检测、丙型肝炎病毒核酸检测、新型冠状病毒核酸检测等领域占据国内感染性疾病分子诊断领域的主要份额。近五年，国内分子诊断市场发展最为迅猛的是血源病原体核酸筛查和新型冠状病毒核酸检测两大领域。

血源病原体核酸筛查（检测 HBV DNA、HCV RNA 和 HIV RNA）是在政府政策推动下而得到迅速发展的一个分子诊断领域。分子诊断的优势和作用也在该领域得到了充分的显现，相比于仅采用酶联免疫吸附法（ELISA）检测 HBsAg、抗 HCV 以及抗 HIV（"1＋2"型）＋P24 抗原，核酸筛查 HBV DNA、HCV RNA 和 HIV RNA 可以进一步缩短病原体感染机体后的检测"窗口期"，规避病原体突变等因素造成的 ELISA 漏检，并增加对隐匿性感染者的筛查覆盖。血源病原体核酸筛查极大地提高了临床用血及血液制品的安全性。

我国自 2010 年开始在 15 家血液中心进行了临床用血的病原体核酸筛查试点工作。2013 年，国家卫生计生委印发了关于推进血站核酸检测的实施方案，血站核酸检测工作开始在全国范围内推广实施。到 2015 年底，国内临床用血基本实现了病原体核酸筛查全覆盖。基于此工作的实施，临床用血的病原体核酸筛查市场也在 2013 年开始得到快速扩张[2]（见图 1）。2016 年，国家卫生计生委会同国家食品药品监督管理总局进一步印发了《关于促进单采血浆站健康发展的意见》，要求至 2019 年底实现单采血浆站核酸检测全覆盖，血源病原体核酸筛查市场进一步快速扩展。可预见的是，随着全

---

[1] 谢兰、刘冉、冯娟、邢婉丽、程京：《中国分子诊断产业战略研究》，《中国工程科学》2017 年第 2 期。

[2] Chao Liu et al. , "Prevalence of HBV DNA among 20 Million Seronegative Blood Donations in China from 2010 to 2015," *Science Reports*, 2016, 6.

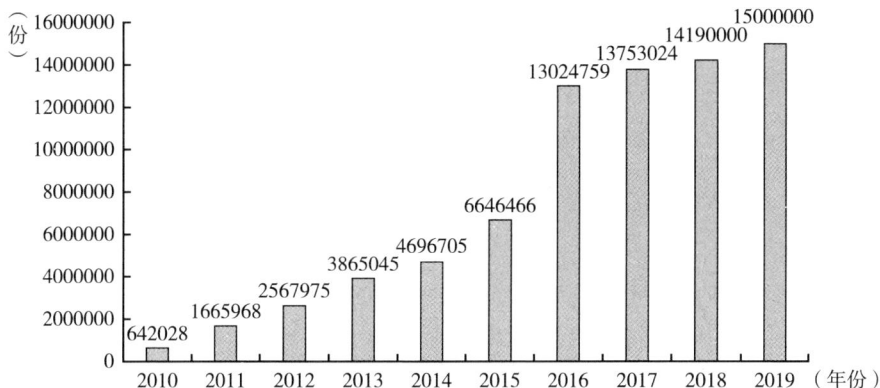

图1 临床用血病原体核酸筛查检测量

说明：① 2010～2015 年数据来源于 Chao Liu et al.，"Prevalence of HBV DNA among 20 Million Seronegative Blood Donations in China from 2010 to 2015," *Science Reports*，2016，6。

② 2016～2017 年数据来源于"持续推进核酸检测技术交流会"，国家卫生健康委临床检验中心，2018 年 3 月。

③ 2018 年与 2019 年数据依照全年无偿献血人次中 99.6% 的核酸筛查率预估（约 0.4% 的 ELISA 筛查阳性样本不再进行核酸筛查）。

国无偿献血人次的逐年增长（2019 年达到 1563 万人次[①]，2020 年受新冠肺炎疫情影响，预估献血人次将首次出现下滑；与发达国家相比及从临床用血需求来看，献血人次后续仍将保持增长态势）和单采血浆站采浆规模（2019 年近 8820 吨，较 2015 年增加 47%[②]，2020 年采浆规模同样受新冠肺炎疫情影响，预估规模与 2019 年持平或略微下滑，从我国人均年采浆次数和未来可增设浆站的空间来看，采浆规模的增长空间仍较大）的逐年扩大，血源核酸筛查市场也将呈现稳步增长的态势。

相对应，我国血源核酸筛查试剂也得到了突飞猛进的发展，自 2013 年华益美生物率先推出国内第一家能够覆盖 HIV－2 型的高灵敏度血液病原体核酸筛查 HBV DNA、HCV RNA、HIV RNA 检测系统以来，截至目前，国内已有 7 个厂家推出相关产品，与进口厂家罗氏（Roche）、盖立复（Grifols）

---

① 数据来源于 http：//www. nhc. gov. cn/wjw/jiany/202102/805391cbf89b47b8947cedbd5d99bc43. shtml。

② 数据来源于 http：//www. nhc. gov. cn/wjw/tia/202101/4c2efb5e86144b138e5bf854406335c0. shtml。

共同参与我国血源核酸筛查市场。在临床用血病原体核酸筛查市场，2015
年各地完成集中招标采购后，市场整体相对稳定，2017 年国内厂家的检测
量占比约 45%[1]，2019 年国产检测系统装机量占比约 59%[2]。在单采血浆病
原体核酸筛查市场，国内厂家检测系统的装机量及检测量较临床用血病原体
核酸筛查市场占比更大。但同时可知，相比罗氏（Roche）、盖立复
（Grifols）检测系统，国内厂家的检测系统在包括设备在内的系统整体自动
化上仍存在较大的差距，需要更多的改进和换代。

另外，除目前进行的 HBV、HCV 和 HIV 筛查以外，还存在诸如戊型肝
炎病毒、微小病毒 B19、登革热病毒等可经血液传播的病原体，未来可能随
着政策的推进，血源病原体核酸筛查市场将迎来更大的发展空间。

2019 年底至今，新型冠状病毒暴发并席卷全球，给全世界范围带来了
广泛的影响。得益于国家相关部门及我国分子诊断企业的快速响应，我国新
型冠状病毒核酸检测试剂的研发、应用及生产规模均领先于全球。为有效防
控疫情，我国采用局部疫情暴发下的"应检尽检"和特殊情形下的常态化
检测，使得新型冠状病毒核酸检测的需求急剧膨胀，2020 年上半年全国新
型冠状病毒核酸检测量达到了 9041 万人份[3]。

2020 年，国务院印发《关于加快推进新型冠状病毒核酸检测的实施意
见》，推进二级以上医院的新型冠状病毒核酸检测能力建设，促使新型冠状
病毒核酸检测市场进一步扩大。截至 2021 年 1 月，全国可开展核酸检测的
医疗卫生机构达到 8437 个，数量较 2020 年 3 月底增加 4 倍[4]。

整体来看，新型冠状病毒核酸检测推动了我国分子诊断行业的进一步发
展和疫情防控经验的积累，也加强了公众对分子诊断的认知和资本市场对分
子诊断行业的关注，为分子诊断行业的发展发挥了积极的作用。但同时也能

---

① 相关数据来源于"持续推进核酸检测技术交流会"，国家卫生健康委临床检验中心，2018
年 3 月。
② 相关数据来源于"全国采供血机构实验室室间质量评价总结大会"，国家卫生健康委临床
检验中心，2019 年 5 月。
③ 数据来源于 http：//www.gov.cn/xinwen/2020-06/24/content_5521562.htm。
④ 数据来源于 http：//www.gov.cn/xinwen/2021-01/14/content_5579778.htm。

看到，随着新型冠状病毒核酸检测试剂生产企业数量及产能的不断扩大，企业间的市场竞争也在迅速加剧。在全球新冠肺炎疫情得到有效控制后，如何推动国内迅猛增加的核酸检测能力检测类别的转化，加强国内分子诊断行业的良性发展和推动包括技术、试剂和设备在内的高质量、高水平提升，需要引起我们更多的关注。

（二）国内其他分子诊断行业发展

生育健康检测、肿瘤全周期检测、妇幼健康检测也是分子诊断技术应用的重要领域。无创产前诊断（NIPT）是NGS技术发展应用的典范，预计2025年市场规模将达到约100亿元。依托PCR和NGS技术的伴随诊断在新靶点和新靶向药物发现、伴随诊断产品纳入医保等驱动力下，也有很大的市场提升空间。作为"蓝海"的肿瘤早筛市场空间大，国内企业尚处于起步阶段，早筛的临床验证需要较高的研发投入。

妇幼健康分子检测主要为人类乳头瘤病毒（HPV）、STD核酸检测、耳聋基因和地中海贫血基因检测。其中人类乳头瘤病毒（HPV）检测占全部妇幼健康分子诊断市场的一半以上，并且市场需求仍呈快速增长趋势。

宫颈癌是全球女性最常见的恶性肿瘤之一，发病率和病死率仅次于乳腺癌。[1] HPV是引起宫颈癌的重要因素，宫颈癌HPV病毒核酸筛查能够促进宫颈癌的早查早治。中国宫颈癌筛查的高端市场主要被Qiagen和Roche等跨国公司产品垄断，国产HPV分子诊断试剂目前多采用分子杂交技术，存在自动化程度低、结果假阳性高的缺点。荧光定量PCR技术是HPV诊断领域的高端技术，国产品牌华益美生物较早推出了基于荧光定量PCR技术的人类乳头瘤病毒HPV核酸分型检测产品，并应用于HPV核酸筛查市场。近几年，随着国家出台两癌筛查政策，进口四价、九价和国产二价HPV疫苗

---

[1] Van Trappen PO. Gyselman VG, Lowe DG, et al. , "Molecular Quantification and Mapping of Lymph-node Micrometastases in Cervical Cancer," *Lancet*, 2001, 357.

陆续上市，以及女性对宫颈癌预防意识的增强，HPV 检测需求量会有较大增长，HPV 检测市场有望进一步迎来蓬勃发展。

三　我国分子诊断行业技术前沿

（一）高通量测序：引领分子诊断走向高端

自从 2001 年第一个人类基因组测序开展以来，基因组学的研究成果呈现出爆发式增长的态势，而近几十年随着第二代高通量测序技术的出现 DNA 测序技术使用变得快捷，成本也大幅降低，这使得高通量基因表达数据在医疗实践中得以广泛应用，尤其是在传统诊断技术表现不尽如人意的罕见病治疗中；加上医疗信息化的高速发展，催生了全新的医疗概念——精准医疗。

传统的诊疗方式都为"一刀切"式的，对于多数患者而言诊疗结果能够让人满意，但对一部分特殊患者而言可能是无效的。区别于传统的诊疗方式，精准医疗要求在面对患者时，充分考虑到生活环境、生活方式和基因表达的个体差异，在个性化医疗的基础上以基因组等组学技术对不同状态或过程的同一种疾病进行精准分类，为患者制定个性化治疗方案或预防策略，以区别治疗。这样可以在最大程度上减小针对相似症状的特定治疗方案对基因层面相异病变的患者所造成的伤害或者避免贻误最佳治疗时机。

（二）NGS 于肿瘤精准医疗领域中的应用

现行的肿瘤筛查诊断技术存在着难以把握住癌症诊治过程中黄金阶段（早发现、早诊断以及早治疗）的问题，一般在三期甚至更晚期的癌症阶段才能做出诊断和相应的治疗，造成诊断和治疗的不彻底，同时难以完成原位癌位置的追溯。并且，在治疗阶段也无法通过靶向药物的运用实现精准用药，更无法在药物治疗产生耐药性以后，完成药物的及时更换，以实现更有效的治疗和患者寿命的延长①。

自精准医疗概念出现后，经过十几年的临床实践，精准医疗已经展现它在肿瘤治疗上的巨大优势，即针对患者的分子水平上的肿瘤特性，医疗人员能够选择特定的靶向治疗方案提升患者生存概率并减少不良反应的发生。②

（三）NGS 于无创性产前检测（NIPT）领域中的应用

无创性产前检测和有创性产前检测是产前诊断胎儿染色体疾病的两大类方法。其中有创性产前检测仍是目前该诊断领域的金标准，但伴有流产风险，同时也会伴有羊水渗漏、宫内感染等风险。因此，目前仅对高风险、高龄妊娠或有遗传病家族史等情况考虑采用有创性产前筛查诊断。而主要基于对孕妇进行血清学检测和超声检测等检测方法的传统无创性产前筛查诊断，虽可以规避对孕妇、胎儿造成危害的风险，但无法解决其灵敏度和特异性均有限的问题。

二代测序技术（NGS）用于产前筛查与诊断，具有无创伤性、灵敏度和特异性好、操作简单易行等优点。随着 NGS 二代测序技术甚至纳米孔三代测序技术的发展，基于测序技术的高通量分子诊断技术将在产前筛查与诊断领域得以广泛应用。

① 孙策：《基于高通量基因数据的可视化在线诊断工具》，哈尔滨工业大学硕士学位论文，2018。

② "Precision Medicine in Cancer Treatment," National Cancer Institute，2017.

B.14
2020年我国骨科植入物行业状况及发展趋势

许书富　李仁耀*

摘　要：　新冠肺炎疫情虽使全球医疗器械市场遭遇了极大损失，但也带来了新的机遇和发展方向，促使医疗器械产业从低端向中高端转型。一方面，各公司加大在技术创新方面的投入；另一方面，智慧医疗的模式在疫情中得到了前所未有的发展。2020年国内各省（区、市）陆续开展集中带量采购，使得企业利润结构发生改变，进而推动市场结构的调整和行业的集中化。一系列医疗器械监管法规条例的发布和医疗器械唯一标识（UDI）的实施，都预示着我国对医疗器械监管制度的完善和对质量控制的强化；而注册人制度则为医疗器械公司，尤其是新进公司，带来了新的发展机会。2020年我国骨科医疗器械市场销售额达到298亿元，创伤、脊柱、关节的国产化率分别达到72%、54%和47%。随着国内企业技术日趋成熟，国产化率将进一步提升，而创新仍将是我国骨科医疗器械市场持续发展的动力源泉。

关键词：　集中带量采购　医疗器械唯一标识　数字骨科

---

* 许书富，北京纳通科技集团有限公司正天事业部总经理；李仁耀，北京纳通科技集团有限公司小骨科事业部总经理。

十九届五中全会提出的"十四五"规划，为我国医疗器械行业的发展指明了方向，也提出了更高的要求。政府一系列的政策法规和条例，包括《"健康中国"2030规划纲要》《医疗器械监督管理条例》《关于扩大医疗器械注册人制度试点工作的通知》《医疗器械唯一标识系统试点工作方案》等的发布，在加强对医疗器械监管的同时，也为医疗器械的创新和发展提供了良好的外部环境。本文结合客观环境因素及政策导向，重点对骨科医疗器械行业2020年的发展概况、热点、新技术及趋势等展开调研和分析，以期为行业健康可持续发展提供参考。

一　2020年我国骨科医疗器械市场概况

（一）市场概况

人口基数大、人口老龄化是我国现阶段的基本国情，2022年我国65岁以上人口将占人口总数的14%，到21世纪中叶将达到28%。[①] 老年人是低骨量的群体，而骨质疏松是导致骨折发生的重要因素，在与骨质相关的骨科疾病（如骨关节炎、椎体压缩性骨折、骨质疏松等）患者中，老年人占比近50%，在骨折患者中，老年人占比达1/3，未来我国骨科疾病患者人数将随老年人的增加而继续增长。随着现代工作生活方式的改变、生活质量的提高以及运动群体规模的扩大，骨科损伤的概率也在加大，包含车祸造成的骨折、颈腰椎疾病、软组织损伤等。而我国GDP在全球排名第二，且增长较快，但在政府医疗卫生支出方面，我国占比低于GDP的7.12%，而美国医疗保健支出占其GDP的16.9%。[②]

随着"健康中国"理念的提出，我国政府加快推进全民医保制度，医疗卫生支出比重将持续提升。在患者规模扩大和医保支付覆盖的条件下，可

---

① 《中国发展报告2020：中国人口老龄化的发展趋势和政策》。
② 中华人民共和国国家卫生健康委员会：《2020年我国卫生健康事业发展统计公报》（索引号：00001361/2021 - 01509）。

预见，未来我国骨科市场将持续扩容。

近年来随着一系列政策法规的发布，我国政府不断通过宏观调控来调节日益增长的患者需求与医疗器械资源供应之间的矛盾，将有限的资源最大化地服务于人民。由于我国企业集中化程度低，在"两票制"、集中带量采购等一系列政策推动下，控费降价、国产渗透将会促使行业内头部企业集中化程度提高。这使我国骨科植入物产业升级和国产化市场渗透迎来最佳时机。而在推动医疗器械创新发展的同时，也要加强对医疗器械的严格监管，我国将会从鼓励和监管的角度"两手"抓医疗器械的健康可持续发展。

（二）行业细分

2020 年我国骨科植入物市场销售额达 298 亿元，较上年增长 10%，主要细分领域为创伤、脊柱、关节、运动医学（见表1）。根据国家药监局网站公开发布的信息，2020 年骨科二类、三类注册证获批共计 237 张，其中国产 202 张（含港台），进口 35 张。

表1　2020 年中国骨科植入物市场销售情况

单位：亿元，%

类　别	2019 年销售额	2020 年销售额	2020 年同比增长
创　伤	84	90	7
脊　柱	81	89	10
关　节	86	94	9
运动医学	20	25	25
总　计	271	298	10

1. 创伤

2020 年创伤获国家药监局（NMPA）批准的注册证共计 76 张，其中国产 74 张，进口 2 张。受新冠肺炎疫情影响，创伤相对脊柱、关节等以择期手术为主的产品市场增速明显较低。进口创伤产品受三甲医院作为主力阵容抗疫、创伤集中带量采购等因素影响，出现负增长。在 2020 年国内创伤市场中，进口产品占比为 28%，销售额增长率为 -5%；国产产品占比 72%，销售额增长率达13%。未来可降解材料解决方案将是创伤市场的主要发展方向。

2. 脊柱

2020年脊柱领域获NMPA批准的注册证共计71张，其中国产61张，进口10张。2020年，国内脊柱市场未出现省级集中带量采购，相对关节市场受降价因素的影响较小。同样受新冠肺炎疫情及三甲医院抗疫影响，进口脊柱产品出现负增长。在2020年国内脊柱市场中，进口产品占比为46%，销售额增长率为-2%；国产产品占比54%，销售额增长率达22%。近年来，镜下融合、3D打印及导航机器人成为脊柱领域关注的热点，也是未来脊柱领域重点发展的方向。

3. 关节

2020年关节领域获NMPA批准的注册证共计54张，其中国产43张，进口11张；髋关节相关注册证37张，膝关节注册证11张，其他6张。关节在骨科细分领域中占比最高。由于关节手术主要为择期手术，在疫情控制出现好转的情况下，关节手术量得以稳步提升。受云南、安徽、江苏、浙江集中带量采购降价影响，关节市场增速有一定放缓。在2020年国内关节市场中，进口产品占比为53%，销售额增长率为4%；国产产品占比47%，销售额增长率达16%。未来通过数字化解决方案，包括机器人辅助手术来提升市场份额，将是关节市场的发展趋势之一。

4. 运动医学

2020年运动医学领域获NMPA批准的注册证共计32张，其中国产23张，进口9张。运动医学是骨科市场中增长最快的细分领域。传统骨科企业和新兴企业陆续布局该市场。2020年国内运动医学市场中，进口产品占比为92%，销售额增长率为23%；国产产品占比8%，销售额增长率达66%。目前国内市场运动医学解决方案主要集中在传统的锚钉、界面螺钉、带袢钛板等植入物领域，用来解决80%以上的基础关节镜手术。而人工韧带及生物组织工程相关产品成为各厂家未来布局中不可缺少的运动医学解决方案，是软组织损伤修复的更好选择。

二 目前我国骨科医疗器械市场热点

（一）政策法规

1. 集中带量采购

2019年7月，国务院办公厅下发《治理高值医用耗材改革方案》（国办发〔2019〕37号），明确按照集中带量采购、量价挂钩等原则探索高值医用耗材分类集中采购。这在导致企业利润结构改变、利润降低的同时，也将带来国产化和行业集中化程度提高的机遇，国内龙头企业将是最大受益者。

从2019年开始，陆续有云南、安徽、江苏、浙江、山东开展了集中带量采购工作，其中安徽关节采购价格平均降幅达到了81%，脊柱价格平均降幅超过50%，最大降幅达95%；江苏集中带量采购的人工髋关节假体价格平均降幅为47%；山东关节采购价格平均降幅超86%，而陶对陶产品降到最低价（4800元），创伤价格最大降幅达94%，万向锁定骨板均价为2200元。在已经开展集中带量采购的省份中，价格平均降幅在50%左右，而单品最大降幅超85%。从中标企业来看，进口企业在各省（区、市）集中带量采购中平均有1~3家企业中标，而国产企业在各省（区、市）集中带量采购中的中标入选数均超10家，其中龙头企业中标入选比例超80%。

2021年面对即将到来的第二批国家统一集中带量采购，各骨科企业在做好成本控制的同时，也需要积极提升人才管理及创新技术水平，研发差异化产品，从而提高产品质量和品牌竞争力，以促进自身可持续发展。

2. UDI

医疗器械唯一标识（UDI），是医疗器械的"身份证"，是识别医疗器械唯一性的代码。UDI系统对于实现医疗器械全生命周期各环节的透明化、提升医疗器械可追溯性等具有积极作用。2020年发布的《深化医药卫生体制改革2020年下半年重点工作任务》（国办发〔2020〕25号）提出，选取部分高值医用耗材等重点品种实施医疗器械唯一标识，以将医疗器械在注册、销售、使用等环节用编码衔接起来，实现对医疗器械在生产和流通上的统一管理。

从2019年国家卫健委发布《医疗器械唯一标识系统试点工作方案》起，我国UDI试点工作正式启动。根据当前医药卫生改革需要，选取了包括骨接合植入物、脊柱植入物以及关节置换植入物等在内的9大类69个品种作为第一批医疗器械唯一标识试点品种，遴选108家使用单位以及包括天津正天医疗器械有限公司、山东威高海星医疗器械有限公司、北京爱康宜诚医疗器材有限公司、大博医疗科技股份有限公司等23家骨科企业在内的116家生产经营企业作为第一批医疗器械唯一标识试点单位。试点工作开展以来，各方积极参与、共同努力，已基本建成唯一标识系统框架，搭建了唯一标识数据平台。试点骨科企业已基本实现唯一标识创建、赋码以及数据上传功能，下一步将根据工作部署，开展唯一标识全域试点，探索拓展唯一标识在医疗、医保、监管等领域的衔接应用。

UDI系统建设是一项打基础利长远的系统性工程。骨科植入物企业宜及早开展唯一标识实施工作，积极探索UDI在产品追溯等领域的应用模式，充分发挥UDI的应用价值。

（二）新技术的应用

1. 生物可降解材料

目前骨科内植入物的主要材料有金属（钛、钴铬钼、不锈钢等）、PEEK、陶瓷、聚乙烯等，但随着骨科植入物技术发展逐渐成熟，尤其对于创伤骨折来说，传统金属类植入物在各企业间同质化现象明显，因此，企业需寻求突破来保持自身的竞争力，研发或使用新的植入物材料成为企业间的共识。可降解材料因其既可在初期发挥稳定功能，在骨折愈合后又可被降解吸收，避免二次手术取出，因此具有广阔的应用前景。

（1）可降解金属材料

可降解金属材料具有较好的机械性能，主要包含镁、铁、锌及其合金，这些材料的研究主要集中在创伤骨折内固定物上，其中镁合金的生物相容性较好，且密度与人骨接近，因此研究最广泛。目前欧盟已批准上市全球第一款镁合金可降解螺钉，但是镁金属降解速度快于新骨生成速度，且降解产物易大量聚集在组织周围，因此，对于镁合金的降解速度、体内腐蚀降解机制和过程、产物等还需进一步研究。

锌合金的机械性能和生物相容性与镁合金类似，且其金属惰性使锌合金的降解速率适宜，同时锌是无机抗菌材料还具有一定的抗菌特性，而且是人体必需元素之一，因此锌合金被作为未来可降解金属材料的新选择。目前国内已有成功地将锌合金用于颌面创伤骨折内固定的临床使用案例。但锌合金的研究还处于起步阶段，其安全性和骨诱导性能机理等仍需大量研究和临床数据支撑。

（2）可吸收高分子材料

可吸收高分子材料在体内可经过一系列酶或化学反应分解为 CO_2 和 H_2O，在体内不产生额外的元素，因此对人体无毒性作用。

聚乳酸是骨科领域可吸收高分子材料中研究最多、使用较成熟的一种材料，生物相容性良好，已在脊柱、创伤、运动医学等领域得到广泛使用。最初的聚乳酸材料脆性高，韧性差，且降解后有碎片残留，后经过与其他单体共聚及工艺改善，在维持其强度的基础上，增强了材料的可延展性，并可实现使其降解速度与骨组织的再生速率相匹配，且可完全降解吸收。但受限于可吸收高分子材料的机械性能较差，市场上成熟的产品主要为颅颌面和非承重骨骼部位固定物。随着技术的升级，目前已有可用于承重部位的高强度可吸收高分子材料的工艺，但要完成产品的转化还需要经过大量的性能及安全有效性的验证，这是未来骨科乃至生物医学工程领域的重要材料。

植骨材料在生物材料应用中占比超 50%，目前市场上植骨材料种类繁多，自体骨是最受认可的植骨选择，但由于来源有限，创伤性较大，因此临床使用受限。除此之外，同种异体骨和异种异体骨也占有一定的比例，而份额最大的是人工骨。传统的人工骨主要有磷酸三钙、硫酸钙、羟基磷灰石等，在此基础上，生物活性玻璃凭借其良好的生物相容性、成骨能力及可降解性能，在植骨市场中占据了主体地位。随着选择的增多和疾病的复杂化，临床对产品的要求也在不断提高，因此，在现有生物玻璃的基础上，通过加入胶原、透明质酸等材料，增强其韧性和可塑性，提高其成骨能力，成为目前研究的主要方向。总之，可吸收高分子材料的应用是未来骨科材料发展的新趋势，前景广阔。

2. 数字骨科

"十四五"规划纲要提到，要加快数字化发展，建设数字中国。近年来数字化技术在骨科临床应用中也得到了大力发展。数字化骨科涵盖了术前规划、术中导航以及术后评价与康复等环节，将这些就诊流程环节整合便构建形成了数字化骨科手术平台。

（1）术前辅助

术前辅助包括医患远程沟通问诊、术前规划等模块，术前可通过三维重建模型、仿真培训、AR 辅助等技术实现精准规划。AR 辅助术前规划可改变医生术前分析大量扁平化医学影像资料的传统，将影像资料导入 AR 系统，通过图像分割和三维可视化技术，实现影像资料的信息呈现。而且三维重建模型可以更准确地解剖参数，使医生更直观、全面地了解手术所要面临的情况，由于三维图像比平面资料更贴近真实，三维重建模型可以有效缩短医生的学习曲线。同时，通过三维模型的虚拟切割功能，医生也可以反复进行模拟训练和交流。

（2）手术机器人

根据国家药监局公开的数据，2020 年国内企业获得骨科机器人注册证批件共 12 张，其中导航类机器人 3 张，其余为康复训练机器人。根据 Persistence Market Research 统计，2018 年我国新增的骨科机器人装机量约为 26 台，在全球总量中占比不足 4%，到 2019 年已达 138 台，约占全球骨科手术机器人总量的 12%。目前国内开展机器人研究的企业超 20 家，大多处于样机试制和临床试验阶段。手术机器人导航或辅助手术可帮助医生提高术中操作的准确性、灵活性及微创性，并可降低术中对医生的辐射伤害，缩短术后患者恢复时间。

目前我国骨科手术机器人数量有限，且手术费用高，医保报销政策不完善。国际骨科龙头企业大多通过并购进入机器人领域，以巩固现有骨科业务，同时，未来机器人可能与骨科耗材的使用一体化，企业需提前布局，以确保后续骨科产品进入手术平台。随着临床医生对机器人的认知加深和政策对智能化手术的支持，临床对手术机器人的接受度正在进一步提升。从卫生经济学角度来看，未来机器人辅助手术具有很大的社会价值和经济效益。

三　市场发展趋势及预测

根据"The Orthopaedic Industry Annual Report 2020"，2019 年全球骨科市场中，美国以 331 亿美元稳居第一，占比达 62%；中欧以 24% 的占比居第二位；在亚太地区 10% 的份额中，中国和日本为较大的单一市场；其余地区占比 4%。

2020 年，全球骨科市场中，关节市场规模为 161 亿美元，增长率为 -17.4%，其中膝关节置换 76 亿美元，髋关节置换 64 亿美元，四肢关节 20 亿美元；脊柱市场规模 79 亿美元，增长率为 -18.1%；创伤市场规模 73 亿美元，增长率为 -15.4%；运动医学市场规模 48 亿美元，增长率为 -17.3%。

2021 年预计全球骨科市场规模，关节为 195 亿美元，增长率为 21%，其中膝关节 93 亿美元，髋关节 78 亿美元，四肢关节 24 亿美元；脊柱 96 亿美元，增长率为 22%；创伤 75 亿美元，增长率为 19%；运动医学 60 亿美元，增长率为 23%。

为应对我国老龄化带来的骨科患者规模持续扩大的难题，通过调研国外患者就诊模式，笔者发现美国日间门诊手术量占总手术量的比例已超过80%，且近 10 年来，骨科类日间门诊（含医院门诊和独立的手术中心）登记数量呈指数级增长，2020 年在骨科日间门诊开展的手术量近 10000 台，大部分运动损伤手术可在日间门诊进行，关节置换和脊柱矫形在日间门诊中的手术量也在逐步提升。日间门诊可降低 20%～40% 的住院均次费用和37%～55% 的药费，缓解医疗资源供需矛盾，对优化医疗资源配置、提高医疗效率具有重要作用，也对我国正在推进的医疗供给侧改革具有现实意义。

目前我国日间手术普及率低，支付和报销政策依据门诊规定实施，缺乏与之相匹配的医保支付体系。另外，日间手术的性质决定了患者在未完全康复的情况下离院，因此开展日间手术的门诊要在保障手术安全和质量的基础上，做好患者出院后的医嘱和对可能的并发症进行预防。

可以预见，随着医疗信息化建设和日间门诊设施的完善，我国骨科类日间手术将进入快速发展阶段，相应的家庭护理和康复服务市场也将进一步发展。因此，骨科医疗器械领域需要进一步完善"防、治、康"相结合的医疗体系，为分级诊疗发挥作用。

B.15
2020年我国心脏瓣膜器械
行业状况及发展趋势

史欢欢　周庆亮　孟　坚*

摘　要： 本文介绍了人工心脏瓣膜的分类，如我国已上市的机械瓣
膜、外科生物瓣膜和介入瓣膜以及各种处于研发阶段的新型
介入瓣膜置换或修复器械，此外还介绍了国内一批优秀的介
入心脏瓣膜研发企业。分析了四种心脏瓣膜疾病的患者人数
和治疗现状，提出未来各种介入瓣膜置换或修复器械的需求
将会越来越大，揭示了我国心脏瓣膜器械的行业现状。国内
四种介入瓣膜置换或修复器械的研究方兴未艾，心脏瓣膜市
场需求量较大，以研发介入主动脉瓣膜器械和介入二尖瓣器
械为主，介入肺动脉瓣膜器械和介入三尖瓣器械也竞相发
展。介入瓣膜的研发和应用是未来心脏瓣膜行业的发展趋
势。本文提出开发具有自主知识产权的介入瓣膜是我国心脏
瓣膜研发企业的重任及发展方向。介入瓣膜进口替代和走入
国际市场是我国心脏瓣膜行业的任务和愿景。

关键词： 医疗器械　心脏瓣膜　市场需求

---

* 史欢欢，北京迈迪顶峰医疗科技股份有限公司研发主管，高级工程师；周庆亮，北京迈迪顶
峰医疗科技股份有限公司研发总监，高级工程师；孟坚，北京迈迪顶峰医疗科技股份有限公
司总裁，医师。

我国瓣膜病患者较多，主动脉瓣患者有数百万，二尖瓣患者有近千万，肺动脉瓣患者过百万，三尖瓣患者有数百万。近些年，巨大的市场需求，推动我国心脏瓣膜器械行业蓬勃发展。在国家的大力支持和政策的引导下，一批优秀的介入心脏瓣膜研发高科技企业涌现出来，并且产生了数个自主研发的、具有自主知识产权的新型介入瓣膜。本文旨在通过分析国内现有的心脏瓣膜相关器械，阐明未来心脏瓣膜行业的发展方向，指引我国企业研发制造出更高水平心脏瓣膜。

一 我国心脏瓣膜器械行业现状

（一）人工心脏瓣膜的分类

随着技术的发展，人工心脏瓣膜的种类逐渐增多，按照材料不同，可以分为机械瓣和生物瓣两大类。机械瓣目前主要以热解碳为瓣叶材料；生物瓣瓣叶主要使用猪心包、牛心包或猪主动脉瓣等生物组织。根据有无支架，生物瓣可分为有支架生物瓣和无支架生物瓣，其中有支架生物瓣包括介入瓣和外科瓣，介入瓣包括自扩张式介入瓣和球囊扩张式介入瓣，外科瓣包括牛心包瓣和猪主动脉瓣。

（二）我国心脏瓣膜相关器械

截止到2021年4月，已获得国家药品监督管理局（NMPA）批准上市的国产机械瓣膜、外科生物瓣膜和介入瓣膜情况分别如表1、表2和表3所示①。

表1　国产机械瓣膜

产品名称	注册人名称	注册证编号	适用范围/预期用途
单叶式机械心脏瓣膜	北京思达医用装置有限公司	国械注准20173460672	该产品适用于因先天性或后天性原因损坏的心脏瓣膜置换术，也适用于再次瓣膜替换术

① 国家药品监督管理局网站公开数据，http://app1.nmpa.gov.cn/data_nmpa/face3/base.jsp。

续表

产品名称	注册人名称	注册证编号	适用范围/预期用途
双叶式机械心脏瓣膜	北京思达医用装置有限公司	国械注准 20173460673	该产品适用于因先天性或后天性原因损坏的心脏瓣膜置换术,也适用于再次瓣膜替换术
人工机械心脏瓣膜	兰州兰飞医疗器械有限公司	国械注准 20193131859	该产品用于为心脏瓣膜病患者更换因病变损坏的瓣膜,使患者心脏恢复正常的血液循环功能
全炭双叶型人工机械心脏瓣膜	兰州兰飞医疗器械有限公司	国械注准 20153132325；原注册证编号:国械注准 20153462325	该产品用于为心脏瓣膜病患者更换因病变损坏的主动脉瓣或二尖瓣,使患者心脏恢复正常的血液循环功能

表2　国产外科生物瓣膜

产品名称	注册人名称	注册证编号	适用范围/预期用途
人工生物心脏瓣膜	北京市普惠生物医学工程有限公司	国械注准 20173464064	该产品用于替代患者病变的心脏瓣膜
人工生物心脏瓣膜	北京佰仁医疗科技股份有限公司	国械注准 20163460809	该产品用来替换病变、损伤、畸形的主动脉瓣、二尖瓣和三尖瓣,也用来替换先前植入的人工主动脉瓣、二尖瓣和三尖瓣
人工生物心脏瓣膜	北京佰仁医疗科技股份有限公司	国械注准 20163131798 原注册证编号:国械注准 20163461798	用来替换病变、损伤、畸形的主动脉瓣、二尖瓣,也可用来替换先前植入的主动脉瓣、二尖瓣
牛心包人工心脏瓣膜	上海欣吉特生物科技有限公司	国械注准 20203130638	适用于主动脉瓣狭窄或主动脉瓣功能不全疾病的治疗

表3　国产介入瓣膜

产品名称	注册人名称	注册证编号	适用范围/预期用途
Venus A-Valve 经导管人工主动脉瓣膜置换系统	杭州启明医疗器械股份有限公司	国械注准 20173460680	本产品适用于经心脏团队结合评分系统评估后认为不适合进行外科手术的自体主动脉瓣病变患者,同时患者年龄不应低于 70 岁

续表

产品名称	注册人名称	注册证编号	适用范围/预期用途
J-Valve 介入人工生物心脏瓣膜	苏州杰成医疗科技有限公司	国械注准 20173460698	本产品适用于经心脏团队结合评分系统评估后认为不适合进行外科手术的自体主动脉瓣病变患者(预估外科手术导致的 30 天死亡风险或严重、不可逆转的并发症超过 50%),包括主动脉瓣狭窄患者(有效开口面积 < 0.8cm² 或/和主动脉峰值流速 ≥4.0m/s,或/和平均跨瓣压差 ≥40mmHg)、主动脉瓣关闭不全患者(重度主动脉瓣返流)或上述两种情况并存(有时称为混合型或联合性病变)。同时患者年龄不应低于 70 岁
VitaFlow 经导管主动脉瓣膜系统	上海微创心通医疗科技有限公司	国械注准 20193130494	该产品适用于经心脏团队结合评分系统评估后认为患有有症状的、钙化的、重度退行性自体主动脉瓣狭窄,不适合接受常规外科手术置换瓣膜,且年龄 ≥ 70 岁的患者

由上述可知,国产机械瓣膜和外科生物瓣膜获批上市的数量较多,但由于疾病谱与国外不同,中国大部分患者的瓣膜病是风湿性瓣膜病,退行性瓣膜病占比较小,而且传统外科瓣膜置换主要受国际大公司的技术和学术水平影响,国际大公司仍然在中国市场占主导地位。同时外科手术的创伤大等原因,导致国产品牌实际需求没有有效放大。近年来,随着介入技术的成熟和发展,国内出现许多研究介入瓣膜的企业,部分企业产品已获批上市。

(三)我国介入心脏瓣膜器械行业现状

1. 介入主动脉瓣器械

目前国产的杭州启明医疗的 Venus A-Valve 经导管人工主动脉瓣膜置换系统、苏州杰成医疗的 J-Valve 介入人工生物心脏瓣膜已经通过创新器械特别审批在 2017 年上市,上海微创心通医疗的 VitaFlow 经导管主动脉瓣膜系

统也已于 2019 年获批上市。爱德华生命科学的经导管主动脉瓣膜系统
Sapien3 于 2020 年获批，是唯一一款获批上市的国外瓣膜。此外，还有多
家企业的瓣膜正在开发中，已经进入临床研究的介入主动脉瓣膜有苏州沛
嘉医疗 TaurusOne 经导管主动脉瓣膜系统、金仕生物科技（常熟）有限公
司 ProStyle 新型干瓣预装可回收经导管主动脉瓣系统、北京乐普医疗
SinoCrown 经导管植入式主动脉瓣膜、北京佰仁医疗 Renato 球扩式牛心包
介入瓣、上海纽脉医疗 Prizvalve 经导管主动脉瓣膜系统、成都赛拉诺医疗
Silara-Valve（原 Direct Flow）瓣膜、宁波健世生物科技 Ken-Valve 经导管主
动脉瓣置换系统。此外，国内还有多家公司，如北京迈迪顶峰医疗科技股
份有限公司和上海翰凌医疗器械有限公司等的介入主动脉瓣膜产品正处于
临床前研究阶段。介入主动脉瓣膜的开发和研究，已经进入白热化的
状态。

2. 介入二尖瓣器械

介入二尖瓣器械包括二尖瓣修复器械（TMVR）和二尖瓣置换器械
（TMVI）两种不同类型的器械。由于二尖瓣解剖结构复杂，目前二尖瓣修复
的效果较置换效果更好。

介入二尖瓣修复器械（TMVR）可以通过介入方式重建腱索、缘对缘
修复或者瓣环环缩。目前国内介入二尖瓣修复器械仅有雅培心血管
（Abbott Vascular）公司的 MitraClip System（经导管二尖瓣夹及可操控导引
导管），该产品于 2020 年 6 月获 NMPA 批准上市，用于退行性二尖瓣返流
（MR≥3＋）且手术高危的患者。MitraClip System 在 2008 年获得 CE 认证，
2013 年获得 FDA 批准，是唯一获 NMPA、CE 和 FDA 批准上市的二尖瓣修
复产品，也是全球使用最为广泛的 TMVR 产品。同时，国内众多企业也加
入二尖瓣产品开发的行列，如北京迈迪顶峰的 E-Chord 二尖瓣修复装置、
上海捍宇医疗的 ValveClamp 二尖瓣修复器械、杭州德晋医疗的 DragonFly
二尖瓣修复装置和 MitralStitch 经心尖二尖瓣修复器械正在进入临床试验阶
段；另外还有上海纽脉医疗的 ValveClip-M 经股静脉二尖瓣修复系统和上海
汇禾医疗的 M-Lock 经血管二尖瓣环修复系统正处于临床前研究阶段。目

前，北京迈迪顶峰的 E-Chord 二尖瓣修复装置是全球唯一可以实现腱索重建、缘对缘和瓣环环缩的产品。表4列举了国内市场上的一些介入二尖瓣修复器械。

表4　国内市场上的部分介入二尖瓣修复器械

公司	雅培心血管公司	北京迈迪顶峰	杭州德晋医疗	上海捍宇医疗	杭州德晋医疗
产品名称	MitraClip System	E-Chord	DragonFly	ValveClamp	MitralStitch
入路途径	经股静脉房间隔	经心尖	经股静脉房间隔	经心尖	经心尖
适用术式	缘对缘修复术	腱索重建、缘对缘修复术、瓣环环缩术	缘对缘修复术	缘对缘修复术	腱索重建、缘对缘修复术
阶段	2020年获得NMPA认证	临床研究	临床研究	临床研究	临床研究

　　由于二尖瓣结构的复杂性与较高的技术壁垒，介入二尖瓣置换器械研发难度非常大，目前绝大多数器械处于探索性或早期临床探索阶段。介入二尖瓣置换器械方面，上海纽脉医疗的 Mi-thos 经导管二尖瓣置换系统和上海以心医疗的 MitraFix 介入二尖瓣置换系统正在进行临床试验，天津赛诺医疗的 AccuFit 介入二尖瓣置换系统正在进行临床前研究。其他公司如杭州启明医疗、上海微创心通医疗、苏州沛嘉医疗和宁波健世生物科技均在介入二尖瓣置换器械方面有布局，正在进行早期研究。

　　3. 介入三尖瓣器械

　　目前国内无上市的介入三尖瓣器械。宁波健世生物科技的 LuX-Valve 三尖瓣置换系统正在进行确证性临床研究，目前已完成几十例临床入组。其余为介入三尖瓣修复器械，北京迈迪顶峰的 E-chord 瓣环修复装置、上海纽脉医疗的 ValveClip-T 经股静脉三尖瓣修复产品和上海汇禾医疗的 K-Clip 三尖瓣环介入修复系统正在进行临床前研究，此外，杭州德晋医疗也在应用 DragonFly 进行三尖瓣大规模长期随访的慢性动物研究。

　　4. 介入肺动脉瓣器械

　　目前国内无上市的介入肺动脉瓣器械。已进入临床研究的介入肺动脉瓣膜有北京迈迪顶峰的 PT-Valve 和杭州启明医疗的 Venus P Valve，这两款瓣膜均为自膨式介入瓣膜。北京迈迪顶峰的 PT-Valve 是唯一一款通过 NMPA 三类高风险医疗器械临床试验审批的介入肺动脉瓣膜，目前已完成近 30 例的 FIM 和数十例注册临床研究，有望成为第一款在国内获批上市的介入肺动脉瓣膜。此外，北京佰仁医疗的介入肺动脉瓣膜及输送系统完成全性能注册检验，亟待进入临床试验①。

二 我国心脏瓣膜器械行业发展趋势

（一）心脏瓣膜的市场容量将会越来越大

根据《经导管主动脉瓣置换术中国专家共识（2020 更新版）》，过去我国 TAVR 发展较慢，2010 年才开展第一例 TAVR 手术，但是自从 2017 年国内两款经导管主动脉瓣膜上市后，我国 TAVR 得到了快速的发展。② 截至 2020 年底，全国已完成 6000 多例 TAVR 手术，其中 2019 年和 2020 年共完成了约 5000 例。预计到 2025 年，我国 TAVR 手术数量将达到约 42000 例。③ 我国可进行 TAVR 手术的患者由 2015 年的约 67.64 万人增加至 2019 年的约 76.69 万人，且估计将于 2025 年进一步增至 94.28 万人。④

二尖瓣反流（MR）是最常见的心脏瓣膜疾病，中国 MR 患者人数由 2015 年的 960 万人增至 2019 年的 1060 万人，预计到 2025 年将达到 1210 万

---

① 《北京佰仁医疗科技股份有限公司首次公开发行股票并在科创板上市招股意向书》，https：//pdf. dfcfw. com/pdf/H2_ AN201912021371462510_ 1. pdf，2020 年 11 月 3 日。

② 中国医师协会心血管内科医师分会结构性心脏病专业委员会：《经导管主动脉瓣置换术中国专家共识（2020 更新版）》，《中国介入心脏病学杂志》2020 年第 6 期。

③ 《微创心通医疗科技有限公司全球发售说明书》，https：//www1. hkexnews. hk/listedco/listconews/sehk/2021/0126/2021012600016_ c. pdf，2020 年 4 月 13 日。

④ 《微创心通医疗科技有限公司全球发售说明书》，https：//www1. hkexnews. hk/listedco/listconews/sehk/2021/0126/2021012600016_ c. pdf，2020 年 4 月 13 日。

人。[1] 据此估测中国需要治疗的 MR（≥3 +）患者约为 1000 万例。对于严重的二尖瓣反流，通过开胸手术以体外循环方式进行瓣膜置换或修复是标准治疗方式。目前中国每年二尖瓣外科手术量为 4 万余例，由于传统外科手术创伤大、风险高以及二尖瓣结构特点，二尖瓣外科手术需要较高的技术，绝大多数患者仍未得到有效治疗。

中国三尖瓣反流（TR）患者人数在 2019 年为 910 万人，预计到 2025 年将增至 990 万人。[2] 由于三尖瓣疾病多为继发性（功能性）疾病，治疗手段非常有限且效果不佳，且无有效的 TTV 修复产品，目前绝大多数的三尖瓣反流患者无法得到有效治疗。

中国法洛氏四联症（TOF）患者人数从 2014 年的 74600 人增加到 2018 年的 82100 人，预计到 2025 年将增加到 97700 人。我国可接受 TPVR 手术的法洛氏四联症患者人数由 2014 年的约 15900 人增加至 2018 年的约 20400 人，预计到 2025 年将增加到 41000 人。[3] 法洛氏四联症外科治疗方法在中国已经开展 40 年，肺动脉瓣反流患者近百万，同时还有其他涉及肺动脉瓣手术患者。肺动脉瓣反流患者，过去都需要通过外科开胸手术，进行肺动脉瓣置换。传统的外科肺动脉瓣膜置换有许多不足之处，包括创伤大、恢复慢、二次手术风险高等。相比之下，TPVR（介入肺动脉瓣置换）手术为因开胸手术风险较高而不适合手术的患者提供了一种有效且更安全的替代方案。2020 年欧洲心胸外科年会将介入肺动脉瓣置换方法列为指南：1A。由此可见，未来各种介入瓣膜的需求将会越来越大。

（二）介入瓣膜成为我国心脏瓣膜器械的重要发展趋势

人工心脏瓣膜置换的方式包括传统的外科开胸手术和经导管介入手术。

---

[1] 《微创心通医疗科技有限公司全球发售说明书》，https：//www1. hkexnews. hk/listedco/listconews/sehk/2021/0126/2021012600016_ c. pdf，2020 年 4 月 13 日。

[2] 《微创心通医疗科技有限公司全球发售说明书》，https：//www1. hkexnews. hk/listedco/listconews/sehk/2021/0126/2021012600016_ c. pdf，2020 年 4 月 13 日。

[3] 《杭州启明医疗器械股份有限公司全球发售说明书》，https：//www1. hkexnews. hk/listedco/listconews/sehk/2019/1128/2019112800030_ c. pdf，2020 年 4 月 13 日。

通过外科开胸手术换瓣是最为成熟的治疗方式，外科瓣膜耐久性好，预期使用寿命较长，长期的循证医学证据充分；但是由于需要进行开胸和体外循环，手术创伤较大、术后恢复时间较长，部分患者不可进行外科手术或有高风险，介入瓣膜置换成为一种替代选择。目前国内外科瓣膜市场大部分被进口产品占据，且外科瓣膜技术成熟，国内企业如再研发外科瓣膜已无市场和技术优势。

近年来，随着介入技术的发展，介入瓣膜成为瓣膜行业研究的热点。经导管介入手术风险小，特别适用于不能进行外科手术或手术风险高的患者。近年来国内上市的杭州启明医疗、苏州杰成医疗和上海微创心通医疗的介入瓣膜使用量逐年增加，临床应用数据越来越多，此外国内多家企业都在研发各种介入瓣膜新器械，预计未来介入瓣膜的用量将会迅速提升，成为越来越多患者的重要选择。

（三）对于不同瓣膜病变采取不同的治疗方式也是重要发展趋势

目前经导管介入置换瓣膜技术仅在主动脉瓣狭窄的治疗和肺动脉狭窄或反流治疗中较为成熟，已在美国成为主流的治疗手段。截至目前，中国已有3款国产介入主动脉瓣膜产品获得 NMPA 批准上市，预计在中国的渗透率会迅速提升。

二尖瓣、三尖瓣结构复杂，经导管介入置换瓣膜的技术仍未成熟，经导管介入修复器械目前是一个较好的选择。北京迈迪顶峰的 E-Chord 二尖瓣修复装置，可在心脏不停跳的情况下，根据二尖瓣流的情况，在超声引导下，经心尖微创穿刺，完成腱索修复、缘对缘修复术和瓣环成形术，实现"一种器械，三部位修复"。此外，该器械也可实现三尖瓣的腱索重建、缘对缘修复和瓣环环缩，突破了国外现有技术水平，具有自主知识产权，填补了国内技术空白。

（四）开发具有自主知识产权的心脏瓣膜成为重要发展趋势

中国人工心脏瓣膜企业逐步发展自主知识产权，增强市场竞争力，近年来，中国政府加大对高端医疗器械行业的支持力度，巨大市场潜力也吸引了大量资本投入，中国企业正逐渐赶超国际领先企业的技术水平。在政策、资本双重推动下，人工心脏瓣膜企业势必会将重心放到创新产品研发上。

（五）国产瓣膜替代进口瓣膜成为重要发展趋势

在中国人口老龄化持续加剧背景下，中国瓣膜性心脏病发病率不断上升，人工心脏瓣膜市场需求持续扩大。随着医学和科研进步，先进人工心脏瓣膜产品和植入技术，如经导管介入瓣膜植入或修复技术，能使患者享受低风险、低价格、恢复期短的微创治疗，提高生命质量。近些年，介入瓣膜研发公司均受到资本市场的青睐和追捧，出现了百家争鸣和百花齐放的繁荣景象，极大地促进了国产介入瓣膜的研发，相信在不久的将来，国产瓣膜可实现进口替代，使中国患者尽早使用具有国际一流技术水平的国产产品。

综上可见，介入瓣膜市场巨大，是我国心脏瓣膜器械行业未来的发展方向。开发具有自主知识产权的介入瓣膜是我国心脏瓣膜研发企业的重任及方向。介入瓣膜进口替代和走入国际市场是我国心脏瓣膜行业的任务和愿景。

B.16
2020年我国导尿管行业
状况及发展趋势

韩广源　朱世杰*

摘　要：　导尿术是临床基础护理中最基本的操作技术之一，导尿管
　　　　　是导尿术中最核心的产品，用于帮助患者引流尿液。本文
　　　　　旨在通过对我国导尿管市场的分析了解导尿管行业现状及
　　　　　预测其未来的发展趋势。本文综述了导尿术在国内外的发
　　　　　展历史，分析了国外导尿管市场规模及发展现状。欧美市
　　　　　场由于医疗行业发展较快，对导尿管市场的贡献较大，并
　　　　　且其市场需求仍在逐年递增。另外，本文对我国导尿管的
　　　　　临床应用场景，产品工艺流程，市场容量与潜力，国内企
　　　　　业的产能现状，亲水涂层、抗生素涂层及超滑抗菌涂层等
　　　　　涂层技术的发展进行了分析与回顾，同时分析了现行医疗
　　　　　政策对导尿管行业的影响。通过本文对导尿管行业现状的
　　　　　分析可知，我国导尿管行业市场规模将稳定增长，未来发
　　　　　展潜力巨大。

关键词：　导尿管　工艺流程　涂层

　　导尿术是指在严格的无菌操作下，将无菌导尿管经尿道插入膀胱引出尿

---

* 韩广源，广州维力医疗器械股份有限公司总经理；朱世杰，北京术客高鑫科技有限公司总
经理。

液的技术，是临床基础护理中最基本的操作技术之一，主要用于收集无污染尿液样本、辅助诊断、减轻尿潴留患者痛苦、保持局部干燥、促进相关功能恢复、抢救患者等，在临床医学、护理等领域有重要作用。导尿术在我国有着悠久的历史，根据文献记载①②，导尿术在我国最早可以追溯到东晋医药学家葛洪的"口吹—液体倒灌式"导尿术，是通过在尿道中吹入黏度大的液体并使液体倒灌进入膀胱，在膀胱与尿道间形成可以排出尿液的通道来导尿。经过近200年的发展，唐朝药王孙思邈记述了一种"葱管—口吹式"导尿术，是以葱叶为导管插入尿道，再将气体吹入膀胱使其括约肌开启，在尿潴留膀胱较大的压力下排出尿液。同一时代，另一位医家——王焘记述了另一种"葱管—药物—口吹式"导尿术。到了元朝，出现了导尿成功率更高的"翎管间接吹气法"导尿术。明朝时，导尿术已经发展成熟，医学文献中有各式导尿术记载，被医家广泛接受且得到认可。19世纪初，西方医学传入中国，第一次鸦片战争后中国多个通商口岸被迫开放，西方教会医院在中国急剧扩张，同时，中国学子开始到西方留学，学习包括医学在内的科学技术，国内的导尿术逐渐与西方接轨。

导尿术在国外同样有悠久的发展史，公元前3000年就有古埃及人使用金制导尿工具的记录；在中世纪以前，西方主要使用金、银、铁等金属导尿工具。③ 1860年，拿破仑三世的私人医生Auguste Nélaton发明了第一个橡胶导尿管。④ 1867年，英国医生Joseph Lister在《柳叶刀》杂志上发表文章提出将消毒法应用于临床，使导尿术更加安全可靠。⑤ 1935年，美国泌尿科的专家Frederic Eugene Basil Foley首次展示了止血袋导尿管。⑥ 20世纪40年

---

① 杜勇：《中国古代导尿术应用史略》，《中华医史杂志》1995年第1期。
② 王斌全、赵晓云：《导尿术的发明与发展》，《护理研究》2008年第11期。
③ 王斌全、赵晓云：《导尿术的发明与发展》，《护理研究》2008年第11期。
④ Patel S R, Caldamone A A. "The History of Urethral Catheterization," *Rhode Island Medical Journal*, 2004, 87 (8).
⑤ Lister J. "Illustrations of the Antiseptic System of Treatment in Surgery," *The Lancet*, 1867, 90 (2309).
⑥ https：//litfl. com/frederic – eugene – basil – foley/.

代，美国发明家 David S. Sheridan 发明了一次性塑料导尿管，极大地减少了患者的交叉感染。1971 年，美国泌尿学专家 Jack Lapides 提出"清洁间歇性导尿术"，指出减少尿道损伤是防止感染的主要措施。[①] 1983 年，低摩擦、亲水导尿管被发明，"低摩擦、亲水"成为目前主流导尿管的特征指标。

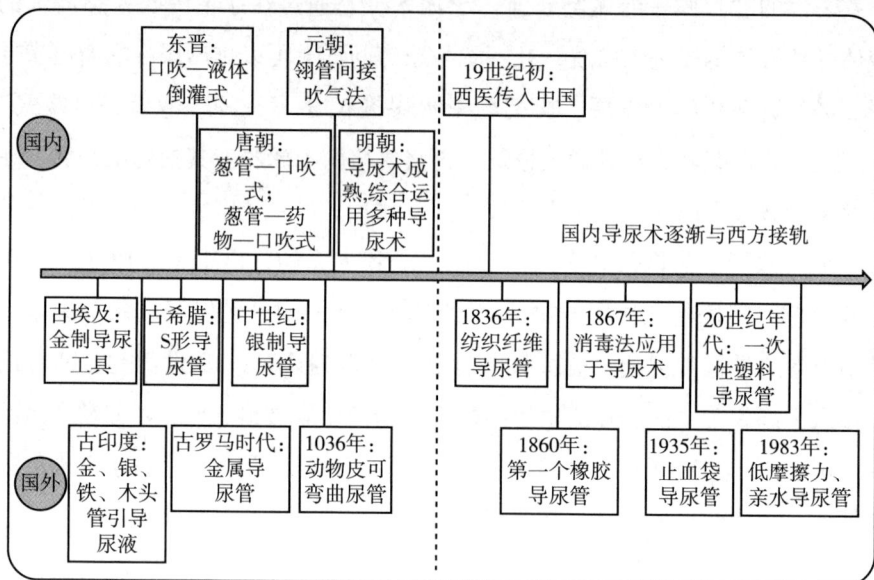

图 1　导尿术的国内外发展情况

一　导尿管市场状况

（一）导尿管市场基本情况

Future Market Insights 报告预测[②]：全球导尿管市场的价值将在 2020 ~

---

① Bloom D A, McGuire E J, Lapides J.，"A Brief History of Urethral Catheterization," *The Journal of Urology*, 1994, 151 (2).

② Future Market Insights, Healthcare, Sep. 23, 2020, https：//www.futuremarketinsights.com/press - release/foley - catheter - market.

2030年以近5%的年复合增长率增长。到2030年底，全球导尿管市场的估值将超过22亿美元，其中乳胶类导管在全球导尿管市场中占有最大的市场份额。美国拥有蓬勃发展的医疗行业，其因较高的医疗支出和相对较高的尿路感染患病率成为全球导尿管市场的最大贡献者；欧洲因泌尿系统疾病发病率飙升和政府支持开发新型医疗辅助设备的影响，成为全球第二大导尿管市场。亚太地区因泌尿系统疾病患者人数日益增多，也将在导尿管市场中占有显著份额。医院获得性感染的高流行率、患者和医疗专业人员意识的提高、医疗卫生支出的增加等因素，预计也将对中国、印度和日本等经济体的导尿管市场产生重大推动作用。

全球导尿管市场主流品牌制造商包括 Teleflex Incorporated，Cardinal Health，C. R Bard，Wellead，B. Braun Melsungen AG，ConvaTec Group，Safe Medical Design Inc. 等。开发新产品已被认为是主流品牌在激烈竞争中所采取的主要增长策略，而减少因使用导尿管而导致的相关感染仍是创新的核心策略。主流品牌制造商正致力于创新设计以降低长时间使用导尿管所导致的相关感染的发生率，寻求监管机构的批准，以提高其收入和品牌知名度。比如：C. R Bard 公司在生产导尿管时使用 Bactiguar® 金银钯合金涂层，以减少长时间使用导管时相关感染发生的风险；B. Braun Melsungen AG 开发了专为尿潴留而设计的名为 Actreen® 系列导尿管产品，这种导尿管涂有润滑剂可以提高使用舒适度；Safe Medical Design Inc. 获得 FDA 批准，将其旨在减少放置时球囊过早膨胀造成的尿道创伤的产品商业化。这些创新和批准将继续推动导尿管市场增长。

临床常用导尿方式有三种：间歇导尿术、留置导尿术、经皮耻骨上膀胱穿刺造瘘术。间歇导尿术分为无菌间歇导尿和清洁间歇导尿，其中清洁间歇导尿主要应用于家庭护理。留置导尿术广泛应用于临床，包括为手术排空膀胱、某些泌尿系统疾病手术后留置导尿、为尿失禁患者引流尿液等。经皮耻骨上膀胱穿刺造瘘术适宜需行耻骨上膀胱造瘘而不必探查膀胱，或处理膀胱内病变者，尤其对解除急性尿潴留而又不能经尿道插入导尿管者更为适用。

随着工艺的不断发展，导尿管经历了从传统生产工艺、现代化生产工艺到全自动化生产工艺的变革。以乳胶导尿管为例来说明。①传统生产工艺：工艺流程中以人工为主，涉及原料、浸渍成型、脱模、沥滤、硫化处理、硅涂层处理、外观检验、切管、塞阀、套膜、检验、包装、灭菌、成品入库。②现代化生产工艺：与传统生产工艺相比，现代化生产工艺在装配检验工序时采用集切管、塞阀、套膜、充气、检漏气、检堵塞、收气、包装为一体的多功能自动化设备，提高企业产能和提升产品品质。③全自动化生产工艺：越来越多的自动化设备和精密设备被应用于导尿管生产过程中，维力医疗率先在海南建立乳胶导尿管自动化生产基地，采用机器人和自动脱模机等设备，实现全自动化生产，降低生产成本，提升产品品质，提高工艺技术水平，促进医疗器械行业发展。

（二）我国导尿管市场现状

随着我国人口老龄化加剧以及人们对卫生健康的需求增加，导尿管的需求也不断增加。根据文献研究数据①，医院住院人群中需要留置导尿管的患者占 25%~35%。根据《中国卫生健康统计年鉴 2020》②，2019 年住院人数已达到 26596 万人，故留置导尿管市场容量预计为 6649 万~9308 万支，其中 60 岁及以上需要留置导尿管的人口占比将达到 18.1%，老年人罹患与导尿管相关疾病的概率较高，人均医药费用增加势必会带动相应的医疗耗材产品的需求增长，导尿管作为基础性医疗器械产品，发展潜力巨大。

根据国家药品监督管理局注册信息，导尿管产品企业已超过 130 家，其中江苏省 56 家，排名首位；其次为广东省、山东省、浙江省，分别为 13 家、12 家和 11 家，其他省份数量较少。根据智研咨询的报告数据③，从企业产能以及市场份额看，截至 2017 年，维力医疗、湛江事达产能以及市场份额占比最高，产能分别达到 10000 万支和 6000 万支，共占据 27.58%的市

① 张荣、张玉芳、张静等：《国内长期留置导尿管患者硅胶导尿管更换时间的 Meta 分析》，《现代临床护理》2014 年第 12 期。
② 国家卫生健康委员会：《中国卫生健康统计年鉴 2020》。
③ https://www.chyxx.com/industry/201812/699885.html。

场份额，其他如浙江优特格尔、福建百仕韦和南通安琪排名紧随其后。从维力医疗近年来在海南的乳胶导尿管自动化产业布局看，2021年其导尿管产能势必远超10000万支。

导尿管临床常见问题主要有球囊破裂、堵管、漏尿等，其中球囊破裂主要原因是乳胶导尿管使用了石油基质润滑剂。国家药品监督管理局于2019年10月22日发布警示信息"关注一次性导尿管球囊破裂的风险"，文中提到天然乳胶材质的球囊导尿管推荐使用水溶性润滑剂，应尽量避免使用石油基质润滑剂，如液体石蜡、凡士林等，并强调导尿管生产企业应当重视润滑剂使用相关培训和技术指导，提高导尿管产品临床使用的安全性和有效性。

二　导尿管技术发展趋势

历经漫长的发展过程，先后有多种材料被用于导尿管的设计及制造。目前，市场上常见的导尿管材料为乳胶、硅胶、聚氯乙烯（PVC）和聚氨酯（PU）四种。导尿管在临床应用时通常通过下述几种方法降低不良反应的发生率，如缩短留置时间、置管时充分润滑、选择合适管路外径等。改善导尿管表面涂层材料和改性材料是目前解决导尿管存在的问题的方法，部分材料如亲水涂层、抗生素涂层、超滑抗菌涂层成为研究热点并已在医疗市场广泛应用。

（一）亲水涂层

亲水涂层是一种可以吸收大量液体的交联大分子聚合物聚乙烯吡咯烷酮（PVP），吸收水分后在乳胶表面形成一层薄水膜，从而可以提高导尿管表面的平整度和润滑性。有学者[1]应用医药级PVP来制备亲水润滑涂层，结果显

---

[1]　王聘、刘俊龙、刘华龙：《PVC导尿管表面亲水润滑涂层的制备及性能研究》，《中国医疗器械信息》2014年第6期。

示亲水涂层有效改善了导尿管表面的润滑性，而且涂层不易脱落，润滑持久性较好。亲水涂层的制备工艺近年来也由传统的热固化发展为光固化，使亲水涂层在导尿管表面牢固度更高、润滑更持久，该领域内较有代表性的公司是江苏百赛飞生物科技有限公司。

（二）抗生素涂层

抗生素涂层导尿管主要是被应用于临床中预防导管相关性尿路感染（CAUTI），主要分为三类：氯霉素涂层导尿管、氨基糖苷类涂层导尿管、喹诺酮类涂层导尿管。抗生素涂层导尿管可以有效降低导尿管相关尿路感染发生率，对短期留置尿管患者疗效良好，但尚缺乏多中心的关于长期留置导尿管患者的疗效的临床研究。[1]

（三）超滑抗菌涂层

超滑抗菌涂层应用比较普遍的是含银成分，如银离子、银纳米颗粒。国内外都有批准上市的银离子导尿管，但对其临床研究的安全性及有效性仍存在争议，普通导尿管被覆银后其银离子被机体吸收会产生局部或全身的毒副作用，甚至造成内脏损害。[2] 我国于 2015 年发布了《关于规范含银盐医疗器械注册管理有关事宜的公告》，规定含银涂层导尿管按照第三类医疗器械管理，且要求所有第二类含银涂层导尿管在 2018 年 12 月 31 日之前完成转换。根据国家药品监督管理局网站数据，目前仅有一家公司的抗菌导尿管为第三类医疗器械，即瑞典 Bactiguard AB 公司生产的一次性使用无菌导尿管 BIP Foley Catheter，其表面含金银钯合金涂层和亲水涂层。金银钯合金涂层是一种特殊的超滑抗菌导尿管，通过释放微电流阻止细菌的黏附和定植，已有临床循证研究可证明其安全性和有效性。[3]

---

① 何春渝、张坤、孙云等：《留置导尿管伴随性感染影响因素及干预措施的研究进展》，《成都医学院学报》2015 年第 4 期。

② 周小婷、王春仁、陈虹等：《纳米银代谢的研究进展》，《中国医疗器械信息》2015 年第 5 期。

③ CDOC, D. Johansson, Clinical Efficacy Summary, BIP Foley Catheter A Literature Review.

三 政策对导尿管市场的影响

2020年3月5日，中共中央、国务院《关于深化医疗保障制度改革的意见》明确，深化药品、医用耗材集中带量采购制度改革，坚持招采合一、量价挂钩，全面推进药品、医用耗材集中带量采购，建立健全省级招标采购平台，推进构建区域性、全国性联盟采购机制。未来全国范围内将持续推进集中带量采购。目前，集中带量采购已在安徽、江苏、山西、青海、福建、浙江、湖北、上海、河南、山东、湖南、陕西实施。

从长期来看，集中带量采购具有卫生经济学价值。集中带量采购对导尿管市场也会产生一定影响。国产导尿管由于价格优势，性价比较高，在保证质量的前提下，有望进一步替代进口导尿管。集中带量采购的实施有助于导尿管的价格控制、优化企业内部流程、降低生产成本和促进市场良性竞争。

2019～2020年，国家医疗保障局先后推出30个城市试点DRGs、71个城市试点DIP。各试点城市要围绕技术规范，制定本地的总额预算管理办法，完善相应的医保经办规程和协议管理流程。DRGs和DIP的实施对高值医用耗材的使用有较大影响，目前的常规导尿管属于低值医用耗材，同时也是在手术或多种治疗中必须使用的耗材，因此我们预计医保支付制度改革对导尿管市场的影响有限。

B.17
2020年我国眼科耗材应用状况和展望

黄一飞 王丽强 翟嘉洁*

摘 要： 随着老龄化加剧和青少年近视情况日益严重，2015～2019年
我国眼科诊疗人数的年均复合增长率达4.97%，2019年诊
疗人次达1.27亿人次。中国眼科疾病发病率和诊疗需求逐
年上升，眼科医院和眼科专科医生的数量不断增加，使得
眼科手术的可及率有望进一步提升，也使得眼科手术中所
必需的高值医用耗材的市场需求不断增长。另外，我国眼
科耗材类产业从20世纪60年代开始发展，尽管起步较晚、
起点较低，但市场需求会刺激科研发展，伴随政府政策的
倾斜，可以预见，中国眼科医疗器械行业在未来必将加速
发展。本文从眼科耗材分类和注册情况、眼科耗材行业发
展状况、重点耗材产品及市场分析、眼科新耗材的发展等
四个方面对耗材类眼科医疗器械2020年的应用状况及发展
变化趋势进行分析。

关键词： 眼科耗材 人工晶状体 角膜塑形镜 人工角膜

"除了失去生命，没有什么比失去视力更可怕的了。"世界卫生组织的
专家已经描述了视力的重要性。眼健康是个体身心健康不可或缺的组成部

---

* 黄一飞，博士，中国人民解放军总医院，将军；王丽强，博士，中国人民解放军总医院；翟
嘉洁，广东佳悦美视生物科技有限公司总经理。

分，涉及所有年龄段人群。视力障碍及失明，严重影响人们的身心健康和生活质量。我国是世界上盲人和视觉损伤患者人数最多的国家之一，眼健康工作一直受到政府、社会以及行业的高度关注。[①]

20 世纪 60 年代，中国第一把眼科线状刀和相对完整的眼科手术器械问世，为眼科医疗器械乃至中国眼科手术的发展奠定了基础。90 年代初，国人开发出中国第一枚人工晶状体，为需植入人工晶状体但又无法负担高昂费用的患者进行人工晶状体植入手术提供了可能。21 世纪初期，中国第一台准分子激光眼科治疗机诞生。2020 年，中国首个人工角膜产品也已完成临床试验，并作为临床急需产品进入国家药监局医疗器械技术审评中心的优先审批，预计很快能造福角膜盲患者。尽管中国眼科医疗器械行业起步较晚，起点较低，但市场需求会刺激科研发展，加之政府政策的倾斜，如 2020 年6 月，国家卫健委发布《中国眼健康白皮书》[②]，指出"编制'十四五'全国眼健康规划，进一步完善三级防盲和眼健康服务体系，加强基层眼科专业队伍建设，建立眼科医疗质量控制体系，推动眼科医疗服务高质量发展，努力满足人们不断提高的眼健康需求"[③]，可以预见，中国眼科医疗器械行业在未来将加速发展。

眼科医疗器械分为耗材类和设备类，本文对耗材类眼科医疗器械 2020 年的应用状况及发展趋势进行分析，以期为行业发展提供参考。

一 眼科耗材分类和注册情况

按照国家药监局公开的数据[④]，眼科耗材类医疗器械主要分为一次性眼科无源手术器械、眼科无源辅助手术器械、眼科矫治和防护器具与眼科植入

---

① http：//www. gov. cn/xinwen/2020 – 06/06/content_ 5517657. htm.
② https：//baike. baidu. com/item/中国眼健康白皮书/50440705？ fr = aladdin.
③ http：//www. gov. cn/xinwen/2020 – 06/06/content_ 5517657. htm.
④ http：//appl. nmpa. gov. cn/data_ nmpa/face3/base. jsp？ tableId =139&tableName = TABLE139&title =% D2% BD% C1% C6% C6% F7% D0% B5% B7% D6% C0% E0% C4% BF% C2% BC&bcId = 154804104651613033739874139064.

物及辅助器械。具体细分产品类别及管理类别见表1。眼科耗材类的二类器械有13个二级类别，三类器械有14个二级类别。

表1　眼科耗材类产品类别及管理类别

一级产品类别	二级产品类别	管理类别
眼科无源手术器械	眼用刀	二类
	眼用剪	二类
	眼用镊	二类
	眼用针	二类
	眼用钩	二类
	眼用扩张器	二类
	眼用冲吸器	二类
	眼用钻	二类
眼科无源辅助手术器械	眼用穿刺器	二类
眼科矫治和防护器具	接触镜	三类
	接触镜护理产品	三类
眼科植入物及辅助器械	人工晶状体	三类
	眼内填充物	三类
	青光眼引流装置	三类
	眼用粘弹剂	三类
	泪点塞	三类
	义眼台	三类
	囊袋张力环	三类
	人工玻璃体球囊	三类
	组织工程生物羊膜	三类
	角膜基质片	三类
	角膜基质环	三类
	泪道管	三类
	硅胶环扎带	二类
	义眼片	二类
	人工晶状体、人工玻璃体植入器械	二类
		一类
	囊袋张力环植入器械	二类
		一类

二　眼科耗材行业发展状况

随着老龄化程度的加深和青少年近视情况日益严重，2015～2019年我国眼科诊疗人数的年均复合增长率达4.97%，2019年诊疗人次达1.27亿人次，2020年达1.33亿人次。^①《柳叶刀全球健康》于2021年2月17日发表的一份"全球眼健康报告"表明，解决可预防的视力丧失问题可节省4110亿美元的经济成本^②，全球眼科行业龙头爱尔康的报告预计眼科医疗器械市场2018～2023年年均复合增长率为4%。其中细分领域——植入性产品属于高值医用耗材范畴，2017年市场规模达40亿美元，预计5年年均复合增长率为6%，将成为增速最快的细分领域。中国眼科疾病发病率和诊疗需求逐年上升，眼科医院和眼科专科医生的数量不断增加，使得眼科手术的可及率有望进一步提升，也将使得眼科手术中所必需的高值医用耗材的市场需求不断增长。国内眼科高值医用耗材市场规模由2015年的47亿元增长至2018年的76亿元，2015～2018年年均复合增速为17.4%。由于"集中带量采购"等政策的推行，市场增速可能会有一定程度的减缓，但这有利于性价比高的国产眼科医疗器械的渗透率上升，市场仍有大的成长空间。

随着医疗水平提高和人们工作、生活方式的改变，眼科疾病谱也不断发生改变，其中屈光不正、青光眼、白内障分别是青少年、中青年和中老年常见的三大眼科疾病。

---

① 2020年中国眼科医疗市场调研报告–市场深度调研与发展商机研究。

② The United Nations requires all member states to achieve SDGs under the 2030 Agenda for Sustainable Development—described as "a shared blueprint for peace and prosperity for people and the planet, now and into the future". In total, there are 17 SDGs: no poverty; zero hunger; good health and wellbeing; quality education; gender equality; clean water and sanitation; affordable and clean energy; decent work and economic growth; industry, innovation and infrastructure; reduced inequalities; sustainable cities and communities; responsible consumption and production; climate action; life below water; life on land; peace, justice and strong institutions; and partnerships for the goals.

（一）屈光不正

根据国家卫生健康委公布的 2018 年数据①，我国儿童青少年总体近视率为 53.6%，其中，6 岁儿童的近视率为 14.5%，小学生达 36.0%，初中生达 71.6%。青少年的近视防控已上升到国家高度②，自上而下的认知度提升是视光行业发展的主要驱动力。角膜塑形镜已为世界卫生组织所认可，对青少年近视进展有明显的控制作用③，市场空间有望达到 200 亿元④。

（二）青光眼

近年来中国公立医院青光眼出院人数快速增长，根据《中国卫生健康统计年鉴 2020》，2019 年中国公立医院青光眼出院人数达 14.46 万人，比 2018 年增加 1.76 万人，同比增长 13.8%。青光眼发病率为 1%，40 岁以后为 1%~2%，50 岁以上为 3%~4%。对于药物治疗无效的青光眼，植入青光眼引流阀是临床疗效较好的治疗方法。

（三）白内障

2018 年屈光性白内障手术新进展国际会议公布的我国白内障不同年龄段发病率数据如下⑤：60~89 岁人群是 80%，90 岁以上人群发病率在 90%以上，2019 年中国公立医院老年性白内障出院人数超 89 万人，比 2018 年增长 19.1%。人工晶状体是白内障手术所必需的植入性耗材，选择具有多样性，不同类型的人工晶状体的区别主要体现在材料的生物相容性、光学设计和蓝光、紫外线滤过等附加功能上。

① https：//baijiahao. baidu. com/s? id = 1632115847962553533&wfr = spider&for = pc.
② http：//health. cnr. cn/yg/20210429/t20210429_ 525475793. shtml.
③ 洪兰、李立：《儿童近视防控方法研究进展》，《现代医药卫生》2020 年第 13 期。
④ http：//stock. finance. sina. com. cn/stock/go. php/vReport_ Show/kind/industry/rptid/648213259504/index. phtml.
⑤ http：//health. people. com. cn/n1/2018/0619/c14739 – 30065141. html.

总的来说，患者数量的逐年递增以及患者对眼科诊疗需求的增加，为眼科耗材行业的高速增长带来机会。随着耗材类医疗器械集中采购政策的密集出台及逐步普及，眼科高值耗材领域的国产化率将显著提升，国内企业竞争力将明显提高。

三　重点耗材产品及市场分析

眼科耗材对技术的精细化程度要求较高，国内眼科耗材生产虽从20世纪60年代就已开始发展，但整体行业发展时间较短，获证产品主要集中在中低值耗材领域，高值耗材领域大多依赖进口。最近几年，市场上涌现出昊海生科、欧普康视、爱博医疗等具有一定实力的上市企业。从产品种类来看，我国眼科高值耗材市场以人工晶状体、角膜塑形镜为主。本文对这两个重点产品的市场状况进行分析。

（一）人工晶状体

全球多焦点散光人工晶状体（IOL）行业集中度高，爱尔康处于龙头地位。根据爱尔康的报告及估算，2019年全球人工晶状体市场规模达到40亿美元。爱尔康、雅培眼力健、博士伦三大巨头占据全球人工晶状体85%左右的市场份额[1]。国内人工晶状体主要是由爱博医疗和昊海生科提供，根据昊海生科和爱博医疗2020年年度报告，昊海生科约占国内人工晶状体市场销售量的30%，爱博医疗占10%以上。

从现有主要人工晶状体产品来看，目前的竞争主要集中在第三代全像差补偿非球面人工晶状体上，它能显著改善手术眼在昏暗条件下和夜间的视力，是目前国际市场上最主流的人工晶状体；环曲面人工晶状体同时具有球镜度和柱镜度，在完成普通人工晶状体屈光矫正功能的基础上，还具有散光矫正功能。

---

① 新思界2020年全球人工晶状体行业市场现状调研报告。

未来的竞争将集中在新型人工晶状体上：①多焦点人工晶状体，可以产生多个焦点，大大提高了患者术后的远、中、近视力的精准性，一定程度上满足了患者全程视力的要求；②大景深型人工晶状体，是一种介于多焦点与单焦点之间的人工晶状体，没有眩光、光晕、对比敏感度下降等由多焦点人工晶状体所引起的视觉不适；③可调节人工晶状体，是人工晶状体的最终发展目标，能完全模拟天然人眼调节功能，即可连续、全程获得全部光能的调节力。博士伦的 Crystalens AT45 是目前唯一获批的可利用人眼自身调节力的人工晶状体，患者几乎不会有眩光、光晕或者夜视力差等不适。但目前应用较少。

高值医用耗材价格虚高、过度使用等问题引起了国家的重视。《中共中央国务院关于深化医疗保障制度改革的意见》（中发〔2020〕5号）、《治理高值医用耗材改革方案》（国办发〔2019〕37号）提出，推进构建区域性、全国性联盟采购机制。人工晶状体是截至2020年除去冠脉支架外，省级集中带量采购次数最多的品种，覆盖24个省份，其中包含两个大型省际联盟——"3+N"联盟和陕西十省联盟项目，经过7次杀价，最大价格降幅高达85.69%[①]。

（二）角膜塑形镜

角膜塑形镜（OK镜）是一种逆几何设计且具有角膜塑形功能的高透氧硬性角膜接触镜，使用者在晚上睡觉时佩戴8～10小时，白天不用戴任何接触镜或者框架镜，就能拥有清晰的裸眼视力。对于青少年而言，角膜塑形镜有减缓近视加深的功效。国家卫健委于2018年发布的《近视防控指南》提出，长期配戴角膜塑形镜对解决我国儿童青少年近视率不断攀升等问题具有重要意义。

角膜塑形镜的技术难点在于材料和结构设计。角膜塑形镜的材料是一种透氧率高的高分子材料（氟丙基硅氧烷聚甲基丙烯酸酯），除高透氧性外，

---

① https：//baijiahao. baidu. com/s？id＝1693902973420760272&wfr＝spider&for＝pc.

还需同时具备高生物相容性、高断裂强度的特性。目前国际上具备夜戴型角膜塑形镜材料生产资质的公司仅有三家，分别为美国的博士伦、美国的Paragon和英国的Contamac。角膜塑形镜的结构设计是实现角膜塑形和近视矫正功能的基础，目前各家厂商都不具备显著技术优势。国内获得角膜塑形镜产品注册证的企业共9家，其中国外企业为美国三家、日本一家、韩国一家、荷兰一家；国内企业为欧普康视、爱博医疗和台湾亨泰。此外，昊海生科全资子公司收购英国Contamac 70%的股权，完成对产业链上游高科技原材料供应商的布局。由于未见官方的统计数据发布，角膜塑形镜的市场年度总量以及各品牌的市场份额无法确定，从体量上看，欧普康视处于国内行业龙头地位[①]。

近年来国家密集发布青少年近视防治政策措施，行业将在规范化进一步推进的同时，迎来更广泛更专业的发展。

四　眼科新耗材的发展

在部分高值耗材领域，我国在很长一段时间内存在空白，最近几年才获得一定的发展。

（一）人工角膜

角膜疾病是全球第四大致盲疾病，在中国，有400多万角膜盲患者，并以每年10万人的速度增加。[②] 人工角膜是指用人造材料制成，通过手术植入患眼代替角膜盲患者混浊的角膜，使患者获得视力的一种植入式医疗器械。由于供体角膜严重不足，人工角膜的出现在一定程度上缓解了人们对供体角膜的需求。有些病人在医生预判会发生排斥的情况下可以直接选用人工角膜，这样可以减少患者的痛苦同时节约供体角膜。人工角膜移植

---

① 欧普康视科技股份有限公司2020年年度报告。
② 高华、陈秀念、史伟云：《我国盲的患病率及主要致盲性疾病状况分析》，《中华眼科杂志》2019年第8期。

作为角膜移植失败、角膜严重化学伤和热烧伤等角膜移植高危排斥患者复明的唯一希望，其主要优点在于不会发生角膜移植排斥，且人工角膜视觉效果比人的角膜效果更好一些，但对手术医生的专业水平要求更高。虽然国际分析报告预测 2021 年全球人工角膜及角膜植入市场规模可达 4.18 亿美元，并于 2026 年达到 5.99 亿美元，2021~2026 年的综合增长率为 7.4%①，但目前国内市场还没有一款用高分子材料或金属材料制成的人工角膜上市。

已获注册证的相关产品有脱细胞角膜基质，目前有两家公司获证，分别是深圳艾尼尔角膜工程有限公司和青岛中皓生物工程有限公司，均以动物源性角膜为主要材料，适用于未累及全层的真菌性角膜溃疡患者。2020 年，国内首个真正用人造材料合成的领扣型人工角膜已完成临床前及临床试验并提交第三类医疗器械的注册申请，国家药监局医疗器械技术审评中心因产品为临床急需医疗器械给予优先审批，同时广东省药品监督管理局也将其评定为创新重点服务项目。预计产品在 2021 年内会上市销售。

（二）人工玻璃体

每十万人中有 16 个人患有视网膜脱离，预计 2020 年中国有 22 万视网膜脱离患者。由于高度近视率增长和人口老龄化，预计 2020~2025 年视网膜脱离人数将以 5% 的速度增长。视网膜与视觉质量直接相关，手术率高，预计达到 90%。因此，人工玻璃体市场有一定潜力。目前市场上没有成熟的人工玻璃体产品，第一款人工玻璃体球囊产品已于 2017 年获批上市，预计 2025 年人工玻璃体的渗透率为 15%。

伴随着 2021 年版《医疗器械监督管理条例》的实施，医疗器械行业包括眼科耗材产业将进入一个新的发展阶段，市场也将迎来新一轮洗牌，研发能力强、法规意识强、产品布局完善的国内企业将有机会在未来的竞争中脱颖而出。

① Artificial Cornea and Corneal Implant Market by Type (Human Cornea, Artificial Cornea), Transplant Type (Penetrating Keratoplasty, Endothelial Keratoplasty), Disease Indication, End Users (Hospitals, Specialty Clinics & ASCs) – Global Forecast to 2026.

B.18
2020年我国手术机器人产业
状况及发展趋势

徐 凯 吴中昊 王林辉*

摘　要：　随着国家政策的大力扶持、众多复合型人才的参与以及患者
对高质量医疗服务的需求日益增加，手术机器人这一高端科
技也迎来了蓬勃发展。手术机器人不仅可以辅助医生实现精
准、灵巧的操作，也可以减少患者的创伤、缩短术后恢复时
间，为医患双方都带来福音。手术机器人主要可分为针对软
组织的腔镜外科手术机器人和针对硬组织的骨科和神外手术
机器人。虽然手术机器人最早发展于国外，但当前国内各类
研发机构正逐步打破国外的技术封锁，研发具有自主知识产
权的国产手术机器人。本报告总结了手术机器人在学术界和
产业界的发展现状，以期为读者提供一个较为全面的行业全
景。相信这一高端创新医疗器械的发展不仅会提高医疗水
平，用新时代"中国智造"造福人民，也会促进医疗器械产
业升级，充分调动各产业链的发展，成为国内大循环的重要
组成部分。

关键词：　手术机器人　微创手术　机电一体化

---

* 徐凯，上海交通大学医疗机器人研究院院长助理，教授，博士生导师；吴中昊，上海交通大
学在读博士研究生；王林辉，海军军医大学长海医院泌尿外科主任，教授，博士生导师。

手术机器人作为高技术含量、综合性的医疗器械，在近30年间受到科学界和产业界的广泛关注。其有机融合了机电一体化、运动控制、计算机视觉等多学科的基本理论与关键技术，可以为医生在手术影像定位导航和手术灵巧操作等方面提供帮助，并可改善病人术后恢复效果，展现出巨大的临床价值。在众多手术机器人中，美国 Intuitive Surgical 公司的 da Vinci 手术机器人，自获得 FDA 批准上市以来，便占据了较大的市场份额，垄断了机器人辅助腔镜手术的市场。自在纳斯达克上市以来，Intuitive Surgical 公司股价到2020年末已上涨至818美元。据 Intuitive Surgical 公司财报，截至2019年末全世界累计手术机器人装机量5582台。我国也将大力发展手术机器人作为战略性新兴产业的重点发展方向之一，并将其写入《战略性新兴产业重点产品和服务指导目录（2016版）》和《机器人产业发展规划（2016~2020年）》。

在骨科和神外手术中，手术机器人更着重于术部的定位导航。机器人根据医学影像建立三维模型，并和实际病灶、手术工具进行坐标系配准，辅助医生开展导航手术治疗。与腔镜类手术机器人相比，该类手术机器人更注重实时的精细操控：医生在主控端操作力位交互设备，以遥操作的方式控制从动端的手术机械臂施展精准的手术操作。腔镜类手术机器人可以覆盖腹腔、胸腔等多部位的适应证，但相应的技术壁垒更高，因而更具有挑战性。根据在病人体表皮肤切口数量由多到少，腔镜类手术机器人可分为多孔腔镜手术机器人、单孔腔镜手术机器人和不需要创孔的经自然腔道内窥镜手术机器人。在这三种范式中，1个视觉模块和2或3支手术工具经腹壁开孔或专用鞘管被送入病人体腔。其中视觉模块可以提供照明和影像导引；手术工具需实现灵巧操作，且需具备一定负载能力。图1为 da Vinci SP 单孔手术机器人系统。

一 手术机器人的核心科学技术

手术机器人作为高端智能诊疗装备，可以满足不同的术部、术式和多样化临床需求，主要囊括了如下核心科学技术。

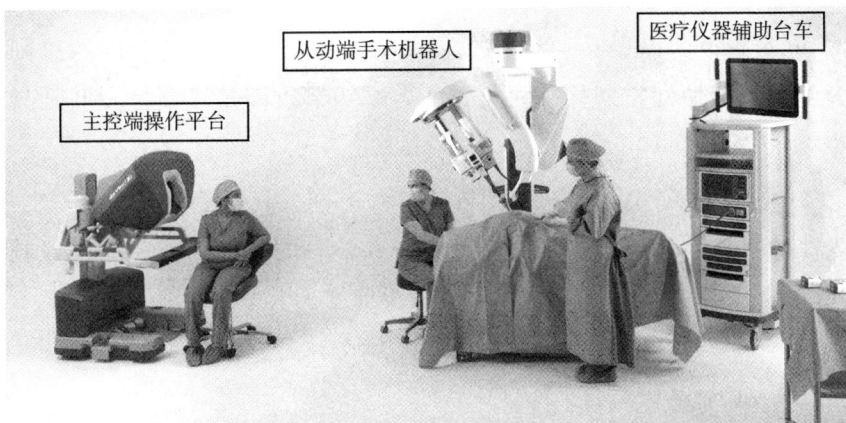

图 1　da Vinci SP 单孔手术机器人系统

资料来源：Intuitive Surgical 公司官网。

（一）手术机器人的机构设计

1. 多孔腔镜手术机器人的设计

在多孔腔镜手术中，"从动端手术机器人"往往由"体外机械臂"和"灵巧手术工具"构成：若干直杆状的手术工具经过不同的皮肤切口伸入并达到病灶，通过体外机械臂的摆动使得手术工具绕着入腹切口在病人体内运动；手术工具的末端有灵巧的腕状结构以提供运动灵活性。

为避免对皮肤的撕扯，这些手术工具需要绕着入腹点做"远心运动"。体外机械臂具体有被动约束、机械约束和协同约束这三类实现"远心运动"的途径。被动约束是指体外机械臂的远心机构为欠驱动系统，手术工具可被动地适应皮肤切口，典型代表有美国的 Zeus 系统和天津大学团队的妙手系统等。这类机器人虽然可有效防止切口处皮肤的撕扯，但可能因术中病患腹腔壁切口随气腹压力变化或呼吸运动变化而发生变化，影响控制精度。机械约束一般通过等效的平行四边形机构或者并联机构构造空间的不动点，例如 da Vinci Si/Xi 系统和韩国 Meere 公司的 Revo - I 系统等。该种约束的可靠性高，但是结构较复杂，占用空间

183

较大。以 Medtronic 和德国宇航中心共同研发的 MiroSurge 系统、英国 Cambridge Medical Robotics 公司的 Versius 系统等为代表的协同约束则是通过算法层面协同控制体外机械臂的各个关节以满足不撕扯皮肤切口的约束要求。

灵巧腕状结构的设计主要有串联关节、并联关节和连续体关节三类。其代表性设计分别有 da Vinci 系统的 EndoWrist 串联关节设计、韩国科学技术研究院的并联关节设计和多伦多大学或上海交通大学团队的连续体关节设计等。

2. 单孔腔镜手术机器人的设计

在单孔腔镜手术中，视觉模块和手术工具均从同一个创口伸入病人体腔。由于创伤面更小，为了实现类似于多孔腔镜手术机器人的运动能力，单孔手术器械的布置难度更高。手术工具按照驱动类型不同可分为电机内置型、连杆驱动型、钢丝驱动型和连续体机构型四种。

美国 Virtual Incision 公司的 RASD 系统等采用电机内置型驱动方式，将伺服电机内嵌在机器人的手术工具臂体中。虽然这类设计可以实现模块化的关节布置，但是电机和减速机构会造成较大的皮肤切口和难以消毒的设计隐患。以早稻田大学团队的 SPS 系统等为代表的连杆驱动型单孔腔镜机器人则受限于机构尺寸难以缩小，以及空间连杆固有的运动干涉问题。以 da Vinci SP 系统为代表的钢丝驱动型设计有较多系统采纳，以十余股钢丝绳穿过手术工具内部的小孔牵拉实现关节的弯转运动，但会产生钢丝绳疲劳磨损的问题。采用超弹性镍钛合金细杆协同推拉，以实现手术工具柔顺运动的连续体机构型驱动，凭借其独特的模块化紧凑结构的特点也逐渐被学界和业界接受。采用该驱动方式的北京术锐的分体模块化腔镜手术机器人系统目前已拥有较成熟有效的实现方案。

3. 经自然腔道腔镜手术机器人的设计

这类手术机器人需要通过病人狭长的自然腔道到达病灶处，因此对手术工具的外径尺寸、负载能力、末端灵巧性都提出了极高要求，目前与产业化尚有距离。其驱动方案包含电机内置、钢丝驱动和连续体机构三类。

（二）手术机器人的传感设计

1. 手术工具的力感知

手术机器人的力感知可作为力反馈的依据提升手术的安全性。手术中的力感知包括受力感知和触觉柔顺感知两个方面，具有外体感知和本体感知两种途径。外体感知通常在手术工具的末端集成基于电阻、光纤等的力学传感器；而本体感知则在手术机器人位于病人体外的驱动关节处安装传感器，通过力学模型推导手术工具末端所受的力学信息。虽然本体感知的精度会略逊于外体感知，但本体感知减小了手术工具的机构复杂度、降低了其消毒和制造的难度。

2. 三维重建与图像识别

三维重建是通过内窥镜影像或者结构光等手段在手术过程中生成组织和器官表面的轮廓，为医生提供术场信息。由于使用结构光涉及额外的术场成像设备，当前的研究热点较多集中在基于内窥镜影像的 SLAM 技术上，即通过返回的实时视野图像，重建术场环境并同时更新内窥镜镜头的位姿。

视野中的手术器械和组织经过图像识别和切割，有助于医生对于术部环境的感知。手术器械可通过其颜色、几何特征、纹理特征或者额外附着的标记物做出识别。然而体内器官和组织往往不具有明显的区别性特征，因而可以通过注射荧光显影剂，并用近红外光照射，获得荧光影像；也有研究采用随机森林、支持向量机、卷积网络等基于人工智能的方法对组织进行辨识。

3. 定位导航技术

在骨科和神外手术中，通过术前和术中获取病灶基准位置可智能规划切割和植入的路径，有利于手术标准化展开、避免术中多余的 X 光辐射等。当前的定位技术依据原理可分为机械型、超声型、光学型和电磁型。其中诸如定位框架的机械型定位技术较成熟但对病人的侵入性较强；超声型有着稳定性和精度差的缺陷；光学型虽使用灵巧但易受遮挡；电磁型则受限于工作区域易受电磁干扰。

（三）手术机器人的控制模式

1. 主从遥操作范式

为满足医生的操作需求、改善手术机器人的工作空间和灵巧度，从动端手术机器人与主控端的力位交互设备往往具有不同的机械拓扑结构，也因此需要额外建立关节配置空间和工作空间的映射。在工作空间内，手术机器人的目标位置和姿态控制指令的下发可采用增量式或绝对式控制。对机器人从工作空间到关节空间的求解算法则可归纳为解析算法、迭代算法、基于图形学的启发式算法和机器学习类人工智能算法等。

2. 主控端力位交互设备

力位交互设备可以将采集到的医生手部位姿信息下发给从动端，并向操作医生输出一定的力旋量，使其拥有仿佛在亲手操作手术的"透明化"感觉。在空间中，位置和姿态信息与力和力矩信息均在六维空间内表达，因此根据维度的不同，全球众多科研机构和公司开发了多种产品。目前较为成熟的通用化产品大多出自 Force Dimension 和 3D Systems 公司。

3. 协同控制

有研究指出基于算法的协同控制可以有效提供位置和力学信息，有助于提高手术的安全性、精准度和效率。目前主要有两类协同控制：指引型控制和禁止型控制。在指引型控制中，算法辅助医生操控手术工具沿着设定的路径或者组织表面运动；在禁止型控制中，手术工具被阻隔在给定的区域外，以避免对人体组织造成破坏。目前协同控制已经被用来改善诸如递针、缝合、打结等基本操作。

二　我国手术机器人行业发展现状

（一）腔镜手术机器人

虽然我国腔镜手术机器人行业起步稍晚，但目前在关键技术上已具有丰富研究成果。山东威高的"妙手"是国内较早的多孔腔镜手术机器人，其技术依托天津大学团队的开创性工作，并于 2014 年率先开展了临床研究。其后苏州康多依托哈尔滨工业大学团队，研发了对标 da Vinci 系统的腔镜手术机器人。如图 2 所示，北京术锐依托上海交通大学团队，采用连续体机构型驱动方案实现 27 自由度的驱控，研发出世界上第一台分体模块化且同时兼容单孔和多孔手术的腔镜手术机器人系统。此外杭州术创、重庆金山、上海微创、深圳精锋等医疗科技公司也纷纷开展了研发，有望早日实现常规的临床应用。

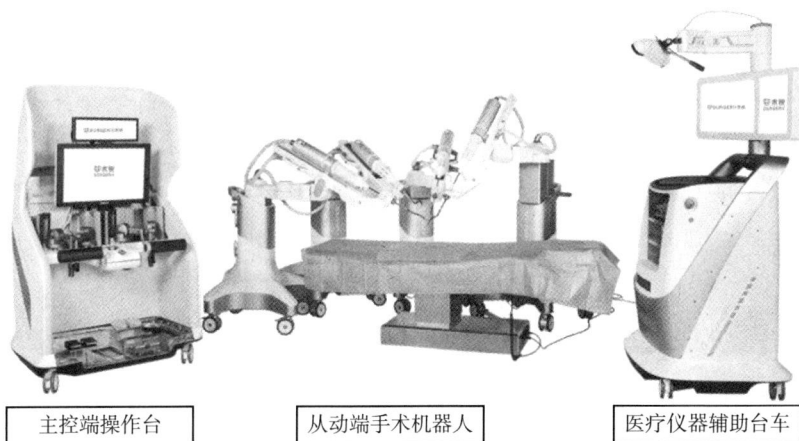

| 主控端操作台 | 从动端手术机器人 | 医疗仪器辅助台车 |

图 2　北京术锐单多孔兼容的分体模块化腔镜手术机器人系统

资料来源：北京术锐公司公布的资料。

（二）骨外科手术机器人

1992 年，美国 RoboDoc 骨科手术机器人便已完成世界首例机器人辅助髋关节置换术，其后国外出现的有代表性的骨科手术机器人系统有美国 MAKO Surgical 公司用于关节置换的 RIO 系统和法国 Medtech 公司用于脊柱手术的 ROSA Spine 系统等。近年来国内亦有诸多骨科手术机器人研发团队在脊柱和关节手术上开展研发和临床实验，诸如北京天智航、嘉奥科技、杭州三坛医疗、苏州铸正、深圳鑫君特、深圳骨圣元化、杭州键嘉等。截止到 2020 年 12 月，北京天智航的天玑手术机器人已累计完成超过 10000 例临床手术①。

（三）神经外科手术机器人

早在 1985 年，PUMA 机械臂即率先被应用于神经外科手术，以提高定位和操作精度。国外较为成熟的有英国 Renishaw 公司的 NeuroMate 系统和美国 Zimmer Biomet 公司的 Rosa One Brain 系统等。国内在该领域市场也占据一定份额，目前使用较为广泛的系统有华志医疗的 CAS - R - 2 无框架脑立体定向仪、北京柏惠维康的 Remebot 神经外科手术导航定位系统和华科精准的 Sino Robot 神经外科手术机器人等。这些系统均可较好地根据术前规划开展精细手术操作，提高了手术的疗效，受到了病人的广泛欢迎。

三　挑战与展望

手术机器人下一阶段的研发重点主要包括：进一步实现单孔和多孔腔镜手术机器人平台的模块化、通用化、小型化设计；研究基于人工智能的自动化手术的操作模式；探索医生基于增强现实和多模态成像的手术场景浸入式感知；结合 5G 技术开展相关远程实时操作进而打破地域限制，实现医疗资源共享等方面。

手术机器人系统的集成难度高，其发展亦需紧密结合产业链上游伺服电机、减速机和控制器等核心零部件的迭代升级，以及各类研发人才的聚集和医院临床应用的示范性支持。目前我国在精密零部件制造方面对德、美、日的产品具有一定的依赖性，但是在系统的开发和集成上已经具备诸多原创性的科技成果。此外，机器人手术在医院渗透率方面尚待提高，手术机器人的

---

① 数据来自北京天智航公司公布的资料。

成本、维护和耗材费还可降低，以满足广大人民对高端医疗日益增长的需求。

大力发展中国自己的原创手术机器人高端智能医疗装备，可促成代表"高端医疗装备、中国自主智造"的标志性产品，提供更安全、创伤更小、操作更灵活的手术机器人系统，乃至进入全球市场竞争，降低市场上进口机器人手术的价格，让更多百姓受益于先进机器人技术带来的医疗品质提升，在创造巨大经济效益的同时，必将产生丰厚的社会效益和深远的产业意义。

B.19
2020年我国可穿戴式医疗器械行业
状况及发展趋势

李晓欧　张培茗　蒋海洪*

摘　要： 可穿戴式医疗器械的意义在于直接穿戴在身上，并识别人
体的体态特征和状态，具有重要的应用价值。本文着重分
析了我国可穿戴式医疗器械行业的发展特征、发展现状、
发展趋势。可穿戴式医疗器械产品涉及健康监测、疾病治
疗、远程康复等领域，产品种类多样，未来前景广阔。随着
柔性电子技术、体液传感技术的发展，可穿戴式医疗器械
将迎来良好的市场机遇；可穿戴式医疗器械的发展趋势是
产品聚焦化、数据云端化、体验互动化、诊断远程化、盈利
模式创新化。我国可穿戴式医疗器械的发展虽然起步较
晚，但在市场上已有了很多可长时间佩戴的产品，随着云
计算和大数据技术的发展，结合医疗移动化，未来有很好
的发展前景。

关键词： 可穿戴式医疗器械　云计算　大数据

---

* 李晓欧，博士，上海健康医学院医疗器械学院党总支书记、副院长，教授；张培茗，博士，
上海健康医学院副教授；蒋海洪，上海健康医学院医疗器械学院医疗产品管理专业主任，副
教授，上海财经大学法学院宪法与行政法学在读博士研究生。

一 可穿戴式医疗器械行业发展特征

可穿戴式医疗器械是一种具有可穿戴性、便携性的电子医疗器械，在软件支持下可以感知、记录、分析、调控、干预甚至治疗疾病或维护健康状态。可穿戴式医疗器械的主要作用体现在健康监测、疾病治疗、远程康复三个方面。一是健康监测，用于监测人体的各项生理指标数据，包括体温、血氧、血压等，为医生诊断提供依据，典型的产品有血压计、血糖仪及血脂检测仪等；二是疾病治疗，用于部分慢性疾病的预防及治疗，例如可穿戴心率除颤器可用于预防心脏室性心律失常疾病，可穿戴背部治疗器械可用于缓解背部疼痛；三是远程康复，可以远程指导患者进行家庭康复，还可以通过远程监控患者状况指导患者康复，从而扩大康复人群规模，减小就医压力，及时把控患者病情等，典型的产品有智能血压仪、智能血糖仪等。行业发展特点如下。

（一）产品种类多样，未来前景广阔

市场上的可穿戴式医疗器械种类多样、形态各异。根据功能不同可以分为运动健身类、生活娱乐类、健康医疗类、远程控制类、智能开关类、信息资讯类以及多功能可穿戴式医疗器械。目前，可实时监测佩戴者生命体征数据，让佩戴者及时了解自身身体状况的运动健身类和健康医疗类可穿戴式医疗器械占据着主要地位。此外，根据佩戴位置的不同还可分为手部穿戴类、头部穿戴类、下肢穿戴类、躯干穿戴类等[①]。由于人体手腕是最适合穿戴的部位，可以持续性地监测生理信息，所以手部穿戴类医疗器械更容易被大众接受，也是销量最为可观的可穿戴式医疗器械。近年来，华为、苹果、三星、高通等通信厂商也参与到手部穿戴类医疗器械研发中，推动了可穿戴式医疗器械通信技术、电源技术、传感器技术、显示技术的发展。

可穿戴式医疗器械尚处于初级发展阶段，其产业的社会关注度高，产品

---

① 杨永生、李建华：《医疗领域中的可穿戴式设备》，《电子技术与软件工程》2020年第17期。

迭代更新快，新技术不断涌现，且产业的创新异常活跃。随着各种创新性技术的出现、应用和发展，可穿戴式医疗器械在应用服务和用户体验上将得到巨大提升。除了常见的手部穿戴类医疗器械之外，对应的鞋类、挂件类、智能眼镜等多种形态的新型可穿戴医疗器械将会相继出现，可穿戴式医疗器械的应用场景、使用范围、准确有效性也会得到充分发展。

（二）行业发展欠成熟，医学价值有待提升

目前，从可穿戴式医疗器械的行业整体发展来看，很多可穿戴式医疗器械功能单一、作用简单，大部分是医疗器械厂商或电子信息技术厂商推出的产品，医学科研机构、医院医生的参与度较低，能真正用于医学临床的还比较少。[①]

从功能上看，虽然近年来上市的可穿戴式医疗器械功能主要集中在心电监测和血糖监测方面，但大多数可穿戴式医疗器械测量数据的准确性是否可靠，监测程序是否科学，与疾病监测所需的指标是否匹配都无从得知，多数可穿戴式医疗器械的医学运用价值不高，有待提升。表 1 列举了 2019 年、2020 年我国可穿戴式医疗器械获批注册证情况[②]。

表1　2019 年、2020 年我国可穿戴式医疗器械获批注册证产品

时间	企　　业	产品名称
2019 年	天津九安医疗电子股份有限公司	智能腕式电子血压计
	广东乐心医疗电子股份有限公司	腕部单导心电采集器
	维灵（杭州）信息技术有限公司	可穿戴柔性体温监测仪
	索思（苏州）医疗科技有限公司	TFEM030 穿戴式胎儿心电监测仪
	索思（苏州）医疗科技有限公司	TFES030 穿戴式胎儿心电传感仪
	康泰医学系统（秦皇岛）股份有限公司	脉搏血氧仪

---

① 《颠覆｜可穿戴设备医学化竟然有"六大突破要点"》，推酷，https：//www.sohu.com/a/76624712_ 195364，2016 年 5 月 22 日。

② 《华为 OPPO 歌尔在列，2020 这些可穿戴设备已过医疗器械认证》，动脉网，https：//www.cn – healthcare.com/articlewm/20210106/content – 1178231.html，2021 – 01 – 06。

时间	企　业	产品名称
2020年	华为终端有限公司	腕部单导心电采集器
	索思（苏州）医疗科技有限公司	TEP 穿戴式心电传感器
	索思（苏州）医疗科技有限公司	FEP 穿戴式心电传感器
	索思（苏州）医疗科技有限公司	SEP 穿戴式心电传感器
	索思（苏州）医疗科技有限公司	TES015M 穿戴式心电传感器
	索思（苏州）医疗科技有限公司	TES010M 穿戴式心电传感器
	索思（苏州）医疗科技有限公司	TES013M 穿戴式心电传感器
	橙意家人科技（天津）有限公司	多参数检测仪（可穿戴贴片）
	维灵（杭州）信息技术有限公司	柔性动态心电记录仪
	南京熙健信息技术有限公司	穿戴式心电贴
	歌尔股份有限公司	心电记录仪
	深圳市中科明望通信软件有限公司（OPPO）	腕部单导联心电采集器
	NovoCure	可穿戴肿瘤电场治疗仪
	苏州维伟思医疗科技有限公司	穿戴式自动体外除颤器
	深圳硅基传感科技有限公司	持续葡萄糖监测系统
	上海移宇科技股份有限公司	持续葡萄糖监测系统
	普林斯顿医疗科技（珠海）有限公司（恒升医学科技）	持续葡萄糖监测系统
	武汉久乐科技有限公司	穿戴式脉搏血氧仪

资料来源：国家药品监督管理局。

二　可穿戴式医疗器械发展现状

（一）行业的发展现状

近年来我国可穿戴式医疗器械行业的需求规模不断扩大，如图 1 所示，2015 年市场规模为 12.43 亿元，到 2019 年增长至 92.18 亿元，同比增长了29.98%。2015～2019 年可穿戴式医疗器械行业规模年均增速超过 65%，预计 2020 年有望突破 122 亿元[1]。

---

[1]　魏洪泽：《有望突破 122 亿元，我国可穿戴医疗设备市场现状及趋势》，http：//yx. haoyisheng. com/yx/news/queryNewsDetaile？ id = 2c915eff69ffcb7e0169ffcb7e780000&articleCategory = 14，2019 年 4 月 9 日。

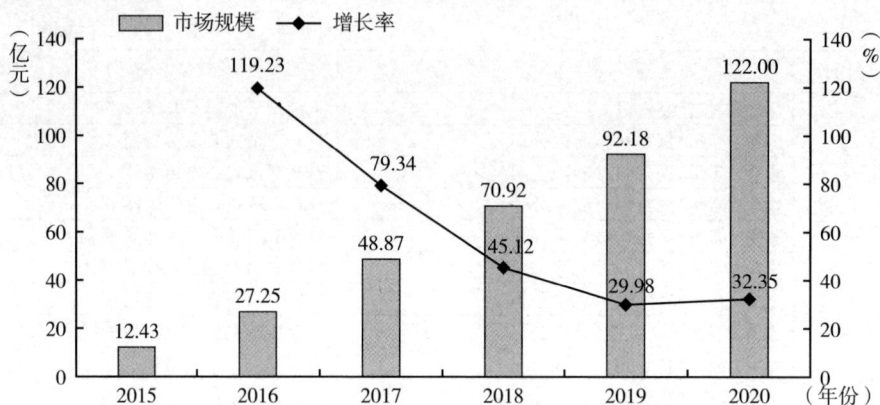

图1　2015~2020年可穿戴式医疗器械行业市场规模情况

注：2020年数据为预测数据。

资料来源：华商纵横。

随着互联网医疗线下难题逐渐被破解，众多行业大佬也纷纷布局可穿戴式医疗器械行业。目前，苹果、三星、谷歌、索尼、高通等国际企业都在重点发力可穿戴式医疗器械市场，国内的九安医疗、歌尔声学、长信科技等企业也都相继推出了可穿戴式医疗器械产品。随着智能可穿戴设备的持续走热，投资人对于智能可穿戴行业的投资兴趣也逐渐升温，2016年可穿戴设备的投资热度明显降温，随后可穿戴市场回暖，投资市场相关投融资事件数量有所上升[1]。

总体来说，我国可穿戴式医疗器械相对于国外来说起步较晚，当前市场上的可穿戴式医疗器械主要偏向于运动/睡眠监测功能，其可长时间与人体接触，是理想的监测设备，具有广阔的市场空间。随着我国云计算、大数据和5G的高速发展，医疗器械可穿戴化必是大势所趋，可穿戴式医疗器械必将迎来良好的市场机遇。

（二）技术发展现状

随着人们生活水平的提高，慢性病发病率的升高以及医疗技术的快速发

---

[1] 《2020年中国可穿戴医疗设备行业市场规模增长、厂商布局及发展趋势分析》，立鼎产业研究网，http：//www.leadingir.com/trend/view/3751.html，2020年2月25日。

展，全球都在发展可穿戴式医疗器械产业，如 Epocrates、CardioNet、WellDoc 等公司在可穿戴式医疗器械领域有领先的技术，而我国在可穿戴式医疗器械领域的供需缺口为其带来了新的发展机遇。目前，市场上可穿戴医疗设备已经向智能化、数字化方向发展，同时也取得了许多技术上的突破。

1. 柔性电子技术

早期可穿戴设备采用传统电子元器件，其形状固定且质地坚硬，舒适感欠佳，随着集成电子技术、无线传输技术等快速发展，目前市面上出现了如小米手环等可穿戴式运动健康产品。柔性电子技术是以一种具有柔性和可延性的材料为基底，用有机或无机材料制作的新型电子技术，它致力于柔性电子元件研发，使电子器件具有柔软贴身、可拉伸变形、直接接触皮肤不会引起不适等优点，未来的可穿戴式医疗器械可以通过柔性电子技术与人体皮肤甚至人体器官进行集成，从而实现对人体生理参数的精确监测[1][2]。

2. 体液传感技术

体液传感技术也是可穿戴式医疗器械的一个研究热点，传统的临床体液采集多为血液采集，血液采集为有创操作，增加了感染的风险，而柔性电子技术的发展使可穿戴式医疗设备通过采集汗液、唾液来对人体生理参数进行分析。此类可穿戴式医疗器械在健身检测、囊性纤维化诊断及药物监测等试验方面有所应用。

现有的可穿戴式医疗器械在技术方面还存在一些问题。首先数据准确度有待提高，因为仪器检测的最终数据受多方面因素影响，其中包括设备的类型、使用者的个体差异和使用方式的差别等。其次是存在信息安全问题，可穿戴式医疗设备需要实时监测数据，并且将监测数据通过网络进行传输，导致使用者的个人隐私非常容易受到侵犯。最后，当前我国的可穿戴式医疗器

---

① 章浩伟、孙丽丽、刘颖：《柔性传感技术在可穿戴医疗设备中的发展》，《生物医学工程学进展》2020 年第 4 期。
② 陈宽、许伟、张嵩：《用于可穿戴和植入式医疗器械的柔性电子技术》，《中国医学装备》2020 年第 12 期。

械仍处于初级发展阶段，对产品的真实作用情况无法进行精确预测，且每位患者的需求也不尽相同，产品是否能满足患者的要求仍需要进一步探究。

三 可穿戴式医疗器械行业发展趋势

（一）产品聚焦化

目前随着我国医疗产业链的不断完善，医疗器械的发展趋向多元化。但为了能够更高效地对患者进行诊断，减少患者的痛苦，可穿戴式医疗器械对数据的监测需要更有针对性，最好能具体到不同的人群。例如新冠肺炎的出现，就加速了血氧监测相关器械的发展，其中智能手表和智能手环以其具有的可独立操作、实时监测及便捷性等优点，为可穿戴式医疗器械的发展开辟了新道路。以2020年上半年为例，全球智能手表总出货量同比增长20%，总量接近4200万块，市场前景非常可观，目前国内多家厂商都纷纷进入该领域。未来的可穿戴式医疗器械将更加注重产品的专向性，而产品聚焦化能够提高产品的治疗精确度，这将成为可穿戴式医疗器械的一大发展趋势。

表2 2020年我国血氧监测智能移动端主要生产厂商

序号	厂商名称	产品名称
1	华为	Watch GT 2 Pro，Watch Fit
2	VIVO	VIVO Watch
3	OPPO	OPPO Watch 系列
4	荣耀	荣耀手环
5	DIDO	DIDO Y 系列

注：根据公开资料整理。

（二）数据云端化

随着信息化时代的发展，医疗大数据的管理逐步成为一大热点。由于医疗数据具有多样化、高价值和高密度的特点，所以对数据进行有效处理就十分有必要，而目前我国的医疗数据体系还不够完善，各医疗机构之间互相割裂，临床数据很难共享，所以建立统一的医疗数据云平台十分重要。未来的可穿戴式医疗器械同样也将与医疗数据云平台相连，实现数据的互通共享，将采集到的患者数据通过云平台处理，不仅患者自己可以通过云平台了解相关的诊断结果、治疗方案，医生也同样可以利用云平台的数据制定治疗措施，提出相应的治疗建议。同时由于各地的数据都实现了云端化，医生也可以通过大量病例的数据处理和对比，对药物和设备的使用权限进行设置，从而对每次的诊断都有更加准确的判断范围，为患者提供更大的安全保障。目前国内医疗行业常用数据处理技术系统情况如表3所示，可穿戴式医疗设备的数据云端化，也将成为未来的发展方向[1][2]。

表3　目前我国医疗行业常用数据处理技术系统

序号	名　　称	功　　能
1	ETL(数据仓库技术)	对数据进行抽选、转换最后送至目的端
2	CDC(变化数据捕获)	在数据库中识别上一次提取后发生变化的数据
3	HIS(医院信息系统)	收集并永久存储医院所需各类全部数据
4	LIS(实验室信息管理系统)	对实验室仪器进行网络化,保证试验数据和过程快速、准确、规范
5	RIS(放射信息管理系统)	对医学影像学工作进行网络化,实现图文信息、数据的网络共享

注：根据公开资料整理。

（三）体验互动化

对于可穿戴式医疗设备，除了要完善数据收集、监测的功能外，还需

---

① 王梦甜、王小明、陈肖敏：《智慧医疗下云数据挖掘在精细化医疗管理中的应用》，《中医药管理杂志》2020年第3期。

② 张莹：《论智慧医疗背景下云数据的挖掘对精细化医疗管理的作用研究》，《医学食疗与健康》2020年第12期。

要改善患者的使用体验。医疗信息的互通共享，不仅可以实现知识互动和情感交互，同样也可以实现体感交互。未来的可穿戴式医疗设备，可通过建立在线医疗健康社区，增加用户之间的情感交互，促进用户之间的知识互动，这不仅会对用户产生积极影响，同时也有利于提高用户的使用频率，在一定程度上也将缓解我国医疗资源分配不均、患者对医疗信息的获知方式相对缺乏的问题。除了知识情感的互动，体感的互动也十分重要，主要可以通过惯性感测、光学感测及联合感测的方式，一方面能增加患者的兴趣和动力；另一方面，通过对患者活动的监测，及时做出反馈，进而采取有效的干预措施。增强设备的互动体验，也是可穿戴式医疗设备的发展方向。

（四）诊断远程化

可穿戴式医疗器械作为移动医疗的一部分，与传统的医疗器械相比，可以实现数据的网络传输，为医学诊断提供实时的生理参数，所以在远程诊断中起着至关重要的作用。在国内医疗水平相对落后的地区，卫生医疗资源匮乏，人们需要借助远程诊断的手段，拓宽医疗服务的供给渠道。未来通过可穿戴式医疗设备，医生能够远程接收患者的生理参数，保障贫困地区人民的医疗需求。此外，新冠肺炎疫情的暴发，也同样推动了可穿戴式医疗器械诊断远程化的发展，医生可以通过可穿戴式医疗设备线上监测患者的生理参数，从而对患者进行远程化诊断及治疗，避免了与患者的直接接触，减少了被感染的风险。目前我国的远程诊断主要应用于表4所列出的几个方面，此外远程医疗也在卒中护理和重症监护居家护理领域中迅速发展起来。总体来说，在"互联网＋"和"大数据"时代下，可穿戴式医疗器械与远程诊断有机结合是必然趋势[1][2]。

---

[1] 张培宇、朱忆宁、周天钧、肖倩：《体感交互技术在医疗护理领域中的应用现状》，《护理研究》2021年第5期。

[2] 刘佳佳、曾山、程爱莲：《基于交互体验与信息可视化的医疗科普应用研究》，《设计》2021年第4期。

表4 我国远程诊断主要应用情况

序号	名　　称	作　　用
1	远程影像诊断	将临床影像资料数字化,便于资料在网络上的分享
2	远程临床病理	利用图像模型,在相同的网络服务器上实现远程的观察
3	远程临床药剂学	将医嘱录入电脑并进行远程审核和远程配送
4	远程心理咨询	帮助患者进行心理疏导,减轻身心痛苦,减轻心理疾病所引发的不良反应

注：根据公开资料整理。

（五）盈利模式创新化

目前由于可穿戴式医疗器械的发展还处于初期,大多数厂商仍然以硬件销售为主。随着大数据时代的到来,产品服务模式将更加趋向于互联网医疗服务模式,包括企业对患者的服务、医院对患者的服务、医患间信息的服务、医院间信息交互的服务。可穿戴式医疗设备将使企业、患者、医生和医院之间形成联系网,从而推动设备在诊断、数据、医学和服务方面多维发展,使企业形成全新的盈利模式。

区 域 篇
Regional Reports

B.20
2020年上海市医疗器械行业
发展状况与展望[*]

杨依晗　胡　骏[**]

摘　要：　本文基于对上海市医疗器械行业规模、结构、空间布局、创
新能力等方面的状况分析，结合近年来国家和地方的医疗器
械相关政策，预计上海医疗器械行业将立足"十四五"规
划，启动新一轮创新发展，紧密联系整个长三角区域协同创
新，进一步释放创新发展的活力；在产业安全方面，将重视
产业安全保障，协调基础材料开发供应；在发展策略方面，
将充分开发医疗创新资源，促进转化医学发展；在发展方向
方面，将提高评估产品临床价值；在审评资源方面，将助推
实现长三角创新能力一体化。

---

[*] 感谢上海健康医学院刘祎辰、李小莲同学对本文数据收集所做出的贡献。
[**] 杨依晗，上海市药品和医疗器械不良反应监测中心政策研究部副部长，高级工程师；胡骏，
博士，上海市食品药品监督管理局科技情报研究所副所长，高级工程师。

关键词: 医疗器械 上海市 医疗创新

2020 年是"十三五"收官之年,也是谋划"十四五"的关键之年。"十三五"这五年是我国医疗器械创新发展的五年。自 2014 年创新医疗器械特别审批"绿色通道"开启以来,截至 2021 年 1 月 18 日,共有 100 个创新医疗器械获批上市。

医疗器械行业具有发展迅速、技术含量较高、研发周期较短、外资和民营资本集中等特点,是充满创新活力和发展潜力的新兴行业。而上海医疗器械产业的规模、发展速度和创新能力均位于全国第一梯队。因此,及时分析上海医疗器械行业数据、认清政策形势、研判行业环境,为不断优化产业扶持和监管政策提出建议,对促进上海医疗器械行业的健康发展具有重要意义。

一 行业基本情况

近年来,上海医疗器械行业保持了快速、健康发展,成为上海创新驱动发展、经济转型升级的重要力量。截至 2020 年底,上海市共有医疗器械生产经营企业 34295 家,其中生产企业 963 家,经营企业 33332 家,生产企业中约半数从事第二类医疗器械生产。

总结 2020 年上海医疗器械行业发展特点,可以概括为:行业整体加速发展,利润处于较高水平;网络经营模式发展迅速;创新优势明显,但创新成果数量周期性回落;进出口稳步增长,出口提速显著;第二类医疗器械新注册产品增幅相对收缩,显现出产业结构调整的趋势。

(一)增速领跑医药工业,利润处于较高水平

2020 年上海医疗仪器设备及器械制造主营业务收入为 247.0 亿元,同比增长 14.2%,在全国占比为 6.5%;利润为 42.6 亿元,同比增长

7.8%，约为主营业务收入增速的一半，在全国占比为6.1%。相对于同期主营业务收入增速为2.9%的整个上海生物医药制造业，上海医疗器械产业的增速较高，利润水平也处在高位，占主营业务收入的17.2%（见图1）。

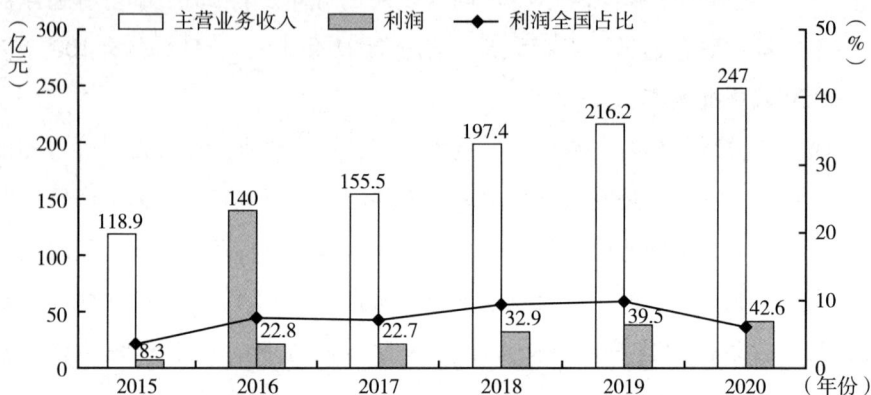

图1　2015～2020年上海医疗仪器设备及器械制造主营业务收入和利润增长

资料来源：上海市统计局。

（二）经营企业数量继续增长，网络经营模式发展迅速

在企业数量方面，生产企业的数量自2010年以来基本上维持在900～1000家，而经营企业数量扩张速度较快，2020年较2019年增加了5712家，同比增长20.7%（见图2）。医疗器械网络经营模式发展迅速。截至2020年底，上海有医疗器械网络销售企业4286家（其中3258家是2020年新备案的），医疗器械第三方平台企业26家（其中有13家是2020年新增的），合计约占上海医疗器械经营企业总数的12.9%。

（三）产业布局继续优化，新增企业呈现区域集中特点

产业空间布局方面，在上海16个区中，医疗器械的生产企业主要集中分布在浦东新区、松江区、嘉定区、闵行区、宝山区和青浦区等上海郊区，

图2 2010～2020年上海医疗器械企业数量变化

资料来源：上海市药品监督管理局年报。

形成了一定的集聚态势，并向浦东新区、嘉定区等地区进一步集中。242家医疗器械生产企业位于浦东新区，占到全市总量的1/4（见图3）。排名前四的四个区拥有的生产企业占全市总数的58.5%，集中度进一步提升。生产企业从中心城区转向非中心城区趋势明显。医疗器械经营企业的分布则相对比较均衡，3年来各区数量都在增长，非中心城区增长更快（见图4）。

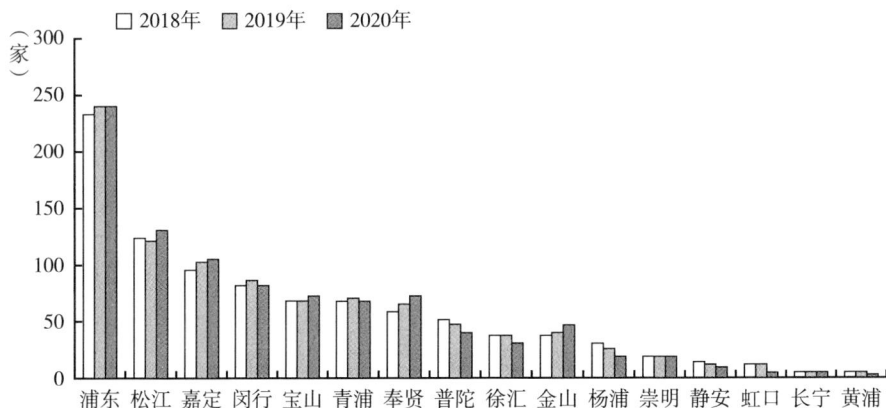

图3 2018～2020年上海医疗器械生产企业分布

资料来源：上海市药品监督管理局年报。

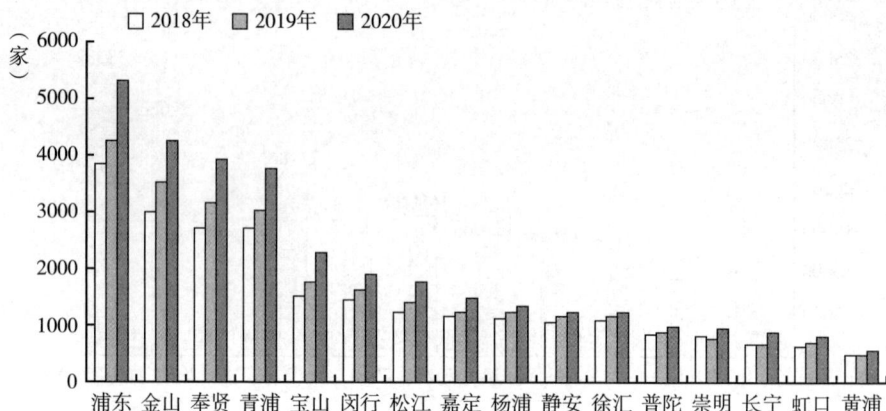

图4　2018～2020年上海医疗器械经营企业分布

资料来源：上海市药品监督管理局年报。

（四）第二类医疗器械生产企业逐年减少，新产品增幅相对收缩

上海市医疗器械生产企业以生产第二类医疗器械产品为主。2020年上海市963家医疗器械生产企业中，有453家可生产第二类医疗器械，占47.0%（见图5）。但是，近年来生产第二类医疗器械的企业逐年减少。2020年，上海同比净增8家医疗器械生产企业，其中生产第一类、第三类医疗器械的企业分别净增41家和11家，生产第二类医疗器械的企业净减少44家。从产品注册数据分析，2020年上海首次注册的第二类医疗器械为295个，与2019年的首次注册数167个相比，增长了76.6%。而2020年全国的相关数据较2019年增长132%，上海的第二类医疗器械新产品增幅呈相对收缩态势。

（五）创新优势明显，创新成果数量周期性回落

近年来进入创新医疗器械特别审批通道的上海企业产品累计49个，约占全国总量的17.9%。然而前一阶段的创新积累似乎已近尾声，2020年上海新增4个（见图6）。从2014年至2020年，国家药监局共批准99个创新

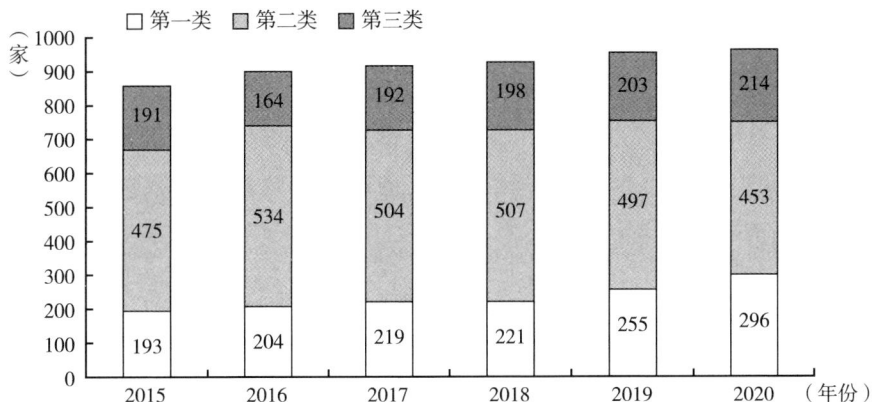

图5　2015～2020年上海医疗器械生产企业分类别数量

资料来源：上海市药品监督管理局年报。

医疗器械，其中共有19个来自上海企业，上海创新医疗器械获批数量位居全国第二。2017年以来，上海第三类医疗器械新注册数量保持在全国的第4～5名，2020年上海位居江苏、广东、北京和浙江之后。

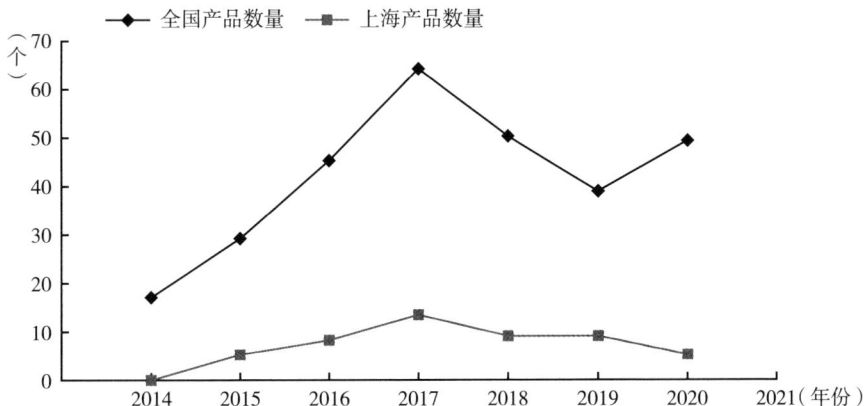

图6　2014～2020年进入创新医疗器械特别审批通道/审查程序的产品情况

说明：仅统计国产产品。

资料来源：国家药监局。

上海医疗器械的创新能力在新冠肺炎疫情防控中也有突出表现。在疫情防控初期缺少有效检测手段的情况下，上海之江生物科技股份有限公司生产的新冠病毒核酸检测试剂盒，成为全国首个获批上市的产品。2020 年，上海企业共有 6 个新冠病毒诊断试剂产品先后通过应急审批程序获批上市，另有 4 个新冠病毒检测仪器和试剂盒产品进入国家药监局应急审批通道。

（六）进出口稳步增长，出口规模大幅提升

据上海海关统计，2020 年上海医疗器械进出口总额 551.86 亿元，同比增长 5.8%，虽然保持增长态势，但涨幅下降约 14.8 个百分点。其中，进口额 421.62 亿元，同比增长 3.49%，但涨幅下降约 18.21 个百分点（见图 7）。出口额为 130.24 亿元，同比增长 13.83%，涨幅下降 3.07 个百分点（见图 8）。从 2014~2020 年的数据来看，上海医疗器械的进出口额总体规模保持增长趋势，2020 年进口额与出口额之比为 3.24∶1，比值略有下降，进口增速减缓。

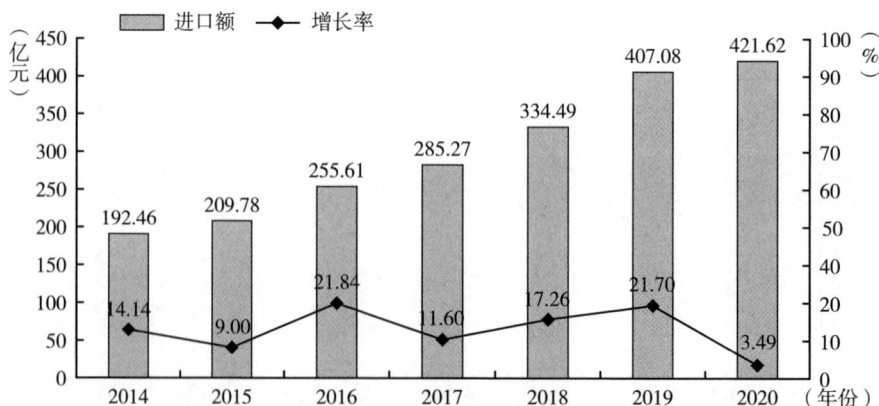

图 7　2014~2020 年上海医疗器械进口额与增长率

资料来源：上海海关网站。

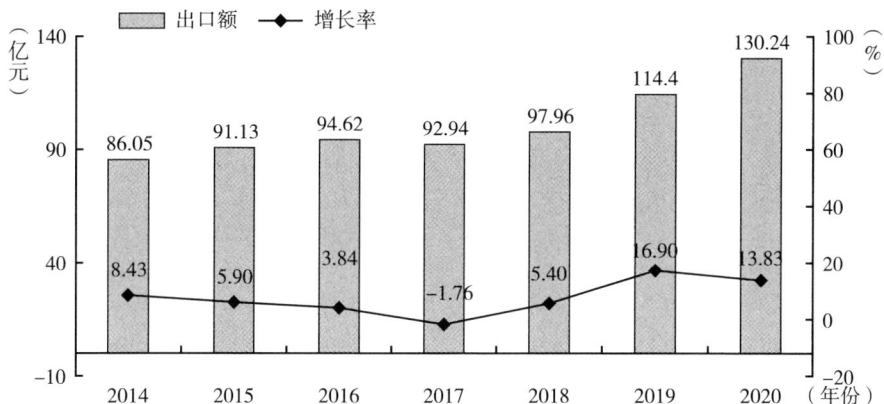

图8　2014～2020年上海医疗器械出口额与增长率

资料来源：上海海关网站。

二　政策与导向

2020年，全国医疗器械相关部门——国家卫健委、国家医保局、国家药监局以抗击新冠肺炎疫情为重点，各司其职。从整体政策制定目的和趋势来看，医保控费、支付结构调整以及鼓励创新将会是未来医疗产业的主旋律，预计这也将是行业未来5～10年不可动摇的主趋势。

（一）国家层面政策

2020年继续推动产业投资引领政策，行业内期盼已久的新版《医疗器械监督管理条例》已于2021年6月1日起施行。这使得法制方面有望固化注册许可持有人等相关试点工作经验，实现上市前后监管政策有效衔接，跨区域协调监管势在必行。

产业发展方面，《关于扩大战略性新兴产业投资　培育壮大新增长点增长极的指导意见》（发改高技〔2020〕1409号）提出加快生物产业创新发展步伐，加快推动体外诊断与检测试剂等产业重大工程和项目的落实落地；

实施生物技术惠民工程，为自主创新医疗装备等产品创造市场。安全监管方面，为加强对医疗器械的全生命周期和全过程监管，推进实施产品唯一标识（UDI），已建设完成医疗器械 UDI 管理信息系统，注册人上报数据已达39.3 万余条。随着统一的医保医用耗材分类和代码的建立，医保、招标、医院全流程监管有望实现。推动创新方面，《医疗器械拓展性临床试验管理规定（试行）》和《真实世界数据用于医疗器械临床评价技术指导原则（试行）》的发布，丰富了临床评价渠道，拓宽了临床数据来源，同时也规范了临床试验的开展和安全性数据的收集。国家药监局医疗器械技术审评检查长三角分中心和大湾区分中心，分别落户上海市和深圳市，将进一步加快推进区域医疗器械创新成果转化、产业聚集和创新发展。《粤港澳大湾区药品医疗器械监管创新发展工作方案》将内地药品监管体系与港澳药品监管体系有效衔接，深化制度创新。《已获进口医疗器械注册证的产品转移中国境内企业生产有关事项公告》简化了进口产品的注册材料，加速转移境内生产。疫情防控方面，为切实提高我国重大疫情防控救治能力，《公共卫生防控救治能力建设方案》提出提升公共卫生检验检测、科研和紧急医学救援能力，加强应急救治物资储备等具体要求。

（二）上海层面政策

上海根据自身发展特点，一是规划产业园区发展，出台了《关于推动生物医药产业园区特色化发展的实施方案》，重点建设"1 + 5 + X"生物医药产业园区①，描绘了生物医药产业园区 5 年发展蓝图，为上海医疗器械行业的发展提供了机遇。二是推进研究型医院建设，激活医疗创新资源。2019年 12 月 16 日，上海市卫生健康委发布《关于加强本市医疗卫生机构临床研究支持生物医药产业发展的实施方案》，从完善临床研究体系的角度，支持生物医药产业高质量发展。三是不断创新行业监管政策，促进产业创新升

---

① 张江生物医药创新引领核心区、临港新片区精准医疗先行示范区、东方美谷生命健康融合发展区（奉贤）、金海岸现代制药绿色承载区（金山）、北上海生物医药高端制造集聚区（宝山）、南虹桥智慧医疗创新试验区（闵行）。

级。为鼓励本市医疗器械创新发展，上海药监局制定出台《上海市第二类医疗器械优先审批程序》（沪药监规〔2020〕1号）、《上海市第二类创新医疗器械特别审查程序》（沪药监规〔2020〕2号）。落实《上海市推进医疗器械唯一标识系统试点工作方案》，UDI系统建设工作的参与度和覆盖面持续提升与扩大。2020年3月《长江三角洲区域医疗器械注册人制度跨区域监管办法（试行）》（沪药监械管〔2020〕67号）发布，构建了跨区域协同推进医疗器械监管工作的新格局。为提高本市医疗器械审评审批质量和效率，2021年3月22日，上海药监局发布《医疗器械审评审批提质增效扩能行动方案（2021~2022年）》，提出到2021年底实现第二类医疗器械技术审评时限比法定时限平均缩减50%等目标。

三　研判与展望

如前文所述，从2020年行业发展情况和政策导向方面看，国家药监局医疗器械技术审评检查长三角分中心建立、进口医疗器械转移境内生产等一系列措施，以及新冠肺炎疫情防控中确立的医疗器械供应的战略地位，为创新活动活跃、进口产品代理资源集中的上海医疗器械行业快速创新发展奠定了基础，也将进一步带动整个长三角区域医疗器械的发展。

（一）立足"十四五"规划，启动新一轮创新发展

工业化国家的经济增长在很大程度上归因于技术创新，而不是传统的资本和劳动力投入数量的增加。上海"十四五"规划提出：上海要推动集成电路、生物医药、人工智能三大先导产业的规模倍增；浦东加快形成三大先导产业的世界级产业集群，打造自主创新新高地。推动包括医疗器械在内的生物医药产业创新发展，仍是上海未来五年的工作重点。医疗器械产业发展，早已不是简单的模仿和追赶，国产替代已向高端产品进发。2020年，上海地区进入创新医疗器械特别审批通道产品数量在减少，似乎是前一阶段创新激励的红利已经释放完成。但新一轮由上海发布或落地上海的医疗器械

创新激励政策在 2020 年不断落地,"十四五"期间上海将不断落实和完善已有激励政策,加强审评和监管资源保障,紧密联系整个长三角区域协同创新,进一步释放上海医疗器械创新发展的活力,助推医疗器械产品创新的下一个高潮。

(二)重视产业安全保障,协调基础材料开发供应

国际政治经济形势日益复杂,产业链安全的重要性日益显著。我国高端医疗器械易受外部环境影响,出现断裂断供的风险。"产业基础高级化、产业链现代化水平明显提高"是我国"十四五"时期经济社会发展"新"目标之一。"增强产业链供应链自主可控能力"也是中央经济工作会议为 2021 年重点部署的八大任务之一。医疗器械物料供应链中的所谓"卡脖子"情况,很多是由于新兴材料的缺失。政府或行业协会将重点关注基础工业部门与医疗器械行业的协调,保障创新材料和技术开发,共同推进新材料、技术的开发和市场化。

(三)开发医疗创新资源,促进转化医学发展

产业链与创新链有效协同是推动战略性新兴产业高质量发展的关键。上海有众多国内外一流的高等院校、科研机构,具有很强的技术研发实力。另外,临床使用是医疗器械创新的终端,临床需求也是医疗器械创新的始端。上海集聚众多的三甲医院和高水平医生,具有丰富的临床创新资源。由于产业链和创新链的分离,科研人员、临床机构主动对接行业需求存在不足,难以统筹考虑。随着由高等院校、医疗机构、科研机构和创新型企业等多方组成的研发创新与转化平台的不断建立,未来将出现更多的创新产品,切实推进新技术的发展和应用。

(四)推行器械集采,加强产品临床价值评估

集中招标采购等政策的出台以及宏观经济因素的不确定,导致创新产品和非创新产品对于企业经济效益的贡献率在不同程度地下降。虽然创新产品

的审查材料中已证明产品具备"显著的临床应用价值",实践中却并不容易实现临床应用。因此,卫生技术评价等医疗决策评估工具将发挥更大作用,定价合理的临床价值导向的产品将更受重视。

(五)长三角分中心落地上海,助推创新能力一体化

审评审批是医疗器械产品实现商业化的一个必不可少的环节,审评前和审评中的充分沟通对于审评时间非常关键。国家药监局医疗器械技术审评检查长三角分中心落户上海市,将进一步促进上海成为长三角地区医疗器械创新的策源地。"创新能力一体化"已成为长三角一体化发展的一个重要目标。要实现科学新发现、技术新发明等从无到有的跨越,以及攻克"卡脖子"技术、培育伟大的创新企业,不可能仅依靠某一个城市的创新资源,需要整个区域创新资源的联合,转化成为强大的科技竞争力,推动产业转型升级和新兴产业发展。

B.21
2020年江西省医疗器械行业
发展状况与展望

龚一鸣 徐啸宇 赵宋云 杨勇*

摘　要： 江西省医疗器械行业从生产"一只棉签、一根针"的家庭作
坊模式，经过低端化、集聚化、规模化逐渐向有源化、自动
化、智能化时代转变，整体基础良好，发展势头强劲，产业
集中度较高，产业链特色明显，在全国医疗器械行业，尤其
是一次性输注领域具有重要影响力。2020年，依托扎实的产
业基础，江西省医疗器械行业克服新冠肺炎疫情影响取得较
快发展。本文对江西省医疗器械行业规模情况、企业情况、
注册情况、集群情况等进行了分析研究，结合近年来产业政
策情况及行业监管状况，梳理出目前亟待解决的突出问题，
如龙头企业不强、产品结构单一、高端人才匮乏、支撑力量
不足等，提出相应的发展建议，力求加快促进江西省医疗器
械行业实现高质量跨越式发展。

关键词： 江西省　医疗器械　高质量发展

近年来，江西省委、省政府高度重视生物医药行业，积极促进生物医药

---

* 龚一鸣，江西省工业和信息化厅医药工业处三级主任科员；徐啸宇，江西省药品监督管理局
医疗器械监督管理处四级主任科员；赵宋云，江西省药品监督管理局医疗器械注册管理处二
级主任科员；杨勇，国药集团江西医疗器械有限公司总经理。

行业健康稳定发展。作为江西省生物医药行业重要组成部分之一，医疗器械行业呈现出快速发展的态势。

一 2020年行业基本情况

（一）市场规模

2020年，江西医疗防护用品呈现较快发展的态势。医疗设备（包括医疗仪器设备及器械、卫生材料及医药用品、药用辅料及包装材料、制药专用设备）行业实现营业收入278.56亿元，同比增长35.62%。其中：医疗仪器设备及器械营业收入141.20亿元，卫生材料及医药用品营业收入118.24亿元，药用辅料及包装材料营业收入15.46亿元。①

（二）企业数量

1.生产企业情况

截至2020年底，江西省共有医疗器械生产企业961家，其中：从事第一类医疗器械生产的企业数量506家，从事第二类医疗器械生产的企业数量421家，从事第三类医疗器械生产的企业数量34家，全省第二类及以上医疗器械生产企业455家（见图1），包括无菌企业260家、植入性企业3家、体外诊断试剂（IVD）企业23家、定制式义齿企业36家。②

2.经营企业情况

截至2020年底，全省共有医疗器械经营企业25817家（见图2），其中仅有第二类医疗器械备案的8564家，仅有第三类医疗器械许可的4153家，第二类、三类医疗器械兼营的13120家。提供医疗器械网络交易第三方平台

---

① 资料来源于江西省工信厅。
② 资料来源于江西省药监局。

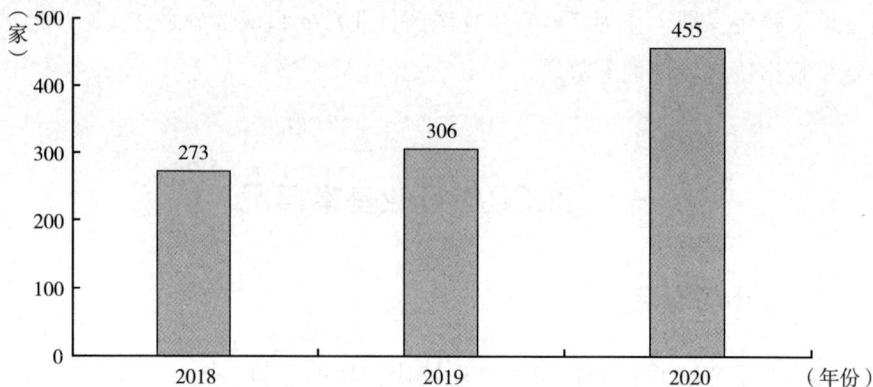

图1　2018~2020年江西省第二类及以上医疗器械生产企业数量统计

服务的企业5家。江西省医疗器械经营企业主要集中在南昌市，尤其是南昌
市进贤县，在全国拥有一支有6万多人的销售团队，在全国注册了5860多
家销售公司，代理销售6000多种医疗器械产品，营销网络遍布全国各大中
小城市（镇），与全国1万多家大中型医院保持长期友好的合作关系。① 经
营企业规模实现了逐年稳步增长，进一步推动了以南昌市为核心的医疗器械
经营集中化和规模化发展。

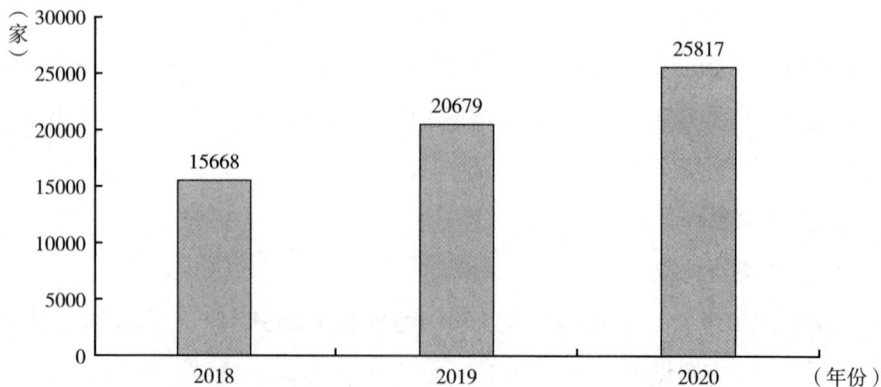

图2　2018~2020年江西医疗器械经营企业数量统计

---

① 资料来源于江西省药监局。

（三）产品注册情况

2020 年，江西省完成第二类医疗器械注册审批事项 1063 个，相较 2019 年的 459 个增长了 131.6%。其中注册事项 580 个，延续事项 270 个，许可事项变更 121 个，登记事项变更 92 个。新增疫情防控所需第二类医疗器械产品 433 个，其中一次性使用医用口罩 172 个，医用外科口罩 164 个，医用防护口罩 18 个，医用防护服 20 个，红外额温计 59 个；完成第一类医疗器械备案 1393 个。截至 2020 年 12 月底，江西省共有第一类医疗器械备案 3100 个，效期内第二类医疗器械产品注册证 2017 个。①

（四）集群发展情况

截至目前，江西省省级工业产业集群共 100 个，其中生物医药相关产业集群 7 个，医疗器械产业集群 1 个，即进贤医疗器械产业集群。②

进贤医疗器械产业起步于 20 世纪 80 年代，于 90 年代开始迅速发展。从最初模仿起步，到规模发展，再到集群发展，目前进贤共有医疗器械生产企业 152 家，其中规模以上企业 26 家，国内行业百强企业 5 家。产品种类丰富，涵盖第一、二、三类医疗器械 100 多类 3000 多个品种，其中，一次性输液器产品占国内 30% 以上的市场份额；在新冠肺炎疫情暴发前，全省共有医用口罩生产企业 55 家，占全国企业总数的近 1/6，其中进贤有 48 家。③ 得益于扎实的产业基础，在疫情暴发的关键时刻，进贤县及时组织防疫卫生材料生产企业复工生产，2020 年 1 月 26 日至 2020 年 3 月 19 日，进贤县医疗器械企业共向国家、省、市供应口罩 7765.45 万只、防护服 17.82 万套、隔离衣 200 多万件，生产的其他防护产品如医用手套、手术衣、一次性医用鞋帽等也被输送到全国各地，有效缓解了我国医疗防护物资紧缺的状况。江西海福特卫生用品有限公司更是荣获全国抗击新冠肺炎疫情先进集体的荣誉称号。

---

① 资料来源于江西省药监局。
② 资料来源于江西省工信厅。
③ 资料来源于中商产业研究院大数据库，2020 年 1 月。

二 2020年产业政策情况

江西医疗器械产业起步较早，基础良好，发展势头强劲。省委、省政府高度重视生物医药产业发展，提出"实现医疗器械产业跨越式大发展"指导方针。江西省药监局从优化审评审批程序、服务产业结构优化、服务产品研发创新等方面出台具体措施，取得了明显成效。

（一）提升服务，保障防疫物资生产供应

推出应急审评审批绿色通道。江西省药监局从受理、审评认证、注册和许可、检验各环节，对重点企业、重点项目、重点品种，尤其是对疫情防控应急医用防护产品实行"即到即办，即过即发"，加快审批上市，协助扩大产能，保障供应。实施许可延期认可，对疫情防控期间药品生产许可到期的，将许可有效期顺延至一级响应终止之日后的60天，防止企业因政策因素停产停业。在符合政策要求的前提下，优化行政审批流程、加快办证进度，主动将制证办理3个工作日的时限改为现批现发。全面推行网上办理，打造江西省药品智慧监管平台，平台应用大数据、云计算、人工智能及区块链等技术手段，形成以许可审批、日常监管、远程监管、抽查检验、执法办案、信用管理、公共服务等业务系统为基础的一体化监管平台，被国家药监局信息中心评为2020年度药品智慧监管典型案例。

（二）主动帮扶，力促医药企业复工复产

江西省药监局深入生产企业，提供技术指导和服务，专门组成技术攻关组帮助江西3L医用制品集团有限公司等5家公司进行技术攻关，帮助解决医用防护口罩密合性问题等，并及时出台《关于印发有效应对疫情稳定经济增长10条政策措施的通知》和《促进江西省药品医疗器械化妆品产业高质量发展的若干措施》。疫情期间，江西省药监局免收200家企业

334 个防疫用应急产品注册费 2422.4 万元，减免 273 家企业 2709 个药品、医疗器械注册费 2079.48 万元，累计为企业减免产品注册费 4501.88 万元。同时还为医疗器械生产企业提供技术支援，无偿受托检验产品，免收经营性费用 250 万元，切实减轻了防疫物资生产企业的负担，助力医药企业复工复产。①

（三）多措并举，服务产品研发创新

江西省药监局出台《关于鼓励医疗器械创新促进产业发展的若干规定》，加大对创新性医疗器械项目和热敏灸产业的技术指导，开辟"绿色通道"，建立行政受理、产品检测、技术审评、现场核查与行政审批的部门工作联席会议制度，协调解决产品注册和生产许可中遇到的新问题、新情况，全力帮助企业合法合规取得医疗器械注册证、生产许可证。

三　2020 年行业监管状况

2020 年是极不平凡、极不寻常、极为不易的一年。面对突如其来的新冠肺炎疫情，江西省药监局坚定扛起了保证医疗器械上市供应和质量安全的政治责任，认真落实"六稳六保"任务，在统筹疫情防控和经济社会发展中做出了积极的贡献。全年共为 164 家企业办理生产许可，为 363 家企业办理生产许可证变更，为 69 家企业办理生产许可证延续，为 13 家企业办理委托生产，倾力支持企业落地生产、增容扩产。

（一）精准监管，确保防疫物资质量安全

江西省药监局本级派出检查组 295 批 1089 人次，对医用口罩、医用防护服等重点防疫物资生产企业进行了全覆盖检查；累计检查药品零售单位 211673 家次，医疗器械经营企业 76464 家次，医疗机构 30703 家次，责令

---

①　资料来源于江西省药监局。

1025 家药械经营和使用单位改正，查处涉嫌违法经营的案件 139 件。根据海关提供的企业报关情况进行靶向性监督检查，共出动 399 人次，对 55 家出口生产企业、42 家出口经营企业进行了监督检查，有效保障了出口医用防疫物资质量安全。同时，为企业出具出口销售证明 236 份，助力江西省药械产品走出国门。

（二）打造职业化检查队伍，创新监管体系

江西省药监局在全国率先建立"一办一中心五所"的医疗器械监管体系，新增行政编制 5 个、事业编制 110 个，并在检查员中心加挂"江西省疫苗检查中心"牌子，得到国家药监局高度认可，为全国职业化医疗器械检查员队伍建设提供了"江西样板"，并已开始履行职能。

（三）创新风险会商，强化风险处置

江西省药监局不断完善医疗器械风险防控机制，不断提升医疗器械安全保障水平。结合新形势新任务，对《江西省医疗器械风险会商制度》进行了进一步修订完善，努力做好风险管理和监管责任落实工作，确保风险处置到位。2020 年先后组织召开 4 次风险会商会，处置有关风险点 5 个，创新会商方式，将出口医疗器械生产企业纳入会商范围，将风险会商关口前移到企业现场，以点扩面，取得了良好效果。

（四）狠抓培训工作，夯实监管基础

为加强法律法规宣贯和促进质量管理规范有效落实，江西省药监局积极开展各类培训。全年共举办专题培训、视频培训、会议培训 8 次，对全省监管人员、企业高管等进行了培训，累计培训 1200 余人次。2020 年 9 月 23 日，江西省药监局牵头举办江西省生物医药产业链医疗器械高质量发展研讨会，有省市领导、国家药监局有关领导、专家学者、企业及行业协会代表等在内的 400 余人参会，本次研讨会为江西省医疗器械高质量发展进行了顶层设计，得到了广泛的认可。

四　存在的问题

（一）创新能力不强，高端人才匮乏

相对于长三角和粤港澳大湾区等地区的发达省份，江西省对医疗器械领域国内外专家学者等人才吸引力不足，管理、研发、营销、检测、质量控制以及跨学科资源整合等各类中高端人才严重缺乏；企业存在创新能力不强、协同创新体系不完备、创新成果产业化水平不高等问题，技术储备明显不足，在中高端医疗器械新领域新产品方面的研发投入意愿不强，社会资本的研投示范效应缺失。

（二）龙头企业不强，核心带动作用不明显

相关数据表明，江西省医疗器械生产企业共有961家，但其中，规模以上企业仅有162家，上市公司更仅有三鑫医疗1家。洪达、益康、三鑫医疗等行业骨干企业虽然在行业内具有一定的知名度，但相对来说带动作用不够明显，缺乏促进行业呈几何级增长的领头企业，缺乏产业价值链高端企业，短期内难以形成像山东威高、深圳迈瑞等行业龙头企业那样的核心带动作用。

（三）产品结构单一，技术水平不高

江西省医疗器械生产企业数量较多，但多为小微企业，在整个医疗器械产品结构中，卫生材料和一次性输注类器械占比较大。如进贤县虽然有着"医疗器械之乡"的美誉，但仍是以卫生材料和一次性输注类产品为主，产品结构较为单一、产品梯队储备不足、产品同质化竞争严重、市场趋于饱和；江西省医疗器械行业技术门槛较低，有源医疗器械、高值耗材、诊断试剂等高附加值行业发展较慢，尽管近年来威高集团、明峰医疗等企业陆续落户江西，但仍处于建设阶段，百特生物的全自动细胞工作站投产时间不久，也未能形成有效产能，高端市场核心竞争力严重不足。

（四）审评审批任务加大，监管支撑力量不足

医疗器械产业发展日新月异，涉及医学、材料学等各个领域，专业知识要求不断提高，面对日益增多的审评审批任务，省内审评审批技术支撑力量略显薄弱。基层执法队伍人数较少、轮岗交流较为频繁，监管力量与产业发展不相适应，如进贤县辖区内监管比例从 2016 年的 1∶100 已激增到 2019 年的 1∶1000，而随着新冠肺炎疫情的暴发，部分新开办的生产企业在对法律法规和产品技术要求不熟悉、不了解，质量管理体系存在漏洞的情况下仓促上马，更是使得监管压力不断加大。同时，监管人员在一定程度上也存在缺乏医疗器械专业知识、能力水平无法满足监管工作需要的问题。

五　发展建议

（一）推动创新体系构建完善，注重高端人才培养引进

以洪达、益康、三鑫医疗等行业骨干企业为依托，加强产学研医联合，加快组建高端医疗器械与装备创新研究院，推动进贤县与上海产业促进合作中心的深入合作，促进上海产业梯度转移、江西承载承接。围绕医疗器械关键产品研发，大力组织开展招才引智、留才育才工作，引导以进贤医疗器械产业集群为主的产业聚集区加强与高新技术企业、科研院所和高层次人才的对接，大力引进一批国家重点工程室、工程（技术）研究中心、企业技术中心等研发服务平台项目，依托省内高等院校、研究中心培养医疗器械领域高水平人才，提升江西医疗器械研发创新水平和能力。

（二）优化产业发展方向，持续强化品牌影响

针对产业发展短板和弱项，重点发展疫苗预灌封注射器、透析高分子材料、牙科耗材、人工关节、骨科修复材料、高端血液分析仪、光学检验仪器、病房监测仪等中高端医疗器械领域，填补产业空白。加快推动威高集

团、明峰医疗等中高端医疗器械项目投产，促进产业由单一化向多元化转变、由中低端化向高端化转变。通过世界绿色发展投资贸易博览会、世界赣商大会、赣深赣港经贸合作活动等重大活动平台，全方位宣传江西医疗器械产业，充分利用建设粤港澳大湾区、"一带一路"等重大机遇，积极鼓励和支持相关医疗器械企业参加境内外专业展会，帮助企业进一步拓宽国际、国内市场，提升"赣械"品牌影响力和市场竞争力。

（三）营造良好产业发展软环境，支持企业做大做强

充分利用江西省生物医药产业链链长制实施的有利时机，进一步深化"放管服"改革，加强省内行业主管部门、行业发展部门的协同配合，稳步推进和落实医疗器械注册人制度，提升医疗医保政策、产业发展政策、监督管理政策的协同性。围绕医疗器械产业需求精心设计、组织实施一批省级科技项目，突破一批关键核心技术。鼓励医疗器械骨干企业上市、兼并、收购、重组，扩大企业规模，着力打造医疗器械平台型公司，对重点企业、重点项目、重点产品注册申请，提前介入、全程跟踪，提供政策咨询、技术指导等精准帮扶，支持企业做大做强。

（四）加强检测能力建设，提升行业监管能力

加快省医疗器械检验检测中心搬迁落户科创城进度，加快医疗器械检验检测中心进贤分中心建设，打造区域性检测中心。进一步加强审评审批能力建设、壮大审评审批人员队伍，对全省审评审批人员进行深入培训，通过培训和学习，提升医疗器械审评审批人员专业能力和水平，适应医疗器械注册审评审批的需求。聚焦能力提升，加大法规宣贯培训力度，加强监管人员和行业从业人员法规、标准等宣贯培训，不断提高相关人员的知法懂法专业技能和守法意识。

B.22
2020年福建省医疗器械行业
发展状况与展望

薛经建　梁庆涛　林　嵘*

摘　要：　在《"健康中国2030"规划纲要》和《中国制造2025》等政策的指引和推动下，近年来，福建省的医疗器械产业实现了高速发展，生产企业数量和产品注册数量不断提高，在体外诊断试剂等细分专业领域形成一定优势，并在福州、厦门、长汀和泉州等地形成了产业密集区。在创新医疗器械研发上，福建省企业不断突破，在医疗器械唯一标识工作方面，成绩喜人。但是福建省依然存在医疗器械企业规模偏小、产品门类有待完善、人才匮乏、研发投入不足、审评审批与检验检测能力薄弱等问题。未来，福建省可从发展优势产业、优化园区建设、加强基础研究、制定人才政策、强化政府职能、加强检验检测能力等方面入手，进一步激活医疗器械产业的发展动能。

关键词：　医疗器械　福建省　行业监管

福建省地处我国东南沿海地区，与台湾隔海相望，制造业基础较为深厚，民营经济活跃，对外商贸往来历史悠久。福建省的医疗器械产业起步较晚，从总体规模来看，在全国处于中游水平，但近年来发展势头迅猛，前景

---

*　薛经建，福建省医疗器械行业协会会长；梁庆涛，福建省医疗器械行业协会副秘书长；林嵘，福建省医疗器械行业协会法规专员。

令人期待。下文将对 2020 年福建省的医疗器械产业发展状况和面临的瓶颈进行研究分析，并给出相关建议，以供参考。

一 福建省医疗器械产业状况

（一）生产企业生产许可证及生产备案证情况

福建省的医疗器械生产企业数量保持逐年增长，2018～2020 年分别为 292 家、342 家、501 家，2020 年的增幅达 46.5%。501 家生产企业中，生产第一类医疗器械的企业 209 家，生产第二类医疗器械的企业 262 家，生产第三类医疗器械的企业 30 家①。

从地市分布来看，福建省医疗器械生产企业分布不均（见图 1），主要集中于厦门、福州两地，这两地医疗器械生产企业占全省总数的 58.3%。仅厦门市、福州市、南平市拥有第三类医疗器械生产企业，分别有 21 家、8 家、1 家。值得一提的是，长汀一县共有医疗器械生产企业 26 家，约占龙岩市总量的 68%。

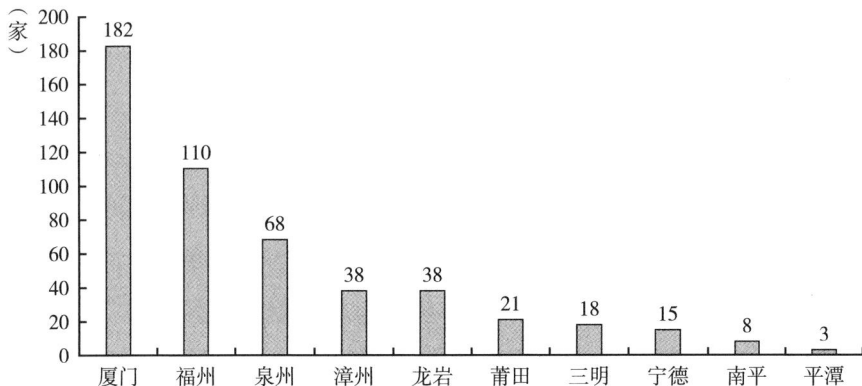

图1　2020 年福建省医疗器械生产企业各地市、综合试验区分布数量统计

---

① 福建省药品监督管理局。

从产值上看，排名第一的厦门市医疗器械工业年产值占全省的60%，排名前20的医疗器械企业年产值占全省的55%。

（二）经营企业经营许可证及经营备案证情况

据福建省药品监督管理局统计，截至2020年底，全省共有第三类医疗器械经营许可证5239张，第一、二类医疗器械经营备案证17906张。

（三）医疗器械产品备案、注册情况

从产品备案、注册情况来看，2018~2020年福建省分别有3046个、3557个、4517个产品获得了备案证、注册证（见图2）①。产品涉及40余个类别300多个品种，主要集中在体外诊断试剂、防护器械、骨科植入器械、义齿等领域。

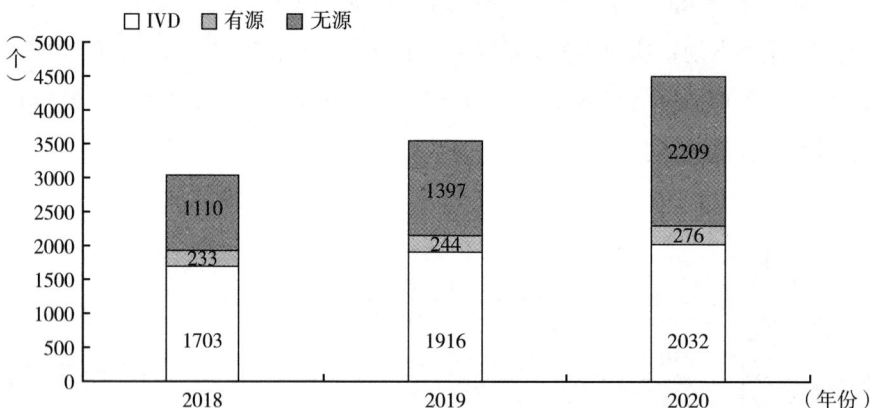

图2 福建省医疗器械产品备案证及注册证统计

（四）医疗器械产品创新不断突破

自2014年国家药监部门设置创新医疗器械审批"绿色通道"至2020年底，全国总计100个创新医疗器械获批上市。综观其他产业大省（市），北

---

① 众成医械产业大数据。

京、上海、广东、江苏分别有 25 个、19 个、17 个、14 个创新医疗器械获批上市，而福建仅有 3 个；从类别来看，这 100 个创新医疗器械中，有源医疗器械 43 个，无源医疗器械 37 个，体外诊断试剂 20 个。福建省获批上市的创新医疗器械均为体外诊断试剂，占所有获批上市的体外诊断试剂的 15%。

从 2017 年福建省实施第二类医疗器械快速审批至今，共有 20 家医疗器械企业 31 个产品进入第二类医疗器械快速审批程序，2017～2020 年分别有 5 个、8 个、9 个、9 个，基本呈逐年增加的趋势。其中有源医疗器械 12 个，无源医疗器械 6 个，体外诊断试剂及设备 13 个。

（五）产业发展特点

1. 优势产业突出

体外诊断试剂产业是福建省医疗器械优势产业。福建省共有体外诊断试剂生产企业 60 家，其中不乏行业内知名、国内外影响力较高的创新型医疗器械生产企业，如艾德生物、英科新创、迈新生物、宝太生物、万泰凯瑞。虽然福建省在生物医用材料方面不具有绝对优势，但是大博医疗在骨科耗材领域走在全国前列，在技术积累和人才沉淀方面对全省高端生物医用材料的发展有重要引领作用。在助听器方面，福建企业也有一定技术优势。

2. 产业集中度不断提升

近年来，在政策支持和市场需求的影响下，福建省逐渐形成了几个医疗器械产业密集区。

厦门生物医药港设立于 2006 年，目前已成长为海峡西岸产业聚集度最高的生物医药产业基地；培育出大博医疗、艾德生物、特宝生物、金威达 4 家上市企业，形成了体外诊断试剂、助听器、骨科植入材料等优势细分板块，综合竞争力在全国生物医药产业园区中列第 13 位，生物医药创新创业基地获评 2020 年度国家级小微企业创新创业示范基地。[①]

---

① 海沧区人民政府。

长汀县医疗器械产业园始建于 2016 年，拥有腾飞园区和工业新区两个园区，总投资共计 10.6 亿元，规划占地面积约 470 亩。园区内打造了孵化器及全组学实验室、医通快检中心、医疗器械灭菌中心 3 个高标准公共服务平台。目前，该县共签约引进医疗器械生产企业 47 家，贸易公司 19 家，2020 年产值达 11.4 亿元、增长 11%[①]。

疫情防控期间，福建省医用防护产品生产企业数量呈现井喷式增长。在纺织鞋服业发达的泉州地区，防护物资生产企业已初步形成集聚效应。目前福建省药监局正与泉州市政府协商合作，联手打造一个全国性医用防护产品生产基地。

（六）医疗器械唯一标识（UDI）工作成果卓著

2019 年 7 月，国家药监局、国家卫健委颁布《医疗器械唯一标识系统试点工作方案》，8 月，福建省 4 家医疗器械生产企业、5 家医疗器械使用单位入选首批试点单位；2020 年 6 月 4 日，福建省召开 UDI 系统试点工作会议，围绕实施"三医联动"机制、扩大试点范围、列入考评落实责任、强化宣传培训四个方面推进工作；截至 2020 年底，福建省共有 30 家医疗器械生产企业、26 家经营单位、17 家医疗机构参与试点，375 个品种完成了赋码工作，生成 44667 个产品标识码，上传至国家药监局 UDI 数据库的有 3444 个。2021 年 3 月，国家药监局对 UDI 工作成绩突出的单位予以通报表扬，福建省榜上有名。

二 福建省医疗器械产业发展瓶颈

（一）大规模企业数量少，品牌知名度不高

从产值规模结构来看，福建省医疗器械生产企业以中小企业为主。据省药监局 2019 年的数据，342 家医疗器械生产企业中，主营业务收入过 10 亿

---

① 长汀县人民政府。

元的仅有 2 家，占比仅 0.6%；主营业务收入过亿元的有 21 家，占比仅 6.1%；主营业务收入在 5000 万元以下的医疗器械生产企业约占 75%。从企业类型来看，民营企业在福建省的医疗器械生产企业中占大多数，国有企业、外资企业、合资企业较少。

（二）产品门类有待完善

福建省的医疗器械产品主要集中于体外诊断试剂、防护器械、骨科植入器械、助听器、义齿等门类，在高技术、高附加值医疗器械如医学影像设备、伽马刀、肿瘤治疗仪、人工晶体等方面尚有很大发展空间。

（三）研发投入较少，核心技术缺乏

目前福建省医疗器械产品生产过多依赖对国内外已有产品的模仿，缺乏独创性，难以走出同质化竞争的困境；企业研发能力和动力不足，在产业链分工和价值链中的地位较低。论其原因，一是对于大多数企业而言，进行产品研发不仅要投入大量资金而且延长了上市的时间；二是在原材料和精密加工制造等领域，核心技术及关键零部件被国外生产商垄断。

（四）高端人才缺乏，人才留存率低

医疗器械行业属于跨学科的高技术产业，从业者需要具备医学、工程学、质量管理、检验检测、法律法规等知识，人才的培养周期长、门槛高。福建省因产业聚集度及政策等方面的问题，相关专业的毕业生对医械行业关注度不高、国内外高精尖人才落户福建的比较少。

（五）医疗器械审评审批、检验检测能力无法满足企业需求

目前福建省药监局负责医疗器械审评工作的人员数量有限、任务繁重，省内第三方检测公司规模体量较小远远不能满足企业的需求。而仅 2020 年一年，福建省就新增近 200 家医疗器械生产企业，不少企业不得不远赴省外进行产品检测，不仅增加了费用成本，而且延长了新产品上市投产的周期。

三 促进福建省医疗器械产业发展的建议

（一）深耕优势产业，形成产业集群

基于福建省体外诊断试剂细分领域已有的研发优势，以"一体化、高通量、现场化、高精度"为发展方向，加快发展高端免疫、分子诊断、临床质谱、即时即地检验（POCT）等前沿技术。基于大博医疗在骨科耗材领域已有的优势，福建省未来可以仿生和再生为发展方向，加快高端生物医用材料、组织工程材料的研发，重点研发骨科修复与植入材料、新型心脑外科植（介）入材料、组织修复与再生材料等。

（二）支持基础研究，鼓励产学研医融合

充分利用福建省内教育和医疗资源，鼓励相关学者和临床专家投入医疗器械研发领域，建立起多专业联合的研究团队；以福建省医疗器械和医药技术重点实验室为支点，撬动医疗器械基础研究和应用研究，实现创新医疗器械来自临床，服务临床。

（三）制定有竞争力的人才政策

坚持以人为本，制定激励措施和优惠政策，对拔尖医械人才落户福建予以全方位支持；完善适应基础研究特点的经费管理制度和科研人员发明成果权益分配机制，建立颠覆性创新活动免责机制；深化校企合作，实行"医工交叉"的培养模式，为福建企业输送技术型、实用型人才。

（四）加强医疗器械检验检测能力

福建省医疗器械检验检测能力薄弱，严重制约了医疗器械产业发展，可引入社会资本参与医疗器械检测实验室建设，鼓励并扶持第三方医疗器械检测机构。

（五）强化政府的服务职能，优化营商环境

扩大医疗器械监管审批队伍，提高人员综合素质，加快审评审批速度，提升产品注册和生产许可工作效率；简政放权，制定和完善相关制度，通过政府购买服务引入第三方组织协同监管；主动进行政策宣传，落实优惠政策，助力中小企业成长。

（六）把握"一带一路"建设、闽台合作的契机

鉴于福建省与台湾特殊的历史和地理关系，可在福建省内试点涉台医疗器械特殊监管政策：一是允许在闽台资医疗机构使用在台湾地区已上市的临床急需的医疗器械；二是将福建省涉台医疗器械审评审批列入绿色通道。利用福建的区位优势和华人华侨资源，积极引进国内外的技术、资本，以体外诊断试剂、防护器械等为突破口，推动福建的医疗器械企业"走出去"，开拓闽外市场。

（七）优化医疗器械产业园区建设

鼓励企业集聚、协同发展，使整合入园企业的产品形成优势互补的产业链条，增强整体竞争力和风险抵抗力；提高园区服务监管效率，在产业密集区设立服务站点，完善要素保障和供应链配套体系，降低企业在生产经营各个环节中的成本。

（八）加快医疗器械注册人制度的落地

医疗器械注册人制度打破了此前只有生产企业才能作为持有人的局限性，强调了医疗器械注册人、备案人对医疗器械产品全生命周期的主体责任。其中委托生产模式，允许技术持有和产品生产分离，能够优化创新要素的市场配置机制，激活科研成果的产业转化。福建省作为首批医疗器械注册人试点省份之一，目前已颁发1张注册人制度试点生产许可证，受理第二类医疗器械注册人试点3家企业5个品种、第三类医疗器械注册人试点5家企业13个品种，尚有很大突破空间。

（九）发挥行业协会的沟通协调作用

行业协会应定期收集整理医疗器械企业生产经营中遇到的普遍性问题和提出的建设性意见并反馈给主管部门；接受政府部门的委托，积极参与到行业规范的制定和宣传中，对业内重大项目进行前期论证和后期辅导；承接政府转移的部分职能，组建医疗器械产品注册的前置审评服务团队，为企业提供注册资料编辑、质量管理体系辅导、临床试验开展等方面的服务，必要时可通过借调等方式协助审评中心开展工作；加强同医疗器械产业发达地区的合作交流，展开务实合作，推动福建省企业转型升级；组织企业参加国内外展销会，提升品牌知名度。

B.23

2020年宁夏回族自治区
医疗器械行业发展状况与展望

赵彦科*

摘　要： "互联网＋医疗健康"是国家"十四五"规划重点支持的领域，是"健康中国"的重要组成部分。"互联网＋医疗健康"目前已进入高速成长期，新需求和优秀企业批量涌现。宁夏地处我国西部，是全国首个"互联网＋医疗健康"示范区，拥有全国最多的互联网医院，拥有适用"互联网＋医疗健康"的设备、产品、服务的最全应用场景，在政策试点、样板试行等方面走在全国前列。在新冠肺炎疫情防控阻击战中，宁夏"互联网＋医疗健康"彰显出独特优势，发挥了建设效能。宁夏城乡居民医疗健康信息互联互通基础正逐步夯实，但医疗器械行业在产业基础、政策推动、医疗机构内部管理、专业人才等方面仍存在一定问题。宁夏宜通过创新监管方法、招商引进优质企业、扶持当地优势企业、注重专业人才培养，推动医疗器械行业稳步发展。

关键词： 宁夏　医疗器械　互联网＋

近年来，宁夏按照国家卫健委"互联网＋医疗健康"示范区建设规划，

---

* 赵彦科，国药集团（宁夏）医疗器械有限公司总经理。

通过在中卫市建立国家级健康医疗大数据中心及产业园，发挥健康医疗大数据应用发展示范引领作用，大力发展"互联网＋医疗健康"产业。宁夏政府在发展当地优势产业的同时，逐步加强对医疗产业的重视，使得医疗产业环境逐步规范，市场前景可观。

一 宁夏回族自治区医疗器械行业现状

（一）行业规模

1. 生产规模

2020年宁夏医疗器械行业产值估算达9000万元，目前还没有产值过亿元的生产企业。宁夏产值最大的生产企业主要生产加工义齿等口腔技工类产品，年产值低于2000万元。

2. 经营市场规模

2020年，宁夏医疗设备与耗材销售总额预估在40亿元左右，因受新冠肺炎疫情影响，2020年宁夏采购的医疗设备以核酸检测实验室设备、移动影像检查类设备、新冠肺炎疫情防控与救治设备为主。同时宁夏提升了传染病防控能力，各级医疗机构在传染病大楼和传染病病房建设上的投入为历年最大。

2018～2020年，宁夏医用耗材采购额呈现逐年降低趋势。宁夏每年的医用耗材（含器械类）采购额为10亿元左右，检验试剂、三类植入物占采购总额的70%以上。近年来集中带量采购、阳光采购平台阳光采购、医院耗占比考核致使医院对医用耗材的采购单价逐年降低，虽然每年医用耗材的成交品种和产品数量逐年递增，但成交金额逐年递减，2020年比2019年下降17.58%。2020年医用耗材集中采购金额下降13.74%，2019年下降57.09%。2020年高值医用耗材集中采购金额达3.04亿元，比2019年上升1.6%。2020年医用耗材采购金额占药品和医用耗材集中采购总额的6.5%，区内已注册三级医疗机构每年完成全区采购量的25%以上，二级医疗机构完成采购量的 40% 左右。[①]

宁夏大型医疗设备的采购管理与全国其他省（区、市）相同，大型医疗设备管理品目分甲、乙两类，实行配置许可。国家发改委、国家卫健委负责编制甲类配置规划，明确全国规划控制总数和各省（区、市）规划配置数量。宁夏普通医用耗材的采购实行"三统一"配送，由自治区统一制定目录、统一招标、统一配送。公立医院采购普通医疗设备通过公开招标进行采购，民营医院可自行议价采购。目前宁夏各医疗机构所使用的大型医疗设备主要是 PHILIPS、美国 GE、德国 SIEMENS 三家国际知名企业及深圳迈瑞、北京万东等国内企业的产品。

在新医改的形势下，借助"互联网 + 医疗健康"、医联体、远程会诊系统平台等，上级医疗机构能为下级医疗机构提供医疗器械使用质量管理和质量控制服务，实现区域资源共享。

（二）行业现状

1. 医疗机构情况

截至 2020 年底，全区共有各级各类医疗机构 4400 余家，其中，三级公立医院 14 家（甲等综合医院 3 家、乙等综合医院 6 家、中医医院 4 家、妇幼保健医院 1 家）；二级公立医院 74 家；民营医院 164 家；乡镇卫生院 217 家、社区卫生服务机构 184 家；村卫生室 2300 家。

2. 生产企业情况

截至 2020 年底，宁夏共有医疗器械生产企业 33 家，呈现增长趋势（见图 1）；医疗器械生产企业主营业务收入 9000 万元，其中生产第一类医疗器械的企业 9 家，生产第二类医疗器械的企业 24 家，生产第三类医疗器械的企业 0 家。[②] 宁夏医疗器械生产企业从业职工共 1300 人。

3. 经营企业情况

2018 年，宁夏医疗器械经营企业共有 2950 家，其中，获得医疗器械经

---

① 资料来源：宁夏公共资源交易中心。

② 若企业同时生产第一类、第二类或者第三类医疗器械，按高类别医疗器械企业统计。

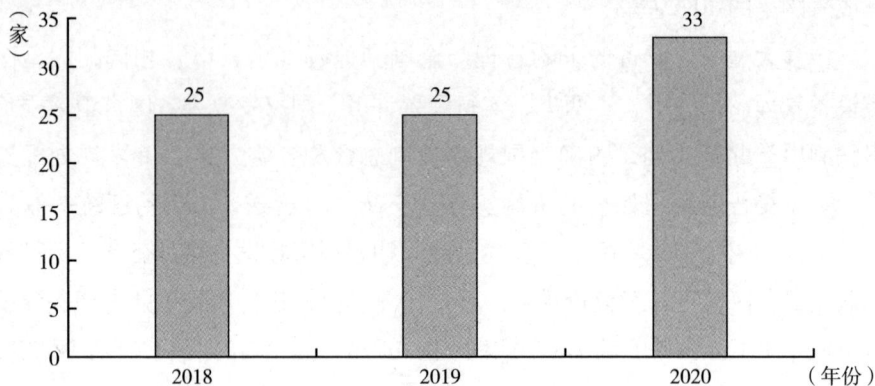

图1 2018～2020年宁夏医疗器械生产企业数量

资料来源：宁夏药品监督管理局。

营许可证的企业有525家，获得医疗器械经营备案凭证的经营企业有2425家。2019年，宁夏医疗器械经营企业共有3660家，其中取得医疗器械经营许可证的企业560家，取得经营备案凭证的企业3100家。2020年，宁夏医疗器械经营企业共有5100家（见图2），其中第三类医疗器械经营企业770家。全区医疗器械经营企业从业职工总人数为20000人。

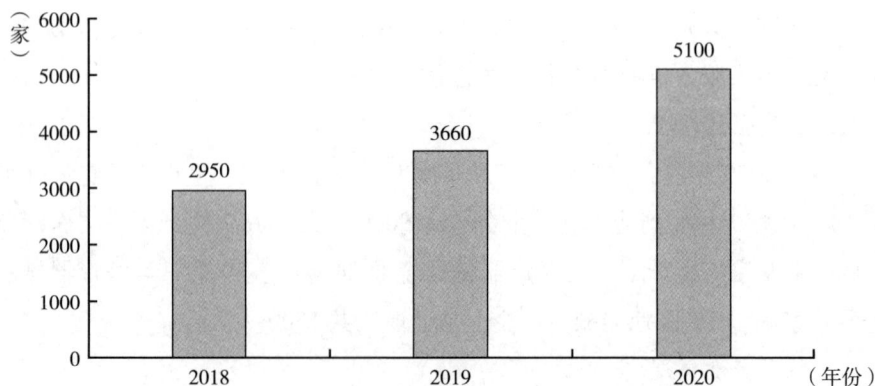

图2 2018～2020年宁夏医疗器械经营企业数量

资料来源：宁夏药品监督管理局。

（三）政策与监管情况

1. 宁夏医疗器械行业政策法规

我国医疗器械监管现行法律法规依据主要是"一法规一规章"，即《医疗器械监督管理条例》（国务院令第739号）和《医疗器械使用质量监督管理办法》（国家食品药品监管总局令第18号），目前国家药监局尚未出台针对医疗机构使用医疗器械监管的现场检查指导原则。2014年，宁夏制定实施了《全区整顿和规范医疗机构药械使用质量管理秩序工作方案》（宁食药监〔204〕49号），其中附件一是"药品、医疗器械使用质量管理规范"，根据该方案宁夏对全区各级各类医疗机构组织开展了为期三年的整顿和规范医疗器械药械使用质量管理秩序工作，简称"双规范"整治。

2020年6月28日，宁夏发布《关于做好医疗器械第三方物流监管工作的通知》，对具备物流条件的医疗器械批发企业规范管理，实现宁夏医疗器械第三方物流的健康有序发展，填补了宁夏在医疗器械经营第三方物流方面的监管空白。

2019年4月，宁夏中卫市的国家健康医疗大数据中心及产业园挂牌成立。2020年7月1日，为全面贯彻落实习近平总书记视察宁夏重要讲话精神，确保推动《国务院办公厅关于促进"互联网＋医疗健康"发展的意见》和《宁夏回族自治区"互联网＋医疗健康"示范区建设规划（2019～2022年）》相关政策落地见效，促进宁夏"互联网＋医疗健康"产业发展，宁夏19个部门（单位）联合出台《关于促进宁夏"互联网＋医疗健康"产业发展的意见》（宁卫发〔2020〕242号），推动全区"互联网＋医疗健康"产业发展，明确了全区"互联网＋医疗健康"产业发展的指导思想，确立以银川市、中卫市健康医疗大数据中心及产业园和自治区公共资源交易管理局医药"招采合一"信息化平台为载体，以国家健康医疗大数据研究院为支撑，以"互联网＋医疗健康"应用服务为重点，优化"互联网＋医疗健康"产业发展环境，加快推进全区"互联网＋医疗健康"产业发展，实现产业集聚的发展目标。

2021 年 1 月发布的宁夏回族自治区《政府工作报告》提道："让健康服务优起来。深化'互联网＋医疗健康'示范区建设，开展智慧医院试点，为 13 个县（区）全部配备智能辅助诊疗系统。健全疾病预防控制和公共卫生体系，提升县级医疗机构救治能力，建设自治区重大疫情救治基地。深化公立医院改革，推进区域医疗中心、医联体建设，实行药品、医用耗材集中带量采购。"

2. 行政监管情况

宁夏药品监督管理局会同宁夏卫生健康委员会建立重大药品不良反应和医疗器械不良事件相互通报机制和联合处置机制。新一轮机构改革"三定"方案，明确了宁夏各市县三级监管事权划分，区药品监督管理局负责医疗器械生产企业监管，市县药品监督管理局负责医疗器械经营使用环节监管。

总体来说，经过连续多年的整顿和规范，各医疗机构依法管械、依法用械的法规意识和质量意识明显增强，使用质量管理水平明显提高，医疗机构主体责任得到有效落实，较好地保障了宁夏医疗机构使用医疗器械的安全有效。但不容忽视的是，近几年宁夏连续发生了多起涉及多家公立医院和民营医院的较严重违法违规案件。医疗机构在用医疗器械安全问题频发，显示了患者安全用械存在一定的隐患和风险，影响和阻碍了公众对美好健康需求的实现。

二 存在的问题

（一）产业基础薄弱

宁夏医疗器械行业的经营企业数量多、规模小，从业人员素质低于一、二线城市水平，自身科技投入少，营销模式多以产品直销为主，没有形成个体竞争力。

（二）行业政策僵硬

宁夏至今仍在沿用 2008 年制定的普通医用耗材统一目录，统一招标、统一配送，产品老化，价格固定，配送服务跟不上。全区各级医院普遍缺少高精尖的检查和治疗设备。

（三）医疗机构内部质量管理不规范

二级以上公立医院在医疗器械质量管理方面有待改善。

医疗机构内部的医疗器械质量管理档案不规范。医疗机构对医疗器械的购进验收、调拨、捐赠、检测维修、使用、销毁未建立档案或档案存在缺失、混乱等现象，缺乏完整性、可追溯性，未建立或未完善大型医疗设备技术档案，不能保证医疗器械的安全有效运行，对存在问题的医疗器械无法溯源。

医疗机构进货渠道不规范。医疗机构医疗器械的来源有自主采购、历史转接、统一划拨或集中招标采购、赠予租赁等。部分医疗机构在采购或获得医疗器械时没有及时索要并严格审查产品的相关证照，或索要的证照手续不齐全。医疗机构医疗器械的采购、验收、使用、维保、报废等制度体系不健全，有关过程记录不完整，甚至无医疗器械相关资质信息，购进渠道不能满足追溯要求。

医疗器械储存、维护保养、检测检修不规范。医疗机构重临床科室轻后勤保障科室，重医疗业务、轻医疗设备运行质量管理，导致医疗器械质量安全管理工作人力、物力明显不足，信息化管理落后，设备管理人员不受重视，专业技术工程人员缺失。

未开展在用医疗设备使用安全状况监测和风险评估工作。医疗机构在医疗耗材管理过程中普遍建立了效期管理意识，但大部分医疗机构对于医疗设备的效期管理意识还不够，基本上未对医疗器械的风险进行监测和评估。

对医疗器械不良事件报告制度的落实不够到位。医疗机构作为医疗器械不良事件报告的主渠道，有义务监测医疗器械不良事件，发现医疗器械不良事件时必须及时报告。部分医疗机构存在上报不及时或未上报现象，医疗器械不良事件监测工作较为滞后，使相关制度流于形式。

（四）专业人才匮乏

医疗器械产品涉及专业较广，且行业知识密集、多学科交叉，加上行业监管人力不足，业务不精，专业人员流失，导致在日常检查中问题不能被有效发现和及时处理，医疗器械监管工作弱化。医疗机构在器械质量安全管理工作上投入的人力、物力明显不足，信息化管理落后，设备管理人员不受重视，专业技术工程人员缺失。经营企业大多数业务人员水平偏低，缺少专业业务人员。

三 发展趋势及建议

"互联网 + 医疗健康"是国家"十四五"规划重点支持的领域，是"健康中国"的重要组成部分。"互联网 + 医疗健康"行业目前已进入高速成长期，新需求和优秀企业批量涌现。宁夏地处我国西部，是全国首个"互联网 + 医疗健康"示范区，拥有全国最多的互联网医院，拥有适用"互联网 + 医疗健康"的设备、产品、服务的最全应用场景，在政策试点、样板试行等方面走在全国前列。宁夏城乡居民医疗健康信息互联互通基础正逐步夯实，未来可通过创新监管方法、招商引进优质企业、扶持当地优势企业、注重专业人才培养，推动医疗器械行业稳步发展。

（一）积极对接东部，做好招商引资工作

制定宁夏医疗器械产业发展规划，发挥招商引资优势，加强宣传，积极对接东部大企业的产业转移，支持宁夏当地的企业与发达地区的优质企业合资合作。

（二）扶持优势企业，助力宁夏产业发展

宁夏医疗器械行业与其他地区相比还存在一定的差距。在大健康医药产业发展的今天，应将生物医药及高性能医疗器械产业作为重点发展产业之

一，在支持医疗器械经营企业建设医疗器械物流园、产业园，现有优势企业做大做强的同时，为其他从业企业提供便利，使各方共同助力宁夏医疗器械产业的发展。

（三）创新监管方法，规范医疗器械的流通管理

需进一步明确各级医疗机构主体责任和监管部门监管责任，重点加强对各级医疗机构在用医疗器械的采购、验收、安装、调试、使用，以及大型设备建档、定期维护保养、检测检修、售后服务、风险监测评估等的监管，对在用医疗器械实行全过程管理，确保在用医疗器械安全有效，提高监管执法效能，规范和指导对医疗机构使用医疗器械的质量监管。

（四）加强培训指导，提高医疗器械行业从业人员水平

可通过开展技术创新、科技合作、信息交流、人才培养，加强对医疗器械监管人员的分类分级培训，不断提升其业务能力；加强对医疗机构相关负责人的医疗器械法规和专业知识的培训指导；加强对关键岗位人员的培训学习和监督指导，强化其医疗器械管理法规意识和质量意识；加大医疗器械管理的人力物力投入；建立健全相应的医疗器械管理职能科室，形成完善的质量管理体系并保证其有效运行，从而进一步加强和提升医疗器械的使用管理工作。

（五）提供政策支持，支持医疗机构引入第三方院内医用物资精益管理服务

宁夏医疗机构主管单位应当结合医疗机构专业管理人员专业水平不够、政策把握不足、人手不够、信息化管理水平低等客观因素，出台支持政策，支持医疗机构通过公开招标的方式引入第三方院内医用物资精益管理服务，开展医疗设备全生命周期管理和医用耗材 SPD 精益管理。

B.24
2020年辽宁省医疗器械行业
发展状况与展望

史 博 金汝天 朱延峰*

摘　要：　本文在分析辽宁省医疗器械行业发展相关数据与政策的基础
上，对辽宁省医疗器械行业的整体发展现状、优势及存在的
问题进行了阐述。近年来，辽宁省医疗器械产业持续发展，
2020年，生产企业与产品注册、备案数显著增加，各类经营
企业数稳步提高。新冠肺炎疫情期间采取的一系列应急措
施，保障了防疫物资快速审批，也使注册人制度试点工作取
得了阶段性进展。辽宁省在教学科研、检验检测、医疗临床
实践场景以及工业基础资源等方面拥有优势，但存在产业聚
集度不高、融资能力不足、人才与项目流失、数字化程度低
等问题。针对此现状，本文提出辽宁省医疗器械行业发展要
抓住注册人制度推行的红利期，完善供应链、服务链与创新
链，围绕创新链打造产业链，加强技术联合攻关与产教融合
等相关建议，并对多元化合作机制与区域特色发展进行了展
望。辽宁省医疗器械产业已形成规模持续增长、经营逐步规
范的发展态势，随着营商环境的进一步优化，未来将进入高
质量发展的快速通道。

关键词：　医疗器械　辽宁省　注册人制度

* 史博，辽宁省医药行业协会医疗器械分会秘书长，主管药师；金汝天，博士，沈阳药科大学
生命科学与生物制药学院讲师；朱延峰，辽宁省药品监督管理局医疗器械监督管理处处长。

辽宁省位于我国东北地区南部，是最具工业历史的老工业基地之一，其良好的工业基础为医疗器械行业的发展提供了肥沃的土壤。近年来，在相关政策支持下，辽宁省的医疗器械行业得到了飞速发展，但在发展过程中也存在若干问题。

一 辽宁省医疗器械行业整体发展状况

（一）总体介绍

作为辽宁省医药行业的重要组成部分，辽宁省医疗器械行业保持着快速与健康的发展，产业规模稳步扩大、结构布局持续优化、创新能力不断增强。其工业产值从 2016 年的 40 多亿元增加到 2020 年的 70 亿元左右，占全省工业总产值的 0.2%，实现每年 15% ~20% 的快速增长。

截至 2020 年底，辽宁省共有医疗器械生产企业 735 家，有效一类备案凭证 1546 项，有效二类注册证 1277 项（见图 1）；省内共拥有医疗器械批发企业 7480 家，医疗器械零售企业 25545 家（见图 2）。与 2019 年同期相比，均有显著增长。

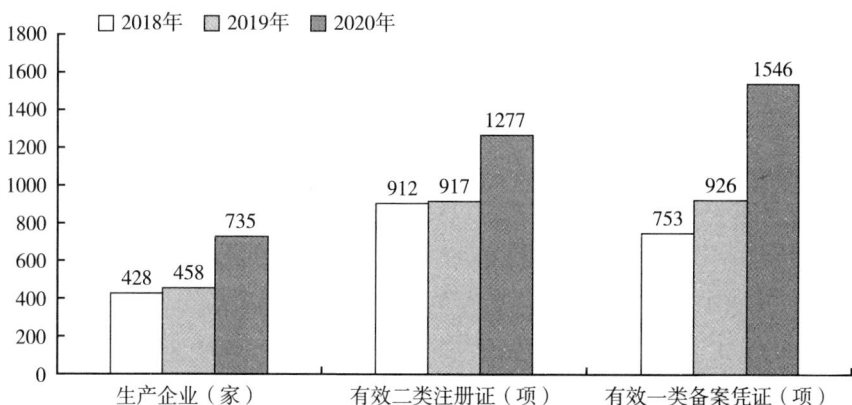

图 1　2018 ~2020 年辽宁省医疗器械生产企业发展情况

资料来源：辽宁省药品智慧监管平台。

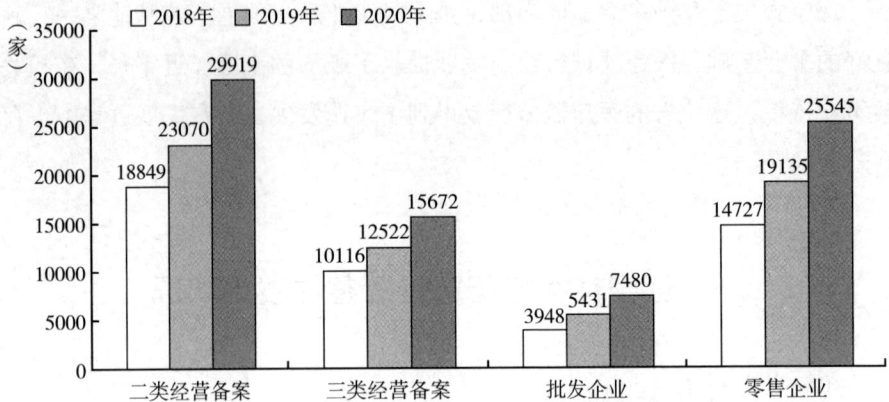

图2　2018～2020年辽宁省医疗器械经营企业发展情况

资料来源：辽宁省药品智慧监管平台。

从企业类型看，在生产一类医疗器械产品的企业数量上，沈阳、丹东、大连居前三位，占辽宁省总数的64.67%；生产二类医疗器械产品的企业主要集中于沈阳、大连两市，占全省总数的68.27%；生产三类医疗器械产品的企业也主要集中在沈阳和大连；同时生产二类和三类医疗器械产品的企业主要集中在沈阳市（见表1）。

表1　辽宁省医疗器械生产企业类型分布

单位：家

城　　市	一类	二类	三类	二类和三类
沈　　阳	160	191	18	14
大　　连	72	106	9	2
鞍　　山	35	14	2	1
抚　　顺	9	5	0	0
本　　溪	30	16	6	3
丹　　东	103	33	2	2
锦　　州	23	9	0	0
营　　口	20	15	0	0
阜　　新	3	6	1	1
辽　　阳	17	7	1	1

城　　市	一类	二类	三类	二类/三类
盘　　锦	6	7	1	1
铁　　岭	18	5	1	1
朝　　阳	4	9	1	0
葫 芦 岛	13	9	2	0
沈抚新区	5	3	0	0
合　　计	518	435	44	26

资料来源：辽宁省药品智慧监管平台。

2020年全省累计完成二类医疗器械产品审批683项（见图3），完成生产许可/备案批准511项（见表2）。其中沈阳市、大连市和丹东市共批准生产许可与备案346项，占全省总数的67.71%。

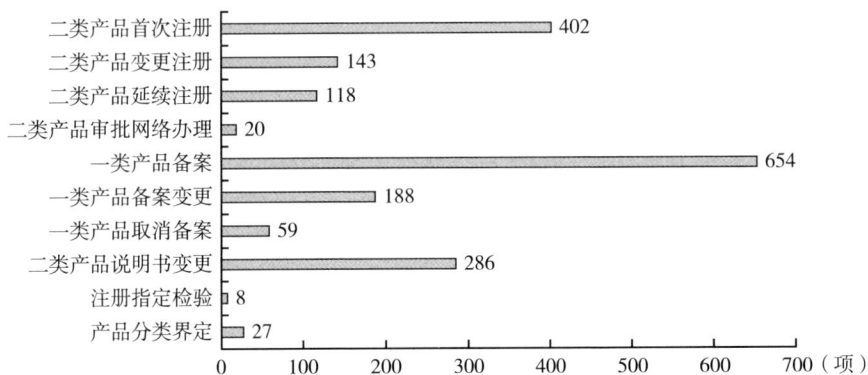

图3　2020年辽宁省医疗器械产品注册备案情况

资料来源：辽宁省药品智慧监管平台。

表2　2020年辽宁省各市医疗器械生产许可/备案情况

单位：项

城　　市	生产许可	生产许可延续	生产许可注销	生产备案	生产许可补发	生产许可变更	委托生产备案	生产备案变更	生产备案凭证补发表	生产备案标注
沈　　阳	79	28	0	81	1	121	2	46	0	4
大　　连	42	20	0	47	1	77	5	12	0	6
鞍　　山	5	0	0	23	1	9	1	15	1	4

续表

城　市	生产许可	生产许可延续	生产许可注销	生产备案	生产许可补发	生产许可变更	委托生产备案	生产备案变更	生产备案凭证补发表	生产备案标注
抚　顺	2	0	0	2	0	4	0	0	0	1
本　溪	8	1	0	14	0	19	0	12	0	0
丹　东	13	5	1	84	0	17	0	22	0	21
锦　州	4	0	0	15	0	1	0	8	0	2
营　口	8	2	0	18	1	9	0	0	0	0
阜　新	3	2	0	1	0	4	0	0	0	0
辽　阳	4	0	0	11	0	4	1	9	0	5
盘　锦	2	0	0	3	0	5	0	0	0	0
铁　岭	5	2	0	9	0	4	0	13	0	0
朝　阳	4	1	0	2	0	3	0	1	0	0
葫芦岛	7	1	0	10	0	14	0	1	0	0
沈抚新区	1	0	0	4	0	2	0	0	0	1
合　计	187	62	1	324	4	293	9	139	1	44

资料来源：辽宁省药品智慧监管平台。

（二）疫情期间应急审批工作高效有序

面对新冠肺炎疫情，辽宁省药品监督管理局采取了一系列应急审批措施，在加强监督管理的前提下，加快产品审评审批速度，为抗疫提供了重要的物资保障。截至 2020 年底，辽宁省药品监督管理局应急批准医疗器械防疫物资产品 345 个，其中医用口罩 294 个，医用防护服 36 个，红外测温仪 7 个，其他产品 8 个；备案隔离服、隔离衣类产品 190 个，为疫情防控提供了充足物资保障。针对 154 家防疫医疗器械产品生产企业，省药监局专门编制了《防疫用医疗器械产品生产企业现场检查基本要求》，对生产企业进行合规指导与检查督促。

目前，省内医用口罩、医用防护服等生产企业的产品质量日趋稳定，生产能力持续提高。全省医用防护服最大日产能达 24.5 万套，医用防护口罩最大日产能达 133 万片。除满足内销需求外，企业还积极开拓海外市场，形成了一定出口规模，累计出口一次性使用医用防护服 92.95 万套，一次性使用医用口罩1453.17万片，呼吸机2741台，红外额温计14.75万台。

2020年，辽宁省药品监督管理局采取了一系列措施，快速启动防疫医疗器械应急审批，扎实做好安全监管工作，全方位推动医疗器械监管体制进一步完善。组织开展"清网"行动和无菌植入性医疗器械专项检查，综合运用质量抽检、不良事件监测等手段，强化防疫医疗器械生产、经营和使用各环节安全监管效能。

（三）注册人制度试点工作取得阶段性进展

辽宁省药品监督管理局于2019年12月制定出台了《辽宁省医疗器械注册人制度试点工作实施方案》，明确了辽宁医疗器械注册人制度试点工作的主要内容、实施范围、注册人条件和义务责任、受托企业条件和义务责任，并将原医疗器械监管处与医疗器械注册处职能合并，专门成立了注册人制度试点工作专责工作组，为全面开展注册人制度试点工作提供了坚实的组织保障。

2020年，辽宁省药品监督管理局牵头，分片区对全省14个地市的生产企业进行了四场全覆盖式培训，并联合省内医疗器械行业协会组织企业召开座谈会，对注册人制度政策红利进行广泛宣传，共同分析注册人及受托企业主体责任，厘清各自风险、质量管理体系文件及工艺控制规程文件衔接的上下限，对试点申报的产品提前介入、跟踪指导。目前，辽宁已有1家企业以注册人方式申报产品并取得注册证，另有6家企业启动以注册人方式申报的品种研发和样品生产，标志着医疗器械注册人制度在辽宁省取得阶段性进展。

二 辽宁省医疗器械行业发展的优势与存在的问题

（一）发展优势

1. 教学科研实力雄厚，拥有攻坚克难的核心技术与人才储备

辽宁省医疗器械相关领域高校与科研机构众多。高校包括大连理工大

学、东北大学、辽宁大学、沈阳药科大学、中国医科大学、大连医科大学、锦州医科大学、辽宁中医药大学、沈阳化工大学、辽宁医药职业学院、沈阳医学院等，具有医疗器械相关学科，包括医学、影像、电子、机械、光学、药学、化学、数学、软件以及医疗器械产品管理等在内的专业教育资源，能够培养相关专业人才。科研机构包括中科院沈阳分院金属所、自动化所、大连化物所以及各大企事业单位的研究中心等。从高校与科研机构的数量与综合实力来看，辽宁省医疗器械行业科研创新与人才培养能力可排在全国前列。

2. 检测服务能力卓越，具备强有力的检验检测技术

辽宁省医疗器械检验检测院专门从事医疗器械、药用包装材料容器检测与医疗器械检验方法、标准、安全有效性研究等工作，是东北地区唯一一家国家级医疗器械检验机构，已通过 TUV、CSA 国际组织体系实验室认证，是经国家药品监督管理局授权的全国十大医疗器械质量监督检验中心之一，也是经国家认证认可监督管理委员会批准的全国医用 X 射线诊断设备产品强制性认证（CCC）检测唯一指定实验室。同时，该院也是全国医用电器标准化技术委员会医用 X 射线设备及用具分技术委员会秘书处承担单位、IEC SC62B 医学影像设备分会的中国对口单位；获批国家药监局首批重点实验室"医用数字成像设备重点实验室"以及辽宁省科技厅"辽宁省医疗防疫用品重点实验室"，可为国家和辽宁省医疗器械产业发展提供有力的技术支撑。

3. 医疗条件完善，可提供精准的临床应用研究与实践场景

辽宁省拥有数量庞大的公立医疗与卫生机构，其中仅依托各地医科大学开设的三甲以上附属医院便超过十家，因而辽宁省能在疫情期间紧急派遣 2000 余名医务工作者前往重灾区进行救援。数量庞大的医疗与卫生机构，提供了广泛的临床应用场景，形成了丰富的临床资源，这些临床资源能够成为医疗器械成果转化的强大载体，既提供了容量巨大的市场，又是广泛的医工转化项目来源。

4. 工业基础资源丰富，具备形成医疗器械产业集群的基础

辽宁是东北老工业基地最具代表性的省份，近乎拥有工业领域的全部场景，在机电一体化、重工机械、石油化工、金属冶炼、能源等领域都有着深

厚的基础。辽宁省医疗器械行业发展，具备传统工业基础优势，可以此向下游细分领域延伸发展，同时推动制造工艺与材料科学的升级，契合现有工业环境。

目前，我国医疗器械行业处于快速发展期，辽宁省在CT、呼吸机等产品领域已形成以东软医疗、新松医疗、迈思医疗、开普影像等为代表的品牌企业，并以此为中心在零组件供应、配套服务、设计开发与维护等领域向上下游进行辐射，已具备一定的规模与特色，围绕供应链、服务链和创新链的医疗器械产业链正在逐步完善。

（二）存在的问题

1. 产业聚集度不高，未形成大规模产业集群

辽宁省地处环渤海医疗器械产业集群之中，全省共有二、三类医疗器械生产企业400余家，产业发展主要集中在有源设备类医疗器械、无源齿科医疗器械以及无菌医用高分子耗材类医疗器械领域。从全省产业分布来看，主要集中在沈阳（195家）与大连（113家）；从产业规模来看，辽宁省医疗器械生产企业以中小企业为主。

省内14个地市已有十数个省级以上的高新区产业园，如沈阳浑南高新区、中德产业园、大连双D港、普湾新区、中国药都本溪国家级高新区、沈抚新城国家级高新示范区、盘锦新材料产业园等。这些园区虽然都有其特色与支柱产业，但均未挺进全国50强，也都未形成以医疗器械为重点产业的集群，企业入驻园区的边际成本依然较高，既没有形成大企业带动产业链上下游企业聚集的态势，也未出现小企业连片发展的局面，与南方沿海发达地区相比仍较为落后。

2. 政策扶持力度弱，不利于医疗器械产业快速发展

我国医疗器械产业正在经历由高速发展向高质量发展的转型期，大部分发达省市均已制定出台相关配套扶持政策，促进医疗器械产业高质量发展，如免收二类医疗器械产品注册费用，对新取得二、三类医疗器械注册证并在本地区落地生产的企业给予奖励；对医工成果转化与科研立项给予研发费用

资助；灵活运用承诺告知等手段，加速部分许可事项办理，简化整改复查程序，合并产品注册体系核查与生产许可核发现场检查；如果产品原注册证在有效期内，产品无实质改变，跨省新开办企业办理产品注册时应认可原审评审批结论，并参照延续注册、简化注册申报资料等。为加速医疗器械产业高质量发展，辽宁省相关产业政策应向发达地区主动看齐。

3. 投融资能力不足，人才与项目流失相对严重

近几年，辽宁省虽出台了优化营商环境、招商引资、人才引进等相关政策，收到了一定成效，但对于医疗器械行业的高质量发展，仍缺少"组合拳"和"重拳"。一是相关专业项目评估能力缺乏，二是辽宁本土的生物医药产业缺少政府引导的基金支持，三是医疗器械产业全链条协同合作以及相应的配套服务体系仍不健全。没有产业基础，自然就留不住人才，好的项目也会趋向于选择产业发达地区。所以，如何充分利用优势资源，将宣传、产业、政策、人才、渠道等因素合理布局，将成果转化落地到本省，是辽宁省医疗器械行业发展必须思考的问题。

三　辽宁省医疗器械产业发展展望及政策建议

辽宁的振兴首先是工业振兴。加快工业结构调整、实现新旧动能转换，坚持做好改造升级"老字号"、深度开发"原字号"与培育壮大"新字号"三项工作，实现辽宁工业振兴，与促进辽宁医疗器械行业发展密切相关。

（一）未来展望

积极探索多元化的合作机制，形成可推广、可裂变的飞地经济与反向飞地经济发展模式。建立属于辽宁的医疗器械产业链创新研究中心，支持整合一体化园区或托管区位相邻、产业相近、分布零散的产业区域，打造"要素集聚"、协同互补、联合发展的创新共同体，支持园区跨区域配置要素资源。被整合或被托管产业区域的 GDP、市县级财政收入等，可按属地原则进行分成。尝试成果异地孵化、飞地经济、伙伴园区等多种合作机制，将可

复制、可推广的新经验与新模式推广至全省。提升全省市场主体活力，深化区域生物医药产业经济一体化策略。

坚持区域特色发展，形成领域分布合理、特色鲜明、竞争力强的医疗器械产业链优势区域中心，不断提高行业集中度，加快产业向中高端迈进。重点形成以省会沈阳为核心、区域要素特色发展的新格局。

一是在沈阳、大连打造高端医疗器械科研转化中心。充分利用中科院金属所、自动化所、大连化物所及沈阳药科大学、中国医科大学、大连医科大学等单位的科研力量，发挥东软、新松、沈大内窥镜、欧姆龙、垠艺等品牌企业的产业优势，重点发展高端医疗装备、医用机器人、眼视光学、生物材料、分子诊断、细胞治疗等领域，促进相应医疗器械产品的研发与成果转化，最终形成高端医疗器械的科研转化中心。

二是在沈阳、本溪打造医疗器械人才培养基地。本溪高新区是中国药都沈本新城的所在地，与沈阳浑南高新区连片；同时也是沈阳药科大学等众多医药医疗领域高等学府的汇集地。在本溪，可以充分发挥园区高校雄厚的科研力量与丰富的人才供给优势，引导资金、项目、人才向园区聚集，推动产教深度融合，促进高校与产业协同发展。

三是在盘锦打造产业链延伸样板示范区，打造"油头械尾"产业集群，将石油化工传统产业向医用塑料产业转型，并进一步延伸至医疗器械产业。盘锦占据辽宁沿海经济带主轴和渤海翼布局框架的战略位置，以石化及精细化工产业为经济支柱。"油头械尾"产业集群将带动盘锦传统石油化工产业的转型升级和链条式发展。依托盘锦产业优势，结合大健康产业发展方向，可以培育完善乙烯、丙烯、碳四、芳烃四大产业链，并扩大创新领域，将盘锦市石化及精细化工产业优势、塑料产品产业供应链优势、区域交通物流枢纽优势与化工产业技术优势紧密结合，实施产业基础再造工程，打造医用塑料医疗器械全产业链覆盖的专业园区，使其成为辽宁新的产业增长点。

总体来讲，辽宁省的医疗器械行业在市场需求的推动下形成了规模持续增长、经营逐步规范的发展态势。未来随着辽宁省营商环境的进一步优化，医疗器械注册人制度的进一步落实，辽宁省医疗器械产业将进入高质量发展的快速通道。

（二）政策建议

完善鼓励创新的相关政策，以政策和资金引导发展方向，充分利用医疗器械注册人制度释放的红利。政策的出台必须因地制宜，切忌照套照搬。由于产业基础不同、地方可支配要素不同以及政府行政力不同，同样的政策不一定会产生同样的效果。要在对区域要素与产业基础进行深刻分析的基础上，围绕辽宁医疗器械产业发展量身定制政策。国家出台的医疗器械注册人制度极大地促进了科研人员、临床医疗工作者投身医疗器械产品开发与创新研究的积极性，为辽宁医疗器械产业激活创新的动能提供了条件。省市科技、工信、发改、卫健、药监等相关部门应扩大对新成立医疗器械小微企业的支持面，制定与行业发展需求相契合的资金扶持政策，如奖励鼓励专利布局，加强知识产权保护；奖励鼓励医工成果转化，引导医疗工作者在岗创造创新；奖励鼓励注册人产品注册，推动注册人制度加快落地；奖励鼓励扩大产能与整合集中，引导推动产业要素聚集。随着医疗器械注册人制度的实施，区域企业纳税主体将由生产企业逐渐转变为注册人企业，要通过政策与资金投入，引导注册人企业大力开展创新研究，引导生产企业向平台基地转型，扩大产能并向供应链上下游延伸，进而促进全省朝产业集群化方向发展。

完善医疗器械产业发展平台体系，打造医疗器械从概念与想法到产品问世的"一站式"产业基地。聚焦医疗器械产业问题，着手处理支撑平台建设不完善、产业生态服务体系缺乏系统布局等问题，着力补齐产业发展短板。根据不同城市的不同工业基础，差异化遴选适合发展的领域，量身打造产业集群，形成"多个关联注册人企业＋一个共享产销基地"的"整合集约"的平台模式。围绕医疗器械注册人建立涵盖产品设计开发、制造加工、渠道销售与临床反馈的创新联合体，聚力开拓产品内销市场与外销渠道，促进产品持续快速迭代，以适应行业高质量发展与国内大循环的需求。以市场需求为导向，充分发挥全省高校、医疗机构、科研机构丰富的优势，站在国产医疗器械高质量仿制替代发展的轨道上，批量化推动二、三类医疗器械产品首次注册与一类医疗器械产品备案，提升研发与生产服务能力，促进产学研结合与医工成果转化，加快注册人制度推广，延伸供应链、提升服务链、完善创新链，围绕创新链打造产业链，促进生物医药产业可持续发展。

依托优势特色学科，支持开展协同创新，推进关键核心技术创新和成果转化。鼓励园区、高校与骨干企业开办共建共管共享的现代产业学院，深化人才培养模式改革，加强技术联合攻关与产教融合。鼓励校企联合，发挥教学资源在技术创新领域的技术优势，研发创新型、实用型产品，联合生产基地实施成果转化，推动形成产学研链条。建立二元人才培养模式，一方面依托高校与企业的自主培养，另一方面推动人才引进，促进企业导师承担学校特色学科的教学任务，建立确保校企双方师资流动畅通的机制，使高校教师有较多机会参与企业研发和生产实践，打造一支高水平的双师型人才队伍。

实 践 篇
Practical Reports

B.25
湖北省新冠肺炎疫情防控中
医疗器械的供应与管理

邓远贵　崔辉　肖珏*

摘　要：　面对突如其来的新冠肺炎疫情，湖北省各级政府、全体民众和企业单位在习近平总书记提出的"坚定信心、同舟共济、科学防治、精准施策"的战略方针指引下，团结一心、努力奋斗，实现了省内医疗防护物资供应由严重短缺到紧平衡、由紧平衡到有结余、由有结余到可对外出口的"三个阶段的跨越"。湖北省药监局通过实施应急审批与注册、出口产品对标评价和快速检验等手段，快速提高了湖北省的医用防护服等防疫物资供应保障能力。相关企业在政府引领下积极扩充产能，全省实现医用防护服月产量由7.5万套增至630万套，医用防护口罩月产量由108万只增至1260万只，医用外科

---

* 邓远贵，湖北省药品监督管理局；崔辉，国药集团奥美（湖北）医疗用品有限公司总经理；肖珏，奥美医疗用品股份有限公司销售经理。

口罩月产量由1140万只增至1.38亿只，为打赢抗疫攻坚战提供了充足的"弹药"。本文从保障供应、严格监管、重整飞跃这三个方面探讨医疗器械应急监管模式如何在重大公共卫生突发事件中实现"保供、保质、保安全"。

关键词： 应急监管　医疗器械　湖北抗疫

我国的国家医疗器械常备储备实行的是国家和省级两级储备制度，国家一级由中国医药集团负责，省级多由各省（区、市）的国有医药企业负责。整体管理权限属于工信部，企业是代储的执行方。常备储备的品类多是生产周期较长、货值较高的品类。口罩、消毒剂、防护服、手套等生产周期短的低值易耗品，虽然在医疗机构和各地的疾控部门有少量存储，但整体数量不大。新冠肺炎疫情发生后，由于用量倍增，全国各地都出现了防疫物资短缺的情况。[①] 这种情况在作为疫情"震中"的湖北省尤为突出，虽然湖北省是我国最大的无纺布生产加工出口基地之一，但是由于疫情来势凶猛，又恰逢春节期间，大量工厂已经放假停工，疫情前期供需矛盾非常突出。医用防护物资奇缺成为需要解决的主要难题。

一　灵活创新保障供应

（一）启动应急审批

新冠肺炎疫情暴发之初，医用口罩、防护服奇缺。湖北省有大量无纺布医疗用品加工进出口企业，但是多为加工型外贸企业，拥有生产能力但没有国内相关医疗器械证件。同时省内大量拥有改产能力的纺织服装类生产企业

---

① 冯俏彬：《解决防疫物资短缺需要政府与市场协同用力》，《中国经济时报》2020 年 2 月 17 日。

也苦于没有国内相关医疗器械证件，不能合法合规地参与到防疫物资的供应中。为了解决准入问题，最大限度地释放产能，2020年1月23日湖北省药监局启动了应急审批流程，在不降低标准的前提下，优化了注册流程，提升了审批效率。依托全国首创的全流程网上注册审批系统，实现了检测、受理、审评三项同步，把产品注册检验、审评、核查、生产许可等事项由常规的"串联审批"调整为"并联审批"，完成应急产品审批258件和应急注册检验889批。

启动应急审批后，全省可合规生产防疫物资的医疗器械企业队伍得到了充分扩充。其中，医用口罩生产企业在原有的36家的基础上扩充了2.4倍增加到124家，医用防护服生产企业在原有的5家的基础上扩充了3倍增加到20家，体温检测设备类生产企业在原有的2家的基础上扩充了3.5倍增加到9家，核酸检测试剂生产企业更是从无到有增加到3家。2020年1月27日，受国家药监局委托，湖北省药监局对"汉产"新冠病毒核酸检测试剂盒进行现场核查并批准上市，承接国家药监局新冠病毒防控用体外诊断试剂应急审批初筛、初核任务。2020年2月1日，湖北省药监局在24小时内完成7家企业7个核酸检测、1个病原体检测产品的初筛初核工作。2020年3月底，3家企业的5个核酸检测试剂获三类医疗器械产品注册证书。

（二）强力扩大企业产能

为解决新冠肺炎防治一线医护人员的防护保障问题，监管部门允许企业在保证质量安全的前提下，开展外协加工，形成了特殊时期的"奥美＋"和"稳健＋"协作生产模式，即依托奥美医疗、稳健医疗等业内龙头公司的质量管理体系及技术积累对产品质量安全负总责，其他生产企业配套加工生产半成品的供应群模式。充分发挥仙桃市无纺布产业集群的能力，由10家企业为稳健医疗提供防护服半成品，8家企业为奥美医疗、稳健医疗提供口罩半成品，通过协同生产扩大产能。奥美医疗医用防护口罩产能由5万只/天增加到20余万只/天；稳健医疗医用防护服产能由2300套/天增加到10万套/天。

湖北省人民政府更是在2020年2月18日出台了《关于做好疫情防控

物资扩产、转产、新建"三个一批"工作实施方案》，设立了明确的防疫物资扩产目标：全省医用防护服月产能要达到240万套，医用隔离衣、手术衣月产能要达到120万套，外科口罩月产能要达到4500万只，一次性使用医用口罩月产能要达到1.2亿只，N95医用防护口罩月产能要达到900万只，测温仪月供应量达到9万台，心电监护仪月供应量达6000台，负压救护车月供应量达150台，为打赢防疫阻击战提供充足的医用防护物资保障①。

省防控指挥部派出驻厂特派员驻点指导确定新建、改建、扩建"三个一批"22家重点企业，确保企业以最短时间达到标准要求。将紧缺医用物资重点企业纳入省级统一征用调配名录。各纳入名录的重点企业出厂产品一律由省防控指挥部统一征用、调配和管理，未经批准各级县市政府和单位一律不得以任何形式调配使用。所有产品一律由省政府价格主管部门依法实施临时价格干预，坚决打击哄抬防疫物资价格、发"国难财"的行为，同时对于防疫物资生产企业给予三大政策支持。一是设备购置补贴。省政府首批安排了10亿元省级专项资金用于受省防控指挥部统一征用调配的重点生产企业扩产、转产的设备购置费用的全额补贴。二是银行贷款贴息。支持省内企业列入全国重要医用防护物资重点企业名单，争取中国人民银行贷款支持。省级财政统筹按企业实获贷款利率的50%进行不超过1年的贴息。未能纳入疫情防控重点保障企业名单的其他重点保供企业进行不超过1年的30%的贴息。三是政府收储兜底。对于纳入省级统一征用调配名录的防疫物资生产企业在征调期间生产的所有产品进行收储兜底，解决企业的后顾之忧。

（三）严格对标评价，灵活使用出口应急物资

疫情初期医疗机构及各级政府收到了大量境内外社会团体捐赠的医疗防

---

① 《湖北：支持重点企业扩产转产新建　为防疫提供更多"弹药"》，《湖北日报》2020年2月19日。

疫物资。其中有很大一部分是各界人士通过相关渠道在全世界范围内采集的医疗器械和防护用品，存在着国内外质量要求不一的质量判定问题。同时湖北省作为无纺布类医疗器械出口加工大省，省内有大量的出口型的医疗器械生产企业存有大量的仅供出口的医用口罩和医用防护服等医疗防护产品。为了能够满足需求，物尽其用，湖北省药监局对这些未取得国内证照的产品开展了应急质量对标评估，严守国内相关技术和标准要求。对77批次仅供出口的应急物资进行了对标评价，对585批次捐赠产品进行了对标应急检验，在抗击疫情的艰难时期缓解了保供压力。

二 严格职守强力监管

（一）加强生产监督检查

在疫情期间，湖北省药监局先后发出《关于加强医用口罩、医用防护服等肺炎防控医疗器械监管工作的通知》等十余份文件，要求各地高度重视疫情防控用医疗器械的监管，重点检查企业原材料采购、生产过程控制、出厂检验放行等环节，共监督检查生产企业350余家次，发现整改问题近90个。

（二）实施监督抽检

对生产企业进行现场过程抽查，尤其是在对医用防护口罩和医用防护服的监督检查中，采取"监督检查＋随机抽检"相结合的方式，对疑似问题产品现场监督抽样，共完成监督抽检13批次。其中3批次不合格，监管当局及时送达警示函，督促企业整改并进行跟踪抽检。

（三）精准监管应急审批产品及生产企业

疫情期间应急审批的医用口罩等产品，涉及省内近60家生产企业，湖北省药监局将它们纳入四级监管，监督检查频次每月至少1次，以确保产品质量。对华大生物、明德生物、中帜生物等三家新冠病毒核酸检测试剂生产企业，先后 20 余次进行飞行检查、监督检查、专项检查和跟踪检查，确保核酸检测试剂及配套检测设备质量安全。

（四）展开飞行检查

对 28 家重点防疫物资生产企业开展飞行检查，对 3 家新冠病毒检测试剂生产企业，19 家医用口罩、医用防护服生产企业和 6 家其他医疗器械生产企业进行高频次检查。

（五）协助紧急医用物资生产督导

湖北省药监局与市场、经信等部门组成联合检查组，协助国家药监局督导组对紧急医用物资重点生产企业进行驻点式的现场监督指导，相关人员常驻工厂实时监管，保障产品质量安全，满足市场需求。

三 疫后重振上台阶

疫情给湖北省经济造成了重创。在疫情防控常态化时期，湖北省政府各部门弘扬"店小二"精神，充分助力湖北医药产业"疫后重振"，实现了省内医疗防护物资供应由严重短缺到紧平衡、由紧平衡到有结余、由有结余到可对外出口的"三个阶段的跨越"。

（一）出台"十五条"措施，推进中央一揽子支持湖北政策落实

为了帮助企业顺利复工复产，湖北省药监局主动对接服务"三个一批"重点企业 22 家，同时深入 31 家重点企业解决问题 37 个，处理企业复工复产咨询 2000 余次，解决申报困难问题 600 多个。对 957 家医疗器械企业进行了证件更换，办理时间平均压缩 20% 以上。为 171 家次医疗器械生产企业办理 265 份医疗器械产品出口销售证明。

（二）审批开辟绿色通道

进入疫情防控常态化时期后，在"程序不减少、标准不降低"的前提下，湖北省药监局对医用防护产品依然采取靠前指导、单独排队、快速办理的方法，助推优质医用防护产品出口。湖北省药监局组织派出205个检查组615人次，完成了205家企业的现场核查任务，助推医疗器械生产企业快速立项、施工和投产。

（三）为企业赋能

践行"有呼必应、无事不扰"的"店小二"精神，加大帮扶力度，促进武汉、宜昌、咸宁、仙桃等地医用防护产业集群高质量发展。在全省范围内推广技术审评核查预审查服务，企业将相关资料提前提交审评人员把关，从而帮助企业提高技术审评通过率。2020年湖北省药监局技术审评中心共接到200多家企业的300多项预审查申请。

（四）提升政府服务能力

目前，湖北省医疗器械质量监督检验研究院无源产品检测不需要预约排队，实现即送即检，有源（非超声类）产品待检时限均为2个月，有源（超声类）产品待检时限为1个月。为更好服务医疗器械产业发展，湖北省医疗器械质量监督检验研究院积极扩能增项，提升检验检测水平和能力。目前已投资2.82亿元，建设面积5436平方米的实验室，主要包括电磁兼容检测实验室、光学医疗器械检验实验室、康复辅助类医疗器械检验实验室、手术医疗器械检验实验室等；投资2.1亿元，致力于建设有源手术设备、医学影像、体外诊断试剂（精准医疗）三个领域的能力提升项目，该项目建成后将新增设备712台套，服务企业预计达2300余家，新增检验批次1000批以上，新增检验能力300余项，覆盖国家、省级医疗器械重点监管目录90%以上，检验能力、科研能力、服务监管和产业发展能力将大幅提升。

B.26
广东省新冠肺炎疫情防控中
医疗器械产业面临的挑战及应对

张 锋 张 扬 刘舜莉*

摘　要： 新冠肺炎疫情发生后，广东省药品监督管理局全力做好疫情防
控医疗器械的供应保障工作。其中一次性使用医用口罩、新型
冠状病毒检测试剂盒、呼吸机、红外体温计等注册证数量居全
国首位，为全国乃至全球抗疫做出突出贡献。产业政策上，广
东省药品监督管理局先后出台一系列应急审批政策和细化指导
文件，优化工作流程，提高审批效率，充分发挥政策导航的作
用，加快防疫医疗器械市场准入；监管方面，广东省药品监督
管理局严格控制疫情防控医疗器械质量安全，完善疫情防控医
疗器械上市后监管手段，严厉打击涉疫情防控用医疗器械的违
法犯罪行为，有效保障了疫情防控医疗器械的使用安全。疫情
发生也给产业带来新的机遇和挑战，如疫情防控医疗器械或将
列入国家的长期战略储备，部分高端产品将更受重视，各类产
品将面临优胜劣汰及升级迭代。疫情发生使产业存在的问题凸
显，总结经验优化制度、制定人才培养制度、鼓励引导产业高
质量发展、提高产业韧性的需求更加迫切。

关键词： 广东省　应急审批　医疗器械

---

* 张锋，广东省药品监督管理局医疗器械监督管理处处长，讲师；张扬，广东省药品监督管理
局医疗器械监督管理处四级调研员；刘舜莉，广东省医疗器械管理学会秘书长。

新冠肺炎疫情发生后,医用口罩、医用防护服等医用防护物资突然紧缺,广东省药品监督管理局(以下简称"广东省药监局")以"战时状态"和"战斗姿态"全力做好医用口罩、医用防护服、红外体温计、呼吸机、新冠病毒检测试剂等疫情防控医疗器械的供应保障工作。

在应对新冠肺炎疫情的过程中,广东省药品监管系统深化"放管服"改革,通过制度创新和技术服务,助力企业快速投产、扩产防疫物资。2020年3月,广东省防疫物资基本达到供需平衡;从2020年3月开始,广东省企业全力扩大防疫物资出口,不仅为全球抗疫做出突出贡献,更为国内经济增长贡献力量。

一　注册审批管理

2020年,广东省药监局共受理2173项第二类疫情防控产品的注册申请,其中1692项注册核发,263项延续注册,132项许可事项变更注册,86项登记事项变更注册;共批准1189项第二类疫情防控产品的注册申请,其中885项注册核发,161项延续注册,58项许可事项变更注册,85项登记事项变更注册。

截至2020年12月,广东省共有10个国产新冠病毒检测试剂盒注册证,23个呼吸机注册证,715个医用口罩注册证,264个红外体温计注册证,21个医用防护服注册证。其中一次性使用医用口罩、新型冠状病毒检测试剂盒、呼吸机、红外体温计等注册证数量居全国首位。

广东省作为GDP过10万亿元、规模以上工业企业数量全国第一的省份,在防疫物资生产中做出了自己的贡献。广东省政府官网披露,从2020年2月到3月中旬,广东累计生产的口罩机占到同期全国产量的八成,口罩、口罩机、贴条机、胶条4类物资国家调拨数量均居全国第一。在此次疫情防控中广东省医疗器械产业发展特点主要表现在以下几方面。

(一)扎实的制造业基础保障产业快速发展

近年来,广东以珠三角等经济基础较好的城市为中心,医药产业发展迅猛,电气机械及专用设备保持强劲发展态势，纺织服装业稳步发展，基础扎实雄厚的制造业以它特有的韧性和巨大的回旋余地为广东省的疫情阻击战提供了坚实有力的后盾，迅速有效地提供了广东省疫情防控所需的医疗器械。

（二）企业响应促进产能迅速提升

面对疫情带来的市场需求，广东省大量的企业克服困难增产、投产、转产疫情防控医疗器械。疫情发生前已拥有疫情防控医疗器械注册证的企业迅速复工复产，保证质量、加大产出。大中型企业在本次转产疫情防控产品中的表现可圈可点，它们利用原有的产业基础迅速投入防疫阻击战。比如以汽车、电池制造为主的比亚迪精密制造有限公司投产医用口罩、以改性高分子材料为基础的广东金发科技有限公司投产医用口罩和医用手套、以通信电子设备为主的TCL通力电子（惠州）有限公司投产医用红外体温计等。流通领域统一调控，以满足应急所需。行业组织积极倡议，有效引导。企业的迅速响应为广东省疫情防控奠定了基础。

（三）强监管提升企业守法意识

广东省自2007年发布《关于试行广东省医疗器械生产企业质量信用分类监管工作的意见的通知》以来，以做好医疗器械生产企业质量信用体系工作为载体，实施分级分类监管，建立奖惩机制，提升了企业诚信守法意识和监管执法效能。为充分巩固疫情防控成果，广东省药监局更是进一步完善疫情防控医疗器械上市后监管手段，组织全省药监系统开展对医用口罩、医用防护服、呼吸机、红外体温计、新冠病毒检测试剂等企业的监督检查，加强法律法规宣贯，提升企业知法守法能力水平，开展责任约谈，督促指导相关企业进一步落实质量安全主体责任，加强医疗器械生产质量管理，确保医疗器械产品质量。

二　产业发展环境

疫情发生后，国家药品监督管理局（以下简称"国家药监局"）立即启动医疗器械应急审批程序。广东省药监局迅速响应，按照国家药监局的工作要求，遵循确保产品安全、有效、质量可控的原则，先后出台一系列应急审批政策和细化指导文件，优化工作流程，提高审批效率，充分发挥政策导航的作用，加快防疫医疗器械市场准入。

2020年1月24日，《广东省药品监督管理局办公室关于重大突发公共卫生事件一级响应期间对医用口罩等防控急需用器械实施特殊管理的通知》发布，允许省内用于出口的、符合欧美标准的医用口罩加贴中文标签后紧急使用。该项政策使外销的医用口罩等防控急需用器械快速转为内销，迅速提高了防疫器械的供给能力。

2020年2月1日，《广东省防控新型冠状病毒感染的肺炎疫情所需药品医疗器械行政许可应急审批程序》发布，成立应急审批工作专班，采取网上即时受理、2日内组织开展注册质量管理体系核查、5日内完成技术审评、3日内完成行政审批，检验机构接收应急审批的医疗器械样品后24小时内组织开展检测，并及时出具检测报告等措施，大幅缩短了审批时间和注册检测时间。

2020年2月22日，《广东省药品监督管理局关于做好新冠肺炎病毒检测用体外诊断试剂注册申报资料初核工作的通告》发布，省药监局审评中心和行政许可处执行审核新冠病毒检测试剂注册申报资料的任务，缓解国家药监局器审中心的审核压力，加快审批进度。

2020年2月22日，《广东省药品监督管理局关于印发支持药品医疗器械化妆品企业复工复产十条政策措施的通知》发布，延长政务服务时间，实现全天候办理；实施快审快批快检，助推抗疫药械上市；优化检查核查流程，支持企业合规运营。通过十条政策全力推动企业复工复产。

2020年5月8日，《广东省药品监督管理局关于试点建设医疗器械生物学评价原材料名录库的通告》发布，提出避免重复开展生物学试验，提高审评审批效率，降低企业研发成本。同时，启动注册"零收费"，减轻企业负担。对进入应急审批程序的药品医疗器械产品，减免注册费；疫情结束后，对于通过应急审批的仅在疫情防控期间有效的药品医疗器械产品，再次申请相同行政许可事项的，免征注册费。

通过一系列政策措施，广东省企业、研究机构迅速开展研发及注册工作，相关产品迅速满足了疫情防控需要。其中，广州安捷生物安全科技股份有限公司的医用隔离病床，是广东省首个参照应急审批程序附条件批准的医疗器械，仅用三天便获批上市，专家一致认为该产品具有较强的临床应用价值，能够在呼吸传染病防控工作中发挥积极作用。比亚迪精密制造有限公司仅仅用 8 个工作日，就拿到了疫情期间广东省第一个一次性使用医用口罩的注册证并迅速转产，初期口罩日产 500 万片，一个月后就攀升到 5000 万片。中山大学达安基因股份有限公司的新型冠状病毒核酸检测试剂盒（荧光PCR 法）是第一批通过国家药监局遴选，获得应急审批通道资格的新型冠状病毒诊断试剂，于 2020 年 1 月 28 日获批。该产品可辅助临床实现早诊断、早治疗。广州万孚生物技术股份有限公司所生产的新型冠状病毒（2019－nCoV）抗体检测试剂盒（胶体金法），是通过广东省药监局遴选并推荐进入应急审批通道的新冠抗体检测试剂，也是最早通过国家药监局应急审批的两个胶体金法抗体检测试剂之一。

三　严格产业监管

（一）严格控制疫情防控医疗器械质量安全

自 2020 年 1 月 23 日以来，广东省药监局先后印发了 40 余份工作文件，持续加大对疫情防控医疗器械的质量安全监督检查力度。建立工作台账，指定专人负责，对国家药监局要求上报的新冠病毒检测试剂、医用呼吸机、医用防护口罩生产情况等数据，每周定期收集汇总相关企业的产品生产信息，按时保质完成上报；分别组织全省药监系统开展对医用口罩、医用防护服、呼吸机、红外体温计、新冠病毒检测试剂等生产企业的监督检查，对重点企业实行 100% 全覆盖检查；对检查发现问题的企业 100% 组织跟踪检查，督促企业整改落实到位。对省内 6 家新冠病毒检测试剂生产企业开展全覆盖检查不少于 3 次，检查覆盖率达 100%。对国家药监局交办的事项，落实到岗到人，专人负责，从接到任务，到调查处理，再到反馈上报，全程跟进落实。疫情期间，广东省药监系统严格落实"四个最严"，严惩各类违法行为，牢牢守住不发生重大医疗器械安全事件底线。

（二）严格控制疫情防控医疗器械出口质量安全

广东省药监局印发了《关于进一步加强疫情防控医疗器械出口质量监管工作的通知》，对未取得医疗器械产品注册证或医疗器械生产许可证的企业不予出具医疗器械产品出口销售证明。严格按照《关于有序开展医疗物资出口的公告》（商务部　海关总署　国家药品监督管理局公告 2020 年第 5号）、《关于进一步加强防疫物资出口质量监管的公告》（商务部　海关总署　国家市场监督管理总局公告 2020 年第 12 号）要求，加强对出口医疗器械产品生产企业的核查，要求企业按照相关标准生产，对存在监督抽验不合格、未复检合格的企业，通报省商务厅不予列入"白名单"。

（三）完善疫情防控医疗器械上市后监管手段

根据疫情防控和复工复产工作的形势要求变化，先后下发了 7 份紧急通知，对广东省辖区内医用口罩、医用防护服、一次性使用手术衣、新型冠状病毒检测试剂（盒）、医用红外体温计、呼吸机等重点疫情防控用医疗器械开展了紧急专项监督抽检，要求应急备案一家，抽检覆盖一家，注册（应急备案）一个产品，抽检覆盖一个产品，做到"两个全覆盖"，无一遗漏，重点保障疫情防控一线使用的医疗器械质量安全。针对监督抽检不合格的产品，广东省药监局迅速组织各药品稽查办公室和相关药品监管部门依法开展核查处置，使得抽检不合格的产品均得到有效控制，并及时召回了流入市场的相关产品。

（四）严厉打击疫情防控医疗器械违法犯罪行为

广东药监局与广东省公安厅联合开展"打击疫情防控用医疗器械违法

犯罪专项行动",针对疫情防控用医疗器械违法犯罪的突出特征,以利用互联网销售未取得医疗器械注册证的疫情防控医疗器械的违法犯罪行为为重点,出重拳打击制售假冒伪劣、生产销售未取得医疗器械注册证的疫情防控医疗器械的违法犯罪行为。其中,有 10 宗案件被国家药监局作为典型案例对外公布,充分体现了广东省药品监管部门严厉打击疫情防控用医疗器械违法违规行为的态度和力度,对违法犯罪分子形成强大震慑力,有效保障了疫情防控医疗器械的使用安全。

四 产业发展趋势

（一）疫情防控医疗器械产业将面临优胜劣汰

医疗器械产业具有集中度高的特点,主要市场被优质企业掌握。疫情防控医疗器械性能相似,缺乏市场区分度,同质化严重。大部分转产的医疗器械生产企业以前未生产医疗器械,未拥有固定的销售渠道。在国外市场需求趋于稳定、国内市场供应满足民众所需后,产品质量过关、价格合理成为市场监督和群众的筛选指标。部分以品质为先、质量管理体系合格、价格合理的产品经过"大浪淘沙",成为优胜者,将继续被使用机构和市场所认可。另外一些产品将依靠低价格进行竞争,并因质量缺乏优势,逐渐被市场淘汰。

（二）部分高端疫情防控医疗器械受重视程度加大

新冠肺炎疫情发生以来,各国都意识到了 ECMO 对救治新冠肺炎重症患者的潜力,ECMO 需求量陡然升高,但是暴露出了其产能严重不足的问题。目前,ECMO 的耗材核心技术掌握在外资企业手中,核心部件中的动力泵和膜肺,我国还未能完成自主研发,这些都是 ECMO 本土化的"卡脖子"难题。广东省医疗器械质量监督检验所已着手开展 ECMO 标准和技术研究,力图推进 ECMO 国产化进程。广东省数个医疗器械项目进入第一批创新服务重点项目名单，其中就有 ECMO 项目。可以预见，医疗器械产业的受关注程度会越来越高，长远看，这次疫情的暴发有利于医疗器械产业的发展。

（三）疫情防控医疗器械或将列入国家的长期战略储备

疫情期间，各类防护口罩、防护服、护目镜、呼吸机、红外热像仪、体温计、消毒液、手套、疫苗注射器等告急。可以预见，作为应急医疗的重要物资，部分医疗器械将会被列入国家的长期战略储备。

（四）疫情防控将助推防疫设备产业升级

疫情给口罩、防护服、诊断试剂、红外体温计这类传统医疗器械带来产业升级机会，同时还将促进病毒隔离系统、病房机器人、空气病毒净化系统、手术室病房信息化系统、快速温度检测系统等高科技防控产品的发展。

五　困难与建议

广东省医疗器械产业发展面临的困难：一是疫情期间，增加的市场需求吸引了众多企业增产转产，人才越发匮乏，专业岗位人员存在较大缺口。二是疫情期间，监管服务对象数量倍增，各地医疗器械监管支撑力量严重不足，监管服务工作难度加大。三是疫情防控医疗器械生产企业总体运营成本较高。主要是广东省较内地其他省市城市化建设更快，场地租金、人力成本居高不下，企业利润空间较小。四是企业质量意识淡薄，整体管理水平不高。大部分新增转产的医疗器械生产企业以前未生产过医疗器械，存在质量管理体系意识缺乏、人员素质水平参差不齐、对医疗器械相关法规标准不熟悉等问题。

促进广东省医疗器械产业发展的建议：一是总结和汲取新冠肺炎疫情期间的应急审批经验，优化广东省应急医疗器械审评审批制度，丰富应急产品审评审批的渠道，通过组织人员调配、购买第三方认证机构服务等措施，有序应对紧急事件，保障应急产品快速审评审批上市。二是大力扩充监管服务人员队伍,吸纳专业相关性强、高素质的专业人才,制定人才培养和发展制度,保证人才可持续发展,努力提高监管服务工作效率。三是鼓励引导优质疫情防控医疗器械企业做大做强,高质量发展,聚焦供给侧结构性改革,实现产业链整合,提升产业韧性。四是依托高校及科研院所,通过开展医疗器械核心技术研究,培养专业科研队伍,向企业和监管服务队伍输送各级技术人才。鼓励行业协会组织开展从业人员在岗培训、技能评价等工作,重点提升从业人员对法规、标准以及专业技能的掌握和应用能力。

B.27
新冠病毒抗原抗体快速检测
技术的应用和发展趋势

康可人 *

摘　要： 新冠病毒是一种传染性极强和危害性极大的病原，其引发的新冠肺炎大流行以无法预料的方式挑战了全球医学界，给全球公共卫生事业带了巨大负担。目前，在缺乏有效疗法的情况下，人口测试和筛查仍然是应对新冠肺炎大流行的主要手段。新冠病毒抗原/抗体快速检测技术作为传染病防控的有力工具，目前已被明确列入全球新冠肺炎的诊疗指南，并广泛应用于临床，其主要具有快速检测、现场采样、操作简便等优点，适用于家庭、海关机场、基层及农村地区和急诊等不同场景下的新冠病毒快速检测，在疫情防控中发挥了重要作用，并且在疫情防控常态化时期的传染病立体防控检测中具有广阔应用前景。本文主要从新冠病毒抗原/抗体快速检测的技术原理与分类、市场与应用现状、技术与应用发展趋势等几方面进行阐述与思考。

关键词： 新冠病毒　抗原/抗体快速检测　技术应用

　　新冠病毒作为一种传染性极强和危害性极大的病原体，对大众健康、医疗体系及社会经济产生显著影响。及时、全面地检出感染者并对其进行评

---

* 康可人，博士，广州万孚生物技术股份有限公司高级副总裁、高级工程师。

估，成为疫情有效防控的关键。而抗原/抗体快速检测具有检测快速、现场采样、操作方便等特点，适合在不同应用条件下开展，被世界卫生组织（WHO）等权威机构推荐，成为新冠肺炎疫情防控中的有力检测工具。

一 抗原/抗体快速检测技术原理与分类

（一）技术原理

新型冠状病毒属于 β 属的冠状病毒，具有 5 个必需基因，分别编码翻译核蛋白（N 蛋白）、病毒包膜（E 蛋白）、基质蛋白（M 蛋白）和刺突蛋白（S 蛋白）4 种结构蛋白及 RNA 依赖性的 RNA 聚合酶（RdRp）。其中 N 蛋白和 S 蛋白是免疫检测的主要抗原靶点。

1. 抗原检测

抗原检测是能够检测特定病毒抗原存在的免疫测定方法，能够提示当前是否存在病毒感染。应用新冠病毒特异性抗体直接检测样本中的病原体，可作为早期感染的直接证据，且具有操作简便、报告时间短等优势。主要检测的抗原包括 N 蛋白和 S 蛋白，检测试剂多以 N 蛋白为靶点，鼻咽拭子和肺泡灌洗液等为其主要的样本类型。目前主要用于新冠病毒感染者的辅助诊断。

2. 抗体检测

新冠病毒抗体检测试剂多以 S 蛋白和 N 蛋白作为捕获抗原，主要检测 IgM、IgG、IgA 和总抗体。抗体测试可以对血液、血清、血浆等样品中的新冠病毒抗体进行定性和定量检测，可在一定程度上降低样本采集导致的生物安全风险，目前主要用于人群流行病学调查及中晚期感染者的辅助诊断。

（二）技术分类

目前，新冠病毒快速抗原/抗体检测方法主要包括胶体金法、荧光免疫层析法等。胶体金法是以胶体金为标记物应用于抗原抗体结合反应的一种免疫标记技术，其主要优势是操作便捷、不需要设备、试剂稳定、成本低等，适合于不同条件下的快速检测。荧光免疫层析法是以荧光物质为标记物应用于抗原抗体结合反应的一种免疫层析技术，操作简便快捷、灵敏度高，并可实现定量检测。另外，随着万孚生物、明德生物、天深医疗等厂商小型化 POCT 化学发光检测仪器逐步上市应用，高通量快速检测需求有望得到满足。

对于新冠肺炎疫情，快速检测成为新冠病毒抗原/抗体检测的首要条件，在疫情初期国内厂商反应迅速，2020 年 2 月 23 日，万孚生物、英诺特生物的新冠病毒抗体快速检测试剂成为国家药品监督管理局（NMPA）首批批准上市的抗体检测试剂。2020 年 11 月 5 日，万孚生物、英诺特生物抗原快速检测试剂同样是首批获批的新冠病毒抗原检测试剂。截至 2021 年 4 月 13 日，NMPA 共批准新冠病毒抗体检测试剂 28 个，抗原检测试剂 3 个，全球有 4 种抗原检测试剂进入 WHO 应急清单（EUL），基于即时检测（POCT）技术的快速检测试剂为获批的主要新冠病毒抗原/抗体试剂。部分 NMPA 批准的新型冠状病毒抗体检测试剂产品、抗原检测试剂产品分别如表 1、表 2 所示，WHO 批准的新型冠状病毒抗原检测试剂产品如表 3 所示。

表 1　部分 NMPA 批准的新型冠状病毒抗体检测试剂产品

序号	产品名称	注册人	方法
1	新型冠状病毒（2019－nCoV）抗体检测试剂盒	广州万孚生物技术股份有限公司	胶体金法
2	新型冠状病毒（2019－nCoV）抗体检测试剂盒	英诺特（唐山）生物技术有限公司	胶体金法
3	新型冠状病毒（2019－nCoV）IgM 抗体检测试剂盒	广东和信健康科技有限公司	胶体金法
4	新型冠状病毒（2019－nCoV）IgM/IgG 抗体检测试剂盒	北京金豪制药股份有限公司	量子点荧光免疫层析法
5	新型冠状病毒（2019－nCoV）IgM/IgG 抗体检测试剂盒	珠海丽珠试剂股份有限公司	胶体金法
6	新型冠状病毒（2019－nCoV）IgM/IgG 抗体检测试剂盒	南京诺唯赞医疗科技有限公司	胶体金法
7	新型冠状病毒（2019－nCoV）抗体检测试剂盒	北京热景生物技术股份有限公司	上转发光免疫层析法

资料来源：国家药品监督管理局官网，http：//app1.nmpa.gov.cn。

表 2　部分 NMPA 批准的新型冠状病毒抗原检测试剂产品

序号	产品名称	注册人	方法
1	新型冠状病毒（2019 - nCoV）抗原检测试剂盒	广州万孚生物技术股份有限公司	胶体金法
2	新型冠状病毒（2019 - nCoV）抗原检测试剂盒	北京金沃夫生物工程科技有限公司	乳胶法
3	新型冠状病毒（2019 - nCoV）抗原检测试剂盒	深圳华大因源医药科技有限公司	荧光免疫层析法

资料来源：国家药品监督管理局官网，http：//app1. nmpa. gov. cn。

表 3　WHO 批准的新型冠状病毒抗原检测试剂产品

序号	产品名称	注册人	方法
1	Panbio COVID - 19 Ag Rapid Test Device(NASAL)	Abbott Rapid Diagnostics Jena GmbH	胶体金法
2	Sure Status COVID - 19 Antigen Card Test	Premier Medical Corporation Private Limited	胶体金法
3	Panbio COVID - 19 Ag Rapid Test Device (NASOPHARYNGEAL)	Abbott Rapid Diagnostics Jena GmbH	胶体金法
4	STANDARD Q COVID - 19 Ag Test	SD Biosensor，Inc.	胶体金法

资料来源：WHO 官网，https：//extranet. who. int/pqweb/sites/default/files/documents/210318_ eul_ covid19_ ivd_ update. pdf。

二　抗原/抗体快速检测市场与应用现状

（一）市场概况

截至 2021 年 1 月 29 日，全球累计新冠肺炎确诊人数约为 1.01 亿人。从全球分布来看，美洲占比 44%，欧洲占比约 34%。虽然目前国内疫情已经趋于缓解，但预计在全球范围内新冠肺炎疫情影响仍会持续较长时间。

1. 国内市场

在国内市场，疫情初期国内厂商即快速推出新冠病毒抗体快速检测试剂，及时应用于国内疫情防控，2020 年 3 月 3 日抗体快速检测也正式被

《新型冠状病毒肺炎诊疗方案（第七版）》纳入并作为患者诊断及排除标准之一。而抗原快速检测由于试剂研发较为复杂，2020年底相关试剂在国内获批时国内疫情已基本缓解，应用相对有限。目前，国内市场新冠病毒检测试剂临床应用以集采模式为主，对于新冠病毒抗体快速检测试剂，万孚生物、丽珠试剂、英诺特生物等厂商的产品均在10个以上省份中标或挂网。

2. 海外市场

在海外市场，得益于国内厂商的先发优势和国内疫情的有力防控，我国出口新冠病毒（包含核酸、抗体、抗原等）检测试剂盒高达10.8亿人次，为国内企业走向国际市场带来机遇。随着疫情发展和人们对疾病认知的深入，海外市场需求已逐步由疫情初期抗体快速检测逐步转变为抗原快速检测，例如德国，在当地第三波疫情防控压力下，抗原快速检测试剂盒需求量可达1.5亿件/月。预计2021年全球新冠病毒检测试剂需求会保持旺盛，但随着海外竞争对手复工复产和生产扩张，国内企业面临的海外竞争压力会加剧。

（二）应用现状

1. 抗原快速检测

全球范围内，抗原快速检测成为疫情防控的重要手段之一。2020年9月11日WHO发布《使用快速免疫测定法检测抗原以诊断SARS-CoVO-2感染》的指导文件。另外，英国、日本、马来西亚、美国、加拿大、南非等国家也相继推出针对抗原快速检测的规范与建议。抗原快速检测有效促进了疫情的防控，例如斯洛伐克曾采用抗原快速检测进行公共卫生筛查，在两周时间内筛查了80%的人群，发现5万例新冠肺炎病例，结合针对性防控手段，在两周内将发病率降低82%。[1]

抗原检测被应用于疑似患者辅助诊断、高危人群快速排查、入境点筛查、工作场所/学校等场所的常规筛查等，并且抗原水平与感染者传染性具

---

[1] Martin Pavelka, Kevin Van-Zandvoort, Sam Abbott, et al. , The Effectiveness of Population-wide, Rapid Antigen Test Based Screening in Reducing SARS-CoV-2 Infection Prevalence in Slovakia, medRxiv 2020. 12. 02. 20240648.

有显著相关性，可有效检出高传染性患者。另外，抗原"自检测"成为英国、德国等国家疫情防控的有力手段，2021 年 3 月 6 日 Aldi、Lidi 等德国连锁超市巨头开始正式销售抗原快速检测试剂，消费者通过家庭自测的方式进行排查，已成为疫情防控有力措施之一。

2. 抗体快速检测

目前，新型冠状病毒抗体检测仅作为病毒核酸检测的补充方法辅助临床诊断[1]，并不能单独使用。抗体检测最主要应用于流行病学调查，成为评估人群既往感染情况的有力手段，例如武汉曾启动 1.1 万人血清流行病学调查，通过 IgM、IgG 等抗体检测，探寻新冠病毒无症状感染者发生情况，了解社区人群免疫情况，为新冠肺炎疫情防控策略提供科学依据。另外，抗体快速检测也被应用于海关等快速辅助排查和中晚期患者辅助诊断等方面。

三 抗原/抗体快速检测技术发展与应用展望

（一）抗原检测应用：疫情常态化立体防控

参照既往流感疫情防控方案，抗原快速检测作为易于普及的快速排查手段，结合核酸检测的立体化疫情防控策略，有望成为基层/社区排查、门诊/住院患者分流等场景下的主要手段。

1. 基层机构、社区以及居家场景下的重要防控手段

疫情防控的关键在于及时检出感染者，尤其是高传染性病例。从国内乡镇等基层地区来看，基础医疗人员能力、检测费用、构建核酸检测实验室等方面均存在严重短板。抗原快速检测可作为核酸检测的补充手段，快速建立新冠病毒检测能力。

在欧美等地区，医疗机构的防控体系难以形成有效覆盖，民众居家自测

---

① 徐英春、胡继红、王瑶、李军、宁雅婷、罗燕萍、周泽奇、林勇平：《新型冠状病毒实验室检测专家共识》，《协和医学杂志》2021 年第 1 期。

成为弥补防控短板的有力手段，抗原快速检测成为居民居家自测的首要选择，可有效提高检测覆盖率，预计自测应用将获得快速发展，助力疫情防控。

2. 助力急诊、发热门诊的快速患者分流与管理

防止院内感染是疫情防控的关键，门急诊发热病人需要严格地进行核酸检测排查。但流感季节的到来导致门急诊发热病人量剧增，给入院排查带来巨大的负担。使用抗原检测可快速反馈结果，分流发热患者，降低院内感染风险，并提高患者管理效率，同时作为诊断措施也可检出高传染性个体，有利于医院及时做出干预措施。

（二）抗体检测应用：疫苗与中和抗体检测

疫苗作为新冠肺炎的重要预防措施被寄予厚望。目前国内已有五种新冠疫苗获批，在全球范围已有上百种疫苗正在开发。然而非所有接种疫苗者均会产生抵抗力，中和抗体可有效避免病毒感染细胞，是评价疫苗接种效果和人群免疫力的重要指标。

病毒中和试验为目前 WHO 认定的检测中和抗体的参考方法，但是该实验存在耗时长、花费较高，实验室设备以及技术人员要求高，具有一定生物安全风险等劣势。很多厂商在逐步开发依托 ELISA、免疫层析、化学发光等免疫学平台的替代性检测技术，目前已有基于 ELISA 方法的中和抗体检测试剂获批。另外，新冠病毒特异性中和抗体检测，可用于评估疫苗效力。以乙肝疫苗为例，乙肝特异性抗体定量检测结果是评估是否需补充接种的主要证据。缺乏检测标准、缺乏高质量循证医学证据等是目前中和抗体检测应用的主要难点，但随着技术和临床验证的逐步完善，其可作为对疫苗接种者的辅助评估手段之一，促进防疫政策的优化。

（三）抗原/抗体快速检测技术发展

1. 性能提升与验证

欧洲疾病预防与控制中心（ECDC）对 9 种抗原快速检测试剂的研究分析证实，与 RT - PCR 方法对比，抗原快速检测试剂的灵敏度为 29% ～

93.9%，特异性为80.2%~100%。① 不同临床验证中抗原快速检测灵敏度差异较大，特异性普遍高，检测结果受到样本质量、感染部位及病毒表达量等因素影响较大，应选择经过充分临床验证的试剂。值得注意的是，在WHO实验室加强和诊断技术评估合作中心（FIND）的评估研究中，万孚生物等国内厂商的试剂性能优异，与雅培等国际厂商的产品性能相当。同时，现有技术的日益完善和化学发光、微流控等POCT技术应用，有助于提高检测灵敏度，如纸基微流技术（μ-PADs），有望在较低成本和较高准确性基础上，实现多重指标检测。

2. 信息化与智能化

智能手机和平板电脑的广泛应用为快速检测应用的完善提供了契机。移动智能设备的计算能力和储存能力可用于检测过程控制与数据分析，内置照相机可作为光学传感器，在5G等高度可靠、无延迟通信技术的支持下，通过手机端、云平台等信息化管理体系的搭建，结合POCT检测应用范围广且散点的特点，实现对于广泛地区的覆盖与监管预警，并通过智能化平台，提高检测规范性，也可促进居家自测等实现，补齐疫情防控短板。比如在自测应用较为成熟的妊娠和排卵评估POCT应用方面，通过在拭子中内置电子元件，与智能手机连接并传输信息和分析图像，同时也可通过手机App提供个性化的建议解读和等待结果期间的娱乐服务。

3. 集成化和多重检测

发热患者常存在多重感染或被鉴别出多种呼吸道病原体的情况，因此，在新冠病毒抗原/抗体快速检测基础上，实现对甲流、乙流等常见呼吸道病原体的联合评估和多联检测，可快速、鉴别与管理发热患者，提高诊疗效率，减轻医务人员压力。同时，随着POCT设备之间、POCT设备与医院信息系统间信息化对接的逐步完善，通过多种POCT技术平台集成，结合肝肾功能、血气、心肌酶谱等指标，可形成新冠病毒感染者的多场景快速解决方

---

① ECDC, Options for the Use of Rapid Antigen Tests for COVID – 19 in the EU/EEA and the UK, 19 November 2020.

案。多技术集成的 POCT 平台可完善诊疗程序，提升检测能力，进而降低成本，便于广泛在基层地区开展应用，例如新冠肺炎疫情期间，基于 POCT 的基层发热门诊快检室在多地被建立及应用。另外，分子 POCT、质谱 POCT 等新技术平台的开发，也将进一步完善疾病诊疗制度。

4. 全产业链完善

抗原/抗体快速检测试剂的上市应用，需要全产业链的完备与提升。试剂开发核心环节的突破是产品成功上市的关键。目前国内厂家的研发瓶颈在于核心原材料以及样本的获取。抗体、抗原、NC 膜等核心原材料主要依赖于国外厂商，成为试剂开发和生产的瓶颈。在本次疫情中，菲鹏生物、义翘神州等国内原材料厂商挺身而出，对新冠病毒应急检测体系稳定起到了重要作用。为尽量降低对于进口原材料的依赖度，一方面，企业可以与高校、科研院所等单位强化产学研合作，建立长期合作机制；另一方面也需要政府加强长期扶持与投入，尤其是加大对于生物原材料领域突破关键技术的支持力度，以期加速国产替代。

综上所述，抗原/抗体快速检测已经成为疫情防控体系中的重要检测手段，尤其是抗原检测在全球疫情防控中发挥了重要作用。虽然也面临应用和技术方面的挑战，但随着疫情防控常态化、疫苗广泛应用、POCT 技术和场景解决方案日益完善、信息化智能化发展，抗原/抗体快速检测有望成为新冠肺炎疫情常态化防控时期乃至未来重大传染病防控的有效手段。

B.28
医疗机构无接触新冠病毒核酸检测的
信息化系统建设

孟岩 王双军 李丹*

摘　要： 2020年面对新冠肺炎疫情，举国上下团结一致、众志成城，不断取得重大胜利。但在抗疫实践中也暴露出我国检测技术、防控手段等相关研究，都十分薄弱。要想快速、准确、高效地进行病毒检测并且有效做到无交叉感染，存在着一定的困难。随着全国疫情阻击战的打响，在促使医疗机构有效地进行病毒检测的同时，不断强化院感防控也变得十分重要，各级医疗机构面临着新的巨大挑战。如何以系统化、标准化的新型冠状病毒核酸检测为核心，以医疗信息化为着力点，有机结合院感防控与核酸检测，不断建立精准防控体系，成为当下各级医疗机构亟待解决的问题。

关键词： 院感防控　无接触式核酸检测　医院医疗信息化

当前，我国医疗信息化建设正在紧锣密鼓有序地进行，并且迎来了最好的发展时期。从最初的单用户应用阶段，到综合信息系统应用阶段；从以物

---

* 孟岩，北京先锋寰宇电子商务有限责任公司创始人、董事长兼CEO，医药梦网、药城平台创始人，《医药先锋》创刊人；王双军，北京先锋寰宇电子商务有限责任公司副总经理；李丹，北京先锋寰宇电子商务有限责任公司主编。

资和财务管理为中心到以病人信息为核心的电子病历系统和临床业务系统为中心；从局限在院内发展到区域化联动。尽管我国医疗机构信息化建设已取得很大进展，但还不尽完善。

一 暴露在疫情下的我国医疗信息化短板

（一）我国医疗信息化建设的四个发展阶段

第一阶段的管理医疗信息化（管理信息系统，HIS），始于1998年，主要是建设以财务为核心的HIS系统，目标是实现管理的规范化与电子化；第二阶段的临床医疗信息化（临床信息系统，CIS），始于2010年，主要是建设以医嘱为驱动的CIS系统，目标是提高患者安全和医疗服务质量；第三阶段的集成平台化（院内信息集成平台，HIE），始于2015年，主要是建设以数据及集成中心为核心的HIE平台，目标是实现院内业务集成交互和数据共享；第四阶段的预期医疗互联互通（区域信息共享利用，AIS），始于2018年，主要是建设以数据及数据应用为导向的AIS系统，目标是实现信息共享及数据融合利用（见图1）。

（二）我国医疗信息化行业市场现状

近年来，我国医疗信息化的市场规模快速增长。据统计，我国医疗信息化市场规模从2015年至今，年复合增长率为22.1%；预计到2024年，市场的规模有望增至365.6亿元（见图2）。

2019年，我国新兴医疗信息化市场规模仅为0.6亿元，预计未来市场规模将会以171%的年复合增长率增至2024年的87.7亿元。

（三）疫情下的医疗信息化短板

尽管我国医疗信息化发展态势良好，但从这次疫情来看，还是暴露了诸多问题和不足。首先，在新冠肺炎疫情初期，医疗机构在应对疫情和院感防

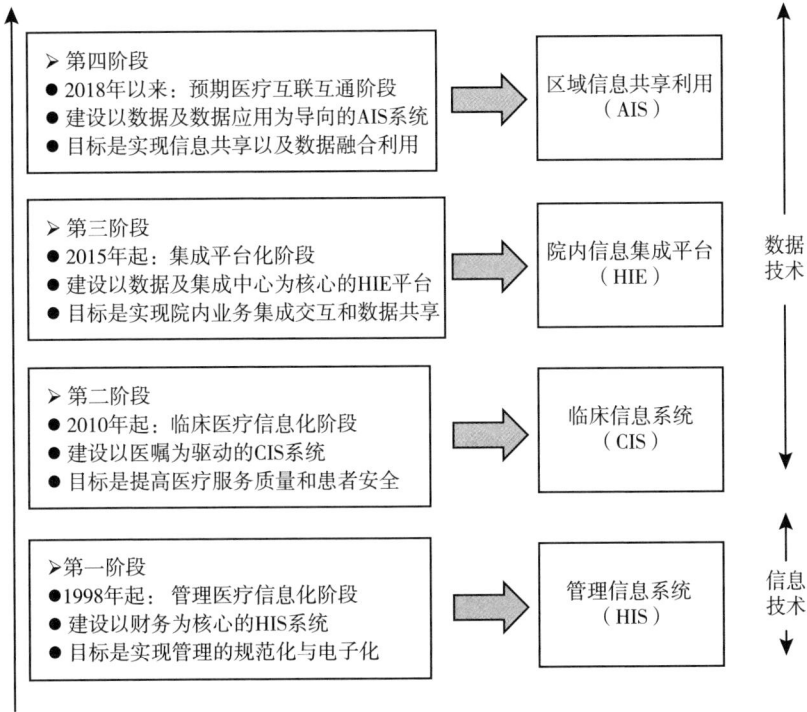

图1 我国医疗信息化发展历程

控的时候，显得有些力不从心，尤其是在院感防控、核酸检测和医疗信息化三者有机结合方面。

其次，各级医疗机构总体还是各自为政，患者数据、就诊情况等信息共享程度低，信息化应用的建设水平参差不齐，缺少长远的规划和整体布局。

疫情面前，医疗机构不够"信息化"的原因主要有三个：一是了解和重视不够；二是缺乏专业人才；三是网络环境复杂且安全风险较大，不免涉及病患隐私等重要数据。

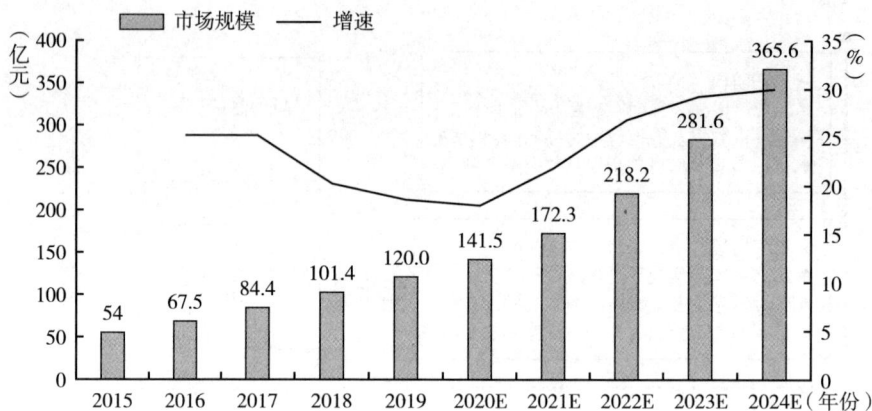

图 2　2015 ~ 2024 年我国医疗信息化市场规模及增速

注：2020 ~ 2024 年数据为预测数据。

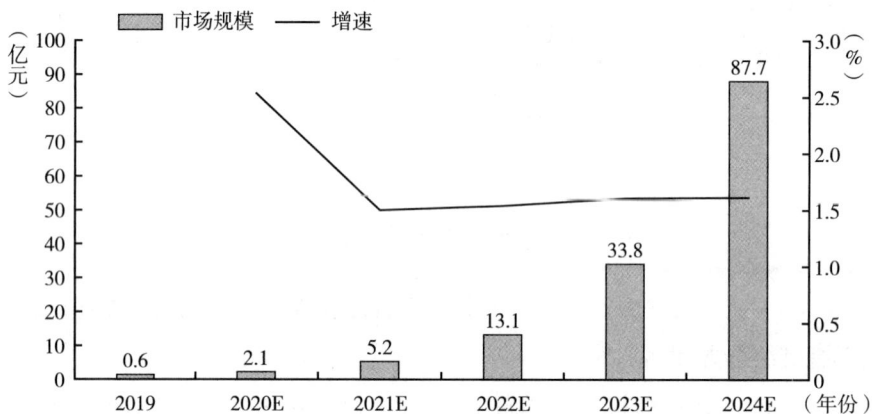

图 3　2019 ~ 2024 年我国新兴医疗信息化市场规模及增速

注：2020 ~ 2024 年数据为预测数据。

二　我国新冠病毒核酸检测现状

突如其来的新冠肺炎疫情，使得核酸检测被频繁提起。公开数据显示到

2019 年，全球的核酸检测市场规模达到了 85 亿美元，其中中国境内为 106 亿元人民币，占据全球市场的 18%。

在新冠肺炎疫情常态化防控阶段，核酸检测已成为全国多地紧急应对和防控疫情的有效手段。为了满足重点人员应检尽检的要求，全国多地医疗机构均及时提供了核酸检测项目，并将检测结果反馈到个人以及上级主管部门。开展核酸检测，已成为医疗机构的重要任务。

三　院感防控管理现状

我国高度重视疫情的防治工作，习近平总书记多次做出重要指示，要求总结经验、吸取教训，织牢织密防护网、筑牢筑实隔离墙。国家各职能部门纷纷开展全面做好公共卫生补短板、强弱项、堵漏洞等各项工作。

（一）防范医疗机构感染发生风险

新冠肺炎疫情以来，随着《国务院应对新型冠状病毒感染肺炎疫情联防联控机制关于印发新冠病毒无症状感染者管理规范的通知》《国务院应对新型冠状病毒感染肺炎疫情联防联控机制关于做好新冠肺炎疫情常态化防控工作的指导意见》《国务院应对新型冠状病毒感染肺炎疫情联防联控机制关于印发进一步推进新冠病毒核酸检测能力建设工作方案的通知》《国务院应对新型冠状病毒感染肺炎疫情联防联控机制关于进一步做好当前新冠肺炎疫情防控工作的通知》等政策的发布，医疗机构感染防控的各项措施进一步得到强化，降低了院内的感染发生的风险。各项通知也都强调了要认真深入贯彻落实国家部署要求，坚决维护人民群众健康权益，严格落实落细医疗机构内感染防控的各项工作措施。

（二）医疗机构感染管理实践与进展

在国家卫健委的指导下，各地区医疗机构感染防控专家和医务工作者按照最严格标准、最细致措施、最刚性要求的原则，以"政策指引""感控课堂""核酸检测""感控督导员""互联网＋医疗""三大责任清单"为六大抓手，狠抓医疗机构感染防控工作，切实保障了患者和医务人员的安全。

在北京出台的《关于持续加强医疗机构院感防控管理工作的通知》中，除了明确院感防控细节管理的 16 条措施以外，还针对医疗机构的院感风险和发现的问题，出台了具体措施，全面提高了院感防控级别。要求按照二级防控、一级管理的原则，严格落实四方责任，院感管理应统筹协调全院相关业务活动，包括全流程、闭环管理以及明确防控主体责任，切实做好疫情期间院感防控各项工作。

（三）新形势下的院感管理

只要有医疗的地方，就要有感染防控，尤其是特殊情况下的特殊机构，如发热门诊与妇幼诊疗场所更是要严加防控，所以无"接触式"要落实到每个具体的医疗行为中，而不仅仅是进门一个环节。

"传染"是一个典型的系统性风险。优质医疗体系应当达到的目标首先是"预防"和"安全"。随着支付方式的改革，感控也在悄然发生变化，不断制约着感染的发生。而"防控"则要求医疗机构所有部门、所有人、所有环节，都有预防意识。

四　无接触新冠病毒核酸检测与医疗信息化建设的有效探索

（一）无接触式核酸检测

新冠肺炎属于具有巨大筛查需求的传染性疾病，医疗机构存在人口流动量大、人员密集、空间相对封闭、传染源密度相对较高等问题。防控期间，医疗机构如何做好院感防控成为亟待解决的问题。

以北京市海淀区妇幼保健院为例，其以"及时发现、快速处置、精准管控、有效救治"为准则，不断提高院感防控级别，分别把好四个关口，即进入医疗机构关口、门急诊关口、入/住院关口、疾病关口。另外，充分结合云端技术优化"互联网＋"医疗服务流程，利用北京先锋寰宇电子商务有限责任公司打造的"先锋寰宇智慧医疗服务平台"，开通了无接触式核酸检测服务并支持医保结算，以及无接触式线上填报"流调表"（全称《门诊就诊患者流行病学史承诺书》）功能。从 2020 年 3 月至今，共收集到"流调表"52 万余份，其中患者 47 万余份，职工 5 万余份。

（二）北京市海淀区妇幼保健院的创新应用

针对新冠肺炎疫情防控需要，北京市海淀区妇幼保健院及时完善医疗机构信息，将关口前移，在前端增加"闸口"，开通了无接触式线上填报"流调表"功能，加强了本地病例筛查，做到了在医疗机构门诊入口处完成二次预检分诊，避免发热患者和近 14 天有中高风险地区旅居史的病人进入门诊区域，同时还避免了因人为原因导致的疏漏。

为解决妇幼就诊和核酸检测人员的防疫安全问题，北京市海淀区妇幼保健院开通了无接触式核酸检测服务，做到了需检人员可在微信小程序上进行全流程操作，如预约开单、缴费以及缴费后的二维码自动生成。检测人员全程无接触，不仅杜绝了交叉感染，还节省了等候时间，缩短了现场停留时间，尽可能地减少人员聚集。

（三）技术层面的有效探索

流调系统使用手机移动端作为客户端，病患可以在到院前在手机上完成流调采集数据采集填报，或在院门口直接扫码填报。系统采用 B/S 架构、C#语言开发，服务器端操作系统采用 MS Windows 2012 Server，大型关系数据库选择 MS SQL Server 2012，在易维护、安全性、稳定性上都有全面的保障。

系统的安全保障包括以下几个方面。

①设置软硬件双重防火墙，制定防火墙安全策略，有效阻挡来自互联网的恶意攻击，全面保障系统正常运行。

②安装正版杀毒软件，定期对服务器进行快速以及全盘杀毒扫描。

③定期检查日志情况，对日志进行备份保留。针对报警的日志及时检查处理。

④系统建立双机热备份机制，保证在主系统无法正常运行的情况下能及时启用备份服务器。

⑤关闭网站不使用的系统端口，由专人专岗定期扫描漏洞并修复系统补丁。

⑥严格管理服务器，绑定登录用户 IP，阻止他人登录。

⑦针对不同的操作人员，由管理员设置数据库信息的访问权限，并设置各自的密码，严格按照密码策略规定设置。为使用人设定不同的用户名，定期更换，严格要求使用人保管好密码。

⑧及时备份数据，制定设备、网络及数据的管理规范，并严格管理系统运行日志和用户使用日志。

⑨制定并遵守安全教育和培训制度。

在保障安全的同时，通过软硬件结合的形式打通医保接口，实现了支持医保结算的无接触式核酸检测功能。在手机端实现直接通过微信小程序预约、开单、缴费，缴费后自动生成二维码；与户外核酸检测点的设备后台互联，户外核酸检测点通过设备识别二维码后即可完成身份认证进行核酸检测。

（四）技术加成的优势

在核酸检测全程中，检测者不需要进入医院内部，这样不仅减少了患者院内交叉感染和传播风险，还节省了参与者排队等候的时间，使医疗机构实现降本增效，加大了院感防控和预检分诊力度，切实保障了妇幼患者的就诊安全。

通过技术手段的应用提高流调效率、防止拥堵、确保患者就诊安全，通过创新方式方法，充分发挥智慧医疗的优势和特色，通过移动端线上填报、系统与医保系统及检测机构三方互联，减轻了医护人员的工作量，为患者争取了宝贵的医诊时间。

（五）互联互通的未来趋势

疫情防控中，医疗信息化建设起到了不可忽视的作用。当前，各级医疗机构针对疫情防控需要，纷纷开展了分时段预约诊疗、智能导医分诊、移动端支付结算、检查结果自动推送、网上咨询、慢病配药、网上随访、用药指导与提醒、就医指南等智慧服务。

信息系统在疾病流调、院感防控、核酸检测以及流程优化方面都起到了重要作用。但同时也必须看到，无接触式核酸检测在区域医疗信息协同方面仍存在较大提升空间。疫情防控常态化时期，无接触式核酸检测的不断发展，将使医疗机构信息化建设向纵深发展，也将成为今后 AI 应用的关键。

B.29

影像引导伽玛射线立体定向放射治疗系统的发展及临床应用

王俊杰　康静波　林志雄　李俊耀*

摘　要：　伽玛射线立体定向放射治疗系统也被称为伽玛刀，在放射治疗中具有独特的疗效和地位。早期伽玛刀发展经历了静态聚焦向旋转聚焦的照射方式转变和头部治疗向体部、全身治疗的治疗范围变化，经历了技术、应用和管理等方面的诸多挑战。影像引导伽玛刀应临床需求而生，补齐了早期伽玛刀功能短板，头部伽玛刀治疗开启无创分次模式，体部伽玛刀治疗实现更高精度，治疗效果也得到提升，伽玛刀发展进入新时代。随着影像引导技术的不断多元化发展，影像引导功能不断完善，影像引导伽玛刀已成为可与医用直线加速器相提并论的主流放疗设备，应该得到更多的临床应用。

关键词：　影像引导　放射治疗　伽玛刀

伽玛射线立体定向放射治疗系统也被称为伽玛刀。凭借精度高、可靠性高、副作用小、操作简单等特点，伽玛刀在肿瘤治疗中具有显著优势及独特

---

* 王俊杰，中华医学会放射肿瘤治疗学分会主任委员，教授，博士生导师，主任医师；康静波，中国生物医学工程学会精确放疗技术分会主任委员，教授，硕士生导师，主任医师；林志雄，首都医科大学三博脑科医院副院长，教授，博士生导师，主任医师；李俊耀，西安大医集团股份有限公司基础研究专员。

作用，被行业内专家誉为"放疗特种兵""立体定向放射外科金标准"。

伽玛刀早期发展经历了照射方式和治疗范围的变化。1968 年瑞典外科医生 Leksell 发明了世界第一台伽玛刀，使用静态聚焦技术，用于头部治疗。20 世纪 90 年代，深圳奥沃发明了旋转聚焦技术，该技术成为中国伽玛刀普遍采用的照射技术，治疗范围也从头部扩展到体部、全身。作为一类新治疗技术和设备，伽玛刀在早期发展中遇到了一些挑战。临床方面，对伽玛刀适应证和使用方法的认知不够充分，临床应用缺少规范；管理方面，初期认识不足导致监管不到位，出现一定市场乱象；另外，早期伽玛刀本身功能不够完善，最典型的是影像系统缺位，在治疗（尤其体部治疗）时精度难以保障。

影像引导伽玛射线立体定向放射治疗系统（影像引导伽玛刀）的出现使得伽玛刀的发展进入一个新的时代。本文结合现有公开数据、文献资料及部分市场调研数据，对影像引导伽玛刀的发展情况、主要产品、临床应用、发展前景等进行了探讨。

一　影像引导伽玛刀发展概述

（一）影像引导伽玛刀应临床需求而生

放疗过程中，摆位误差、患者移动等都会导致靶区偏移，影响放疗精度，尤其在体部治疗时影响更大。在放疗设备中加入影像系统，可识别靶区偏移并进行相应调整，保障临床放疗精度。

针对临床需求，国内外伽玛刀企业纷纷投入影像引导领域的研发。2015 年深圳奥沃影像引导体部伽玛刀率先取得 NMPA 产品注册证，随后医科达影像引导头部伽玛刀获得 FDA 上市许可，并于 2018 年取得 NMPA 产品注册证；2017 年深圳奥沃影像引导头部伽玛刀取得 NMPA 产品注册证；2020 年武汉数码刀影像引导头部伽玛刀取得 NMPA 产品注册证。近几年其他厂家也开始研发可配套影像引导系统使用的伽玛刀。伽玛刀发展全面进入影像引导时代。

（二）影像引导技术和功能多样化

影像引导技术呈现多元化发展态势。从成像方式看，有立体正交成像、锥形束 CT 成像等；从硬件设计看，影像系统有外置与内置之别，有分体式和一体化之别；从临床应用看，对于头部伽玛刀，除影像成像系统外，体表光学监控系统的作用也必不可少；从系统功能看，多数产品实现了治疗前影像引导摆位，不过西安大医新研发的数码伽玛刀已经突破性地实现治疗中实时影像引导。

（三）影像引导伽玛刀得到政府及行业协会认可

2017 年中国医学装备协会发布的第三批《优秀国产医疗设备产品遴选目录》中，入选的伽玛刀尚没有影像引导产品；2020 年第三批目录动态调整后，唯一入选厂商——深圳奥沃入选的 3 款伽玛刀中，2 款为影像引导产品。2018 年科技部发布的《创新医疗器械产品目录 2018》中，深圳奥沃的影像引导头部伽玛刀是唯一入选的放疗设备整机产品。2019 年西安大医的实时影像引导数码伽玛刀通过了 NMPA 创新医疗器械特别审批程序，其国际领先的影像引导技术水平得到官方认可。这些来自政府部门及行业协会的认可肯定了影像引导的发展方向与成果，推动伽玛刀行业向影像引导方向持续发展。

二　影像引导伽玛刀主要企业和产品

根据市场调研数据，截至 2021 年 3 月，国内市场影像引导伽玛刀存量估计有 22 台，各厂家分布为：深圳奥沃 16 台，医科达 4 台，深圳海博 2 台。此外，国内放疗设备厂家中，武汉数码刀和西安大医均有已注册或在研影像引导伽玛刀，但尚无市场数据。

国际上，美国伽玛刀新秀 Akesis 公司在 2020 年推出了影像引导伽玛刀。

（一）深圳奥沃

深圳奥沃拥有 3 款影像引导伽玛刀，即 2015 年 4 月注册的影像引导体部伽玛刀（OUR‐QGD/B，大医刀），2017 年 10 月注册的影像引导头部伽玛刀（OUR‐XGD/AR，AimRay）和 2019 年 8 月注册的影像引导头部伽玛刀（OUR‐XGD/AR，SupeRay）。3 款产品均采用 X 射线球管和双平板构成影像系统，通过 kV 级 X 光正交成像实现治疗前影像引导摆位验证；AimRay 和 SupeRay 在治疗中需要时可暂停治疗进行摆位验证。形式上，大医刀内置影像系统，AimRay 采用分体式影像系统，SupeRay 配备一体化影像系统。AimRay 和 SupeRay 还可以选配体表光学监测系统，在治疗中进行实时体表位移监测，以此为依据判断是否需要暂停治疗进行重新摆位验证。

（二）医科达

医科达拥有 1 款影像引导头部伽玛刀，即 2018 年 1 月在 NMPA 注册的 Leksell Gamma Knife Icon。该产品采用 X 射线球管和外置单平板构成影像系统，通过锥形束 CT 成像实现治疗前影像引导摆位验证，同时配备外挂红外系统进行实时体表位移监测。

（三）武汉数码刀

武汉数码刀拥有 1 款影像引导头部伽玛刀（SMD‐XGD/AR，2020 年 4 月注册）。其影像系统由 X 射线球管和外挂双平板构成，通过 kV 级 X 光正交成像实现治疗前影像引导摆位验证。

（四）深圳海博

深圳海博将第三方影像系统与全身伽玛刀 SGS‐I＋进行适配销售，尚未进行影像引导产品注册。所用影像系统通过外置双 kV 级平板正交成像实现治疗前影像引导摆位验证。

（五）玛西普

玛西普在 2019 年宣布开始研发影像引导头部伽玛刀，采用外置双 kV 级平板正交成像技术，目前尚未进行相关产品注册。

（六）西安大医

西安大医拥有 2 款实时影像引导伽玛刀，其中 CybeRay 于 2019 年 1 月通过创新医疗器械特别审批程序，目前处于 NMPA 注册中；TaiChiC 于 2021 年 2 月取得 FDA 上市许可，目前也在进行 NMPA 注册。两款产品均使用内置 X 射线球管和单平板构成影像系统，可通过正交 kV 成像和锥形束 CT 成像两种方式实现治疗前影像引导摆位验证。同时内置影像系统与治疗系统同中心设计，治疗中可实现连续 kV 级实时影像引导，该技术处于国际领先水平。

（七）Akesis

Akesis 拥有 1 款实时影像引导头部伽玛刀（Galaxy® RTi，2021 年 3 月取得 FDA 上市许可），目前没有在我国注册。Galaxy® RTi 内置 kV 级影像系统，可实现基于锥形束 CT 成像的治疗前摆位验证，也可实现治疗中实时影像引导。其治疗床尾部有一体化设计的红外定位系统可进行全流程实时位移监测。

三 影像引导伽玛刀临床应用现状

（一）临床应用模式改变

1. 头部伽玛刀治疗开启无创分次模式

早期头部伽玛刀使用微创的头钉头架进行患者固定，给患者带来较大痛苦，一般只能进行单次治疗。影像引导头部伽玛刀可采用无创面膜固定，不仅解除了患者痛苦，也为分次治疗提供了可行性，治疗方案选择与实施不再受限，显著提高了治疗效果。对于佩戴头架有恐惧心理或不适宜佩戴头架的患者，以及脑部病灶数量较多或不适合单次完成治疗的病症，具有极大临床意义。

脑转移瘤是较典型的适合使用影像引导头部伽玛刀进行分次治疗的头部恶性肿瘤。脑转移瘤主要原发来源包括肺癌、乳腺癌、黑色素瘤等，其中非小细胞肺癌（NSCLC）最常见①。NSCLC 发病率达 80%，约 60% 的 NSCLC 患者会发生脑转移②③。近年来随着分子靶向药物治疗、免疫治疗等对原发 NSCLC 治疗效果提升，NSCLC 患者生存期得到延长，但脑转移比例也在提高，因此影像引导伽玛刀的临床应用价值更加突出。

2. 体部伽玛刀治疗实现更高精度

影像引导体部伽玛刀提高了体部立体定向放疗精准度，使得在头部放疗中成熟的立体定向放射外科技术可应用于体部小肿瘤治疗及其他需要高精度治疗的情景。相比医用直线加速器，影像引导体部伽玛刀的剂量分布陡峭度加剧，是实施体部立体定向放射治疗（SBRT）的首选设备，具有不可替代的临床优势。

适合使用影像引导体部伽玛刀进行分次治疗的体部恶性肿瘤有 NSCLC、肝癌、胰腺癌等。其中，胰腺癌因为位置特殊，手术和常规放疗难度极大，化疗作用又不明显，导致生存率低、死亡率高。文献显示对中、晚期胰腺癌使用体部伽玛刀进行局部高分次剂量治疗可提高局控率和生存率④。2019 年 NCCN《胰腺癌临床实践指南》推荐，对胰腺癌施行 SBRT 应在有影像引导技术的大型医疗中心进行⑤。

（二）临床治疗效果提升

深圳奥沃影像引导伽玛刀进入市场较早，已在临床开展大量影像引导功能应用，并产生较多临床反馈文献；医科达影像引导伽玛刀也已经开展影像引导功能应用，但装机量较少，应用范围小；其他厂家目前尚没有明确资料显示已开展影像引导功能应用。因此，此处以装机量最多、临床应用最广泛

① Chi A., Komaki R., "Treatment of Brain Metastasis from Lung Cancer," *Cancers*, 2010, 2 (4): 148.

② Ernani V., Stinchcombe T. E., "Management of Brain Metastases in Non-Small-Cell Lung Cancer," *J. Oncol Pract*, 2019, 15 (11): 563–70.

③ 梅晓、朱宇熹：《非小细胞肺癌脑转移治疗进展》，《现代医药卫生》2019 年第 2 期，第4～240 页。

④ 夏廷毅：《胰腺癌放射治疗进展》，《中华医学会第 10 届全国胰腺外科学术研讨会论文汇编》，第 2～51 页。

⑤ 孟长婷、李晓青：《〈2019 年美国国立综合癌症网络胰腺癌临床实践指南（V2 版）〉更新要点及临床路径》，《临床肝胆病杂志》2019 年第 7 期，第 8～70 页。

B.30
宏基因组测序技术
在病原微生物检测中的应用

王佳伟　夏　涵　马自立*

摘　要：　病原微生物检测能够对感染性疾病的病原体或者代谢物进
行检测分析，是体外诊断试剂（In Vitro Diagnosis，IVD）
的细分领域之一。目前病原微生物诊断技术不断发展，传
统病原微生物培养技术主要有分离培养、涂片镜检、生化
鉴定、抗原抗体免疫等，存在阳性率低、诊断周期长，无
法达到检测病原体的要求等问题。分子生物学检测方法快
速发展，并有诸多方法可将少量的核酸分子扩增到易于检
测的水平。这些检测方法包括恒温扩增技术(LAMP)、实时
荧光定量 PCR 等。二代测序等新技术的出现，给临床病原
微生物的诊断提供了新的解决方案，特别是针对普通实验
室难以培养、生长缓慢病原体及未知病原体、罕见病原体
检测等具有明显优势。但二代测序技术目前仍然面临若干
挑战，如检测成本偏高、对实验环境要求严苛、部分检测
结果需人工解读等。分子诊断的新方法和新技术正在改变
实践临床微生物学的方式，这影响了病原微生物相关检测
行业。

* 王佳伟，首都医科大学附属北京同仁医院神经内科主任兼医院中心实验室主任，美国约翰霍
普金斯大学博士后，教授，主任医师，博士生导师；夏涵，予果生物科技（北京）有限公司
法定代表人、总经理；马自立，予果生物科技（北京）有限公司副总经理。

关键词： 病原体 核酸 二代测序

病原微生物检测能够对感染性疾病的病原体或者代谢物进行检测分析，是体外诊断试剂（In Vitro Diagnosis，IVD）的细分领域之一。微生物检测主要是对人类感染性疾病的病原体或病原体的代谢物进行检测和分析，包括细菌培养、鉴定和药敏结果分析等，目的是为临床治疗提供诊疗依据，从而帮助患者选择最适合的药物及治疗方法。基于核酸扩增的技术可提供灵敏而特异的结果，并具有比以往更短的检测时间。

2020 年，国家药品监督管理局总共审批通过 1026 个三类医疗器械注册证，关于病原微生物检测的产品多达 111 个，其中新型冠状病毒（2019 - nCoV）相关产品达到 54 个。

据国家卫健委统计数据，至 2021 年 2 月 1 日我国单管核酸检测能力已经提高到每天 1600 万份，比 2020 年 3 月的 126 万份提高了 11 倍多，这足以说明分子诊断领域正处于飞速发展的黄金期。

一 核酸检测方法在病原微生物领域的应用

临床微生物学实验室的基本目标是在临床样本中确定并识别病毒、细菌、真菌或寄生虫等病原体，并在可能的情况下提供有助于指导临床管理甚至预后的其他信息，例如抗生素敏感性或有无毒力因子。到目前为止，临床微生物学实验室主要通过基于生长的检测和生化测试来达到这些目标。例如，根据细菌特有的微观形态、生长所需的营养和催化某些反应的能力，病毒在组织培养中的细胞病变效应以及真菌和寄生虫的显微形态；通过评估抗生素存在情况下微生物的生长情况来确定抗生素敏感性。这些技术可靠但耗时。核酸检测越来越成为临床微生物实验室用于检测、定量和/或鉴定的标准方法，逐渐取代了表型特征鉴别和显微镜观察的方法。

　　临床样本特异性 DNA 和 RNA 碱基序列的检测与定量技术已成为临床诊断细菌、病毒、寄生虫和真菌感染的强大工具。核酸检测主要有 4 个用途。第一，用于定性/定量检测临床样本中的病原体。第二，用于鉴定传统方法难以鉴定的病原体。第三，用于确定同一病原体的两个或更多分离株是否有亲缘性（是否属于同一"克隆"或"菌株"）。第四，用于预测病原体对药物的敏感性。其中一些已经被国家药品监督管理局（NMPA）批准用于临床诊断[①]。

　　有诸多方法可将少量的核酸分子扩增到易于检测的水平。这些检测方法包括恒温扩增技术（LAMP）、实时荧光定量 PCR（qPCR）和测序方法。在任何情况下，病原体特异性 DNA 或 RNA 序列的指数式扩增都依赖于退火到目标序列的引物。扩增后的核酸可以在反应完成后检测，也可以在扩增过程中（实时）检测。核酸扩增检测的灵敏度远远高于培养法、免疫学检测抗体等传统检测方法，且免疫学检测抗体主要用于回顾性诊断，与其他方法相比，培养法是一种更耗时的方法。

　　随着艾滋病相关疾病、巨细胞病毒感染以及乙型和丙型肝炎病毒感染的新治疗方案的出现，在治疗开始后的不同时间需通过确定基因型和病毒载量来监测病毒对治疗的反应。定量核酸扩增方法可用于检测 HIV（PCR）、巨细胞病毒（PCR）、乙型肝炎病毒（PCR）和丙型肝炎病毒（PCR 和 TMA）。许多实验室已经通过核酸扩增方法的分析物专用试剂对这些病原体和其他病原体（如 EB 病毒）进行了验证和定量分析[②]。

　　目前，国家药品监督管理局批准多种病原体核酸检测试剂盒，包括结核分枝杆菌、淋病奈瑟菌、沙眼衣原体、B 群链球菌和耐甲氧西林金黄色葡萄球菌等。国家药品监督管理局批准的多重核酸检测方法也可用于同时检测一些呼吸道或生殖道病原体（见表 1）。同样，许多实验室已经将市售试剂和分析物特定试剂用于诊断性试验。

---

① Dennis L. Kasper, Anthony S. Fauci：《哈里森感染病学》，上海科学技术出版社，2019。

② Gary W. Procop, "Molecular Diagnostics for the Detection and Characterization of Microbial Pathogens," *Clinical Infectious Diseases*, 2007, 45：S99 – 111.

表1　国家药品监督管理局批准多重呼吸道核酸检测方法汇总

产品名称	方法学	生产企业	样本类型	预期用途
六项呼吸道病毒核酸检测试剂盒(恒温扩增芯片法)	恒温扩增芯片法	成都博奥晶芯生物科技有限公司	咽拭子	新型冠状病毒(2019 – nCoV)S和N靶基因以及甲型流感病毒、新型甲型H1N1流感病毒(2009)、甲型H3N2流感病毒、乙型流感病毒、呼吸道合胞病毒核酸检测
甲型/乙型流感及呼吸道合胞病毒核酸联合检测试剂盒(实时荧光PCR法)Xpert Xpress Flu/RSV Assay	实时荧光PCR法	美国赛沛公司Cepheid	鼻咽拭子	甲型流感病毒、乙型流感病毒和呼吸道合胞病毒(RSV)RNA检测
13种呼吸道病原体多重检测试剂盒(PCR毛细电泳片段分析法)	PCR毛细电泳片段分析法	宁波海尔施基因科技有限公司	痰液或咽拭子	甲型流感病毒(H7N9、H1N1、H3N2、H5N2)、甲型流感病毒H1N1(2009)、季节性H3N2病毒、乙型流感病毒(Victoria株和Yamagata株)、腺病毒(B组、C组和E组)、博卡病毒、鼻病毒、副流感病毒(1型、2型、3型和4型)、冠状病毒(229E、OC43、NL63和HKU1)、呼吸道合胞病毒(A组和B组)、偏肺病毒、肺炎支原体和衣原体(沙眼衣原体和肺炎衣原体)检测。其中腺病毒、副流感病毒、冠状病毒、呼吸道合胞病毒和衣原体检测结果不分型
七项呼吸道病原体核酸检测试剂盒(双扩增法)	双扩增法	武汉中帜生物科技股份有限公司	咽拭子	甲型流感病毒的H1N1/H3N2型、乙型流感病毒、呼吸道合胞病毒、人副流感病毒的1/2/3型、腺病毒的B/E属、肺炎支原体、肺炎衣原体的核酸检测。本产品可区分样本中不同病原体,但无法区分同一病原体的型别
三项呼吸道病毒核酸检测试剂盒(双扩增法)	双扩增法	武汉中帜生物科技股份有限公司	咽拭子	呼吸道合胞病毒、人副流感病毒的1/2/3型、腺病毒的B/E属的核酸检测

产品名称	方法学	生产企业	样本类型	预期用途
呼吸道病毒核酸六重联检试剂盒（PCR荧光探针法）	PCR - 荧光探针法	北京卓诚惠生生物科技股份有限公司	鼻拭子	甲型流感病毒、乙型流感病毒、呼吸道合胞病毒、腺病毒、副流感病毒Ⅰ型及副流感病毒Ⅲ型核酸检测
六项呼吸道病原体核酸检测试剂盒（PCR - 荧光探针法）	PCR - 荧光探针法	圣湘生物科技股份有限公司	有	定性检测人咽拭子样本中甲型流感病毒、乙型流感病毒、呼吸道合胞病毒、腺病毒、人鼻病毒和肺炎支原体的核酸

核酸测试有助于检测和鉴定难生长或不可培养的致病菌，如军团菌、埃立克体、立克次体、巴贝虫、疏螺旋体。此外，国家药品监督管理局为应对重大突发公共卫生事件，出台了《医疗器械应急审批程序》，对涉及公共卫生问题的病原体检测产品，如 H1N1、埃博拉、新冠病毒等体外诊断试剂实行了快速审批。以新冠病毒检测试剂为例，国家药品监督管理局发布的《2020 年度医疗器械注册工作报告》显示，2020 年国家药品监督管理局共批准了 54 个新冠病毒检测试剂（25 个核酸检测试剂，26 个抗体检测试剂，3 个抗原检测试剂），其中核酸快速检测产品包含 8 个，形成了全面的新冠病毒检测产品覆盖体系，产能达到 2401.8 万人份/天，助力疫情防控。

二　新一代宏基因组测序技术的应用

宏基因组测序技术（metagenomics next-generation sequencing，mNGS）直接对人体临床样本中的核酸进行高通量测序，然后与病原体数据库进行逐一比对并分析序列信息，依据大数据分析比对得出的序列信息来判断样本所包含的病原微生物种类。该技术方法能够检测其中的多种病原微生物（包括病毒、细菌、真菌、寄生虫等)[1]，能够推进诊断方法发展和新病原体发现，

---

[1] 张晖、弓孟春、徐军等：《中国精准急诊医学的应用体系规划探索》，《中华急诊医学杂志》2016 年第 10 期。

推动感染病流行病学和病原体研究，为感染控制措施制定、公共卫生应对疫情和开发疫苗提供参考依据。

（一）检测周期相对较短

临床传统检测方法目前依然是临床一线检测的主要手段，但各种方法检测周期不一。有的能够快速得到结果，比如 PCR 及其衍生技术；但也有很大部分检测方法周期较长，像传统培养需要平均 3~5 天，结核分枝杆菌/非结核分枝杆菌要培养 42 天。基于检测方法的技术革新，mNGS 的病原体鉴定作为近几年临床实验室检测的新方法，在重症感染患者的临床检测及诊断中，给患者赢得了治疗时间，减少了其他尝试性药物的使用，综合治疗费用可能更低。mNGS 测序对比可一次性测定几百万条甚至上亿条 DNA 或者 RNA 序列，极大地提高了全基因组测序效率，压缩了检测周期。

（二）阳性检出率高

传统的临床检测方法，对涵盖细菌、真菌、病毒等的病原体诊断的金标准仍是培养结果为阳性，但实际检测中绝大多数病原体不可培养，无法得出培养结果。关于 mNGS 应用于感染性疾病诊治的研究，发现 mNGS 敏感性高于传统培养，在结核、真菌、病毒和厌氧菌诊断方面优势更明显，比如用一些常见方法不易检测到的病原微生物，像努卡菌、病毒、无法培养的非典型病原和抗生素使用后无法生长的细菌。有文献报道以 NGS 为基础的宏基因组测序在脓肿性病变病原检测中作用突出，阳性率高。[1] 同样具有较高的灵敏度和特异性的 PCR 检测，无法同时完成一次性多种病原体筛查，故检出效率不高。[2]

---

[1] Guo L. Y., Feng W. Y., Guo X., et al., "The Advantages of Next-generation Sequencing Technology in the Detection of Different Sources of Abscess," *J. Infect*, 2019, 78 (1).

[2] 冯国栋、贺曼、汪昕：《二代测序技术在诊断神经系统感染性疾病中的应用》，《诊断学理论与实践》2018 年第 17 期。

（三）一次检测覆盖率高

常规的临床病原学诊断往往只能针对几种目标病原体进行检测，不能有效检出临床样本中所有的病原体微生物，比如质谱方法在细菌检测方面数量有限；免疫学方法操作简单，但由于临床样本中病原体种类繁多，不能做到同时检测多种抗原、抗体。新一代的基因芯片技术仅能定向性筛查已知的病原体基因组，对新的未知病原体无法进行检测。[1] 在临床上超过 2/3 的感染性疾病因最终无法鉴定所感染的病原体，无法针对性地用药，且临床医生对目标病原体的判断水平参差不齐，经验试错情况时有发生[2]。

mNGS 能在较短的时间内完成对样本的无靶向检测，单次即可检测上千种病原体。[3]

（四）可以识别预期外和罕见的病原微生物

当前对未知病原体的鉴定，主要围绕着病毒抗原检测、核酸检测和病毒分离培养三种检测方式。病毒分离培养技术存在着缺陷，导致对未知病原体分析的准确性存在着一定的不足；而 PCR 检测方法要求检测病原体的序列必须已知。

近年来出现的新发病原体感染 SARs 病毒、埃博拉病毒、寨卡病毒等不断涌现，采用传统的检测方法都无法对未知的病原体进行鉴定。mNGS 可以在完全没有先验信息或者临床倾向性的时候检测到病原体，在对少见、罕见或者新发感染性病原体的鉴定、检出方面具有绝对的优势。2017 年，复旦大学华山医院感染科张文宏教授团队，应用 NGS 技术在 1 例眼内炎患者的玻璃体液中检测到伪狂犬病毒（pseudorabies virus，PRV），首次证实 PRV

---

[1]　王升启：《分子诊断技术在传染病病原体检测中的应用》，《传染病信息》2014 年第 5 期。

[2]　李颖：《宏基因组学测序技术在中重症感染中的临床应用专家共识（第一版）》，《中华急诊医学杂志》2020 年第 5 期。

[3]　Lloyd-Price J, Abu-Ali G, Huttenhower C. "The Healthy Human Microbiome," *Genome Med*, 2016, 8 (1).

可以感染人类，并引起眼内炎。① 2016 年研究人员利用 NGS 发现全球首例嗜冷杆菌相关脑膜炎。② 2015 年在 3 例脑炎死亡患者标本中研究人员利用 mNGS 检测到 1 种新型博尔纳病毒，这种来源于斑驳松鼠的新型病毒经证实是一种人畜共患病的病原，可以导致人类严重的致死性神经系统感染。对于并非临床常见而没有在多数医院开展常规检测的囊虫、布氏杆菌、螺旋体等病原体，或者培养方法较复杂或非常规开展的李斯特菌、奴卡菌等病原体，mNGS 检测可以规避常规检查的不足。③ 以上这些都体现了 mNGS 在识别预期外和罕见的病原微生物方面的优势。

（五）抗药性、毒力、病毒分子分型

流行性的感染性疾病如 HIV、多重或广谱耐药的结核分枝杆菌、沙眼支原体等，一般会具有较强的耐药性，通过对耐药性进行研究可以选择更加具有针对性的药物对患者进行治疗。覆盖度高的 mNGS 可以获取耐药突变信息，评估病原体的药敏性，有利于精确指导临床用药。

毒力分析在感染性疾病的预防中占据着极为重要的地位，根据毒力可以对该感染性疾病的严重程度、转归进行评估。在 mNGS 测序中，目前主要是对高毒力细菌进行表征。④

（六）排除感染

阴性结果有助于临床增强中枢神经系统非感染性病因的证据。对于某个

---

① 赵伟丽、乌依罕、李红芳等：《伪狂犬病毒脑炎临床观察与脑脊液二代测序鉴定》，《中华医学杂志》2018 年第 15 期。

② Ortiz-Alcántara J. M., Segura-Candelas J. M., Garcés-Ayala F., et al., "Fatal Psychrobacter sp. Infection in a Pediatric Patient with Meningitis Identified by Matagenomic Next-generation Sequencing in Cerebrospinal Fluid," *Arch Microbiol*, 2016, 198 (2).

③ Mongkolrattanothai K., Naccache S. N., Bender J. M., et al., "Neurobrucellosis: Unexpected Answer From Metagenomic Next-Generation Sequencing," *J. Pediatric Infect DisSoc*, 2017, 6 (4).

④ 权敏、张中伟、苟雪静等：《宏基因组测序在临床重症感染患者寻找病原体中的应用》，《四川大学学报》（医学版）2019 年第 3 期。

临床样本，在 mNGS 和 mtNGS 都为阴性，且内参检测值提示该样本中单位体积内（通常为 1mL）已知最小病毒小于 10 个分子时，可以考虑阴性价值，即患者不存在感染性疾病，可能存在免疫性疾病和肿瘤等。[①]

2016 年神经科领域的"感染性脑（膜）炎病因分型研究"是在国家科技部和卫计委领导下的第一批精准医学"十三五"国家重点专项。空军军医大学西京医院赵钢教授团队联合首都医科大学附属北京同仁医院王佳伟教授团队、河北医科大学第二医院卜晖教授团队以及予果生物的重点专项研究，再次展现了 mNGS 的优势：无需先验性假设，改变传统先猜再测的模式，克服了传统靶向诊断的局限性；敏感性和特异性均高于传统方法；可以检测罕见病原和特殊病原；一次检测，全面覆盖，检测范围更广、时间更短、效率更高。[②]

（七）mNGS 面临的挑战

mNGS 方法在病原感染的临床应用方面，中国比美国更加领先。但该方法仍然面临若干挑战，体现在检测成本偏高、对实验环境要求严苛、部分检测结果需人工解读等方面。

（1）目前多数测序厂商提供的 mNGS 检测服务，测序的数据量高达几十兆，使得测序成本居高不下。如何在不影响准确度的前提下，减少 mNGS 的数据量，降低测序成本，达到如 NIPT（无创产前染色体非整倍体）这种成熟 NGS 产品的标准，是 mNGS 技术及其应用面临的挑战，但也会是行业发展趋势。

（2）由于环境中存在各种大量的微生物，从实验室的空气、生物试剂、耗材中都有可能检测出微生物的核酸片段，因此不同于肿瘤、无创产前诊断等 NGS 应用领域，病原微生物测序需要有洁净度更高的实验室环境，避免背景和污染病原体对结果的干扰。

（3）人体样本，尤其是开放腔体的样本，如肺泡灌洗液、痰液等里面存在

---

① Feng Y. , Ramnarine V. R. , Bell R. , et al. , "Metagenomic and Metatranscriptomic Analysis of Human Prostate Microbiota from Patients with Prostate Cancer," *BMC Genomics*, 2019, 20 (1) .

② 张赟、石晓丹、杜芳、赵钢：《宏基因组二代测序技术在中枢神经系统感染性疾病病原诊断中的应用及发展》，《中国临床神经科学》2020 年第 3 期。

大量的不同类型的微生物，在 NGS 测序过程中会不可避免地被检测出来，因此如何解读检出的各类微生物，并且判别哪些是致病病原体，对临床来说仍然是一个挑战。

总体来说，mNGS 在感染性疾病的病原学筛查方面具有诸多优势，对于一些进展快、起病急的感染性疾病，能够在短时间内明确致病原微生物，快速为临床诊断提供依据。与一些传统方法如培养法相比，阳性率高，当然阴性结果也具有排除感染的作用。并且能够识别预期外和罕见的病原微生物，随着数据量的增加及技术的发展，mNGS 甚至能够检测耐药性，分析毒力和病毒分子分型。

目前的 mNGS 经济成本较高，短期内尚不太可能成为临床一线检测手段，但对不明原因发热、初次抗菌治疗无效、免疫缺陷等特殊人群仍是一种有效的广谱病原体筛查方法。此外，mNGS 与传统的分子、血清学检测等方法在感染诊断的检测中联合使用可发挥关键作用。[①]

三 未来发展趋势和展望

正如显微镜使微生物可见而打开了微生物学世界的大门一样，当今基因组学的技术进步为微生物学家提供了强有力的新方法，能以前所未有的分辨率表征所有微生物背后的遗传图谱，从而阐明它们彼此之间、它们与环境以及人类健康之间的复杂和动态的相互作用。感染病基因组学领域包含了广阔的、研究活跃的前沿领域，有可能改变与感染病相关的临床实践。虽然遗传学在阐明感染过程和管理临床感染病方面一直发挥着关键作用，但基因组学将我们的思维和方法从单基因研究扩展到整个基因组序列、结构和功能，正在发现研究的新的可能性及改变临床实践的机会。既有敏感性、特异性和速度都前所未有的研发诊断方法，又有设计新颖的公共卫生干预措施，基因组学的技术和统计创新正在重塑我们对微生物世界对人类健康影响的认识。

---

① Wang Z., Gerstein M., Snyder M., "RNA-Seq: A Revolutionary Tool for Transcriptomics," *Nat. Rev. Genet.*, 2009, 10 (1).

B.31
SPD 模式下的医疗机构医用
耗材精细化管理实践

于清明 张 锋 钱 锋*

摘　要： 本文阐述了医疗机构通过引进 SPD（Supply - Processing - Distribution，供给 - 加工 - 配送）医用耗材管理服务，利用信息技术手段，实现了医用耗材采购安全合规，配送保质保供，财务成本降低，管理科学精准。通过引进 SPD 专业服务，整合医院耗材管理需求，搭建医用耗材供应链管理平台，实现了医用耗材在 SPD 模式下的人员专业分工，耗材准入合法合规，耗材供应按需自动配送，用后结算，耗材使用消耗与收费医保联动，管控医用耗材的全面追溯。有效优化和提升医疗机构的耗材管理水平，实现实耗实销实结，实现耗材全周期管理，全程可追溯，成本大幅度降低。随着 SPD 医用耗材管理服务的进一步深化，医院医用耗材管理势必将转向精细化管理，结合大数据、物联网技术，使得医用耗材向更精准、更高水平的智慧供应方向发展。

关键词： 供应链管理　医用耗材　医疗机构

---

* 于清明，国药控股股份有限公司党委书记、董事长；张锋，中国医疗器械有限公司信息部部长，北京国药新创科技发展有限公司总经理、高级工程师；钱锋，北京国药新创科技发展有限公司实施总监。

2019 年 6 月 20 日，国家卫生健康委发布《关于印发医疗机构医用耗材管理办法（试行）的通知》，提出对医用耗材的采购、储存、使用、追溯、监测、评价、监督等全过程进行有效组织实施与管理，以加强医疗机构医用耗材管理，促进医用耗材的合理使用。

本文以一家大型三甲医院为例，通过剖析医院的耗材管理现状，分析描述了 SPD 模式在耗材资质证照管理、采购、存储、配送、结算等方面的实践与成效。

一　医用耗材管理现状

为了适应国家监管要求，保证临床耗材质量安全，减少患者费用，降低医院管理成本，对医用耗材进行精细化管理是唯一的选择。而目前却普遍存在着医用耗材管理粗放的问题。

（一）资质档案管理难

供应商和耗材的资质档案全部以纸质文件形式存档管理，查询检查工作量大，资质过期不能及时发现，无法在业务开展过程中予以管控，存在监管风险。

（二）库房备货不合理

医院库房管理人员不足，临床科室主动备货。为避免断货以及供应商频繁送货，临床科室存在大量备货的现象。科室库房需人工盘点，且无效期预警，造成库存积压过期，科室间随意借货换货，库存管理混乱。

（三）付款与实物不符

临床科室直接与供应商联系送货，先使用后登记付款。存在供应商所送实物与单据不符、临床使用的耗材与结算耗材不一致的情况，因此有很大的安全风险和财务漏洞。

（四）耗材使用无法追溯

耗材由科室自主申领，申领使用后无系统记录。使用的高值耗材，仅在病历本上粘贴合格证，信息系统并无记录，无法实现全流程追溯管理。

（五）收费与实物不符

计费系统和耗材管理系统相互独立并不关联，不可避免地存在临床科室多计费、漏计费，甚至套计费的情况，且无法进行有效管控。

（六）低耗用量无法管控

临床科室对低值耗材管控缺乏手段，临床科室主动申领无限制导致库存积压，使用中的浪费和过期报废等问题都无法得到管控。

二 SPD 模式的应用

SPD 医用耗材管理模式体现了供应链一体化思想，是一种社会化、专业化、精细化、智能化的供应链管理模式，以采购需求为起点，结合信息技术、物流技术与院内现场运营，保障医用耗材的质量安全、满足临床需求。[①] SPD 模式引进专业物流配送管理团队，利用信息化手段将院外供应商和院内耗材需求信息互通。实现采购验收，中心库安全存储，给临床科室按需分包，主动补货配送。引进物联网设备，实现随用随取，自动补货。

结合医院耗材管理实际，我们在耗材精细化管理方面进行了积极探索和实践。

（一）多院区集中管理

1. 统一的基础目录

通过严格的入院审批流程，将耗材目录、供应商目录进行全院统一。系

---

① 曹美琴、刘伟伟、蒋晋鹏：《医用耗材精细化管理的实践与创新》，《中国卫生信息管理杂志》2021 年第 1 期。

统设计了供应商端资质管理模块，在准入的基础目录里上传相应的注册证、营业执照、授权委托等证件，完成资质证照的上传和审核流程。实现了资质证照的合规管理、证照效期预警，并且将电子证照用于实际业务的管控。

2. 多个院区耗材库独立，一套审批流程

多个院区可设立各自独立的耗材库，分别满足各院区临床科室的耗材需求。医院设备部可直观地查看和审核各院区临床科室的申领需求。

3. 支持独立分院区核算

SPD系统以供应商为维度，每月定时生成结算数据，自动推送至供应商平台。满足各种结算发票要求，系统既支持各分院区独立开发票，也支持各院区合并开发票，同时支持耗材明细拆分开发票。

（二）采购供应自动化

1. 供应商协同平台

在通过信息技术手段满足医院网络信息安全的前提下，将院内采购订单同步到外网供应商平台，通过网页端、微信端等多种方式实现供应商获取采购订单，确认发货，订单配送，使用结算，发票开具等；医院内网端生成采购订单，配送验收，发票收取等，实现了院内医院采购需求与院外供应商配送高效协同。

2. 科室自动补货

临床科室自选目录，根据科室库容和各耗材品规的日平均使用量，设定各耗材的库存上下限。按照送货排班要求，提前自动生成补货订单。

3. 中心库自动补货

中心库的库存以满足临床科室的请领为目标，根据库容量，考虑供应商的送货周期、耗材的配送包装数、在途数量、日配送数量，并结合耗材设定的库存上下限值，自动计算生成相应的采购订单。生成的采购订单，在经过审核调整后发往外网供应商。结合供应商延期配送预警、采购催单、供应商信用评价等手段，确保中心库库存满足临床科室需要。

4. 不断优化的补货阈值

临床科室的耗材备货量会因门诊量、季节、节假日等多种因素造成的医用耗材使用量变化而不断变化。系统预设的耗材上下限模型，可随着历史数据量增加，不断优化库存上下限值，更好地实现库容与配送周期的平衡。

（三）医用耗材管理精细化

1. 低值耗材

全院低值耗材根据科室用量，设定定数包内耗材数量。在中心库分包赋码后送往科室，科室领用时扫描定数包条码。定数包条码扫码消耗后算科室成本，科室三级库库存增加。可收费耗材在 HIS 计费后减少三级库存，不可收费耗材绑定医嘱扣减三级库库存。实现了低值耗材按批次追溯，用后结算，损耗分析。

2. 高值耗材

高值耗材采用唯一码管理，全面兼容 UDI，做到耗材验收入院赋予唯一身份证，跟踪耗材最终使用的全周期管理。供应商配送环节扫码识别录入耗材信息，院内验收环节扫码识别校验复核，确保高值耗材实物与系统信息相符。高值耗材唯一码遵循如下原则：①耗材 UDI（原厂码）带唯一序列号的，则生成的唯一码与该 UDI 码一致。②耗材 UDI 码仅到批次的，生成的唯一码保留原 UDI 码并补充序列号形成该耗材的入院唯一码。③无 UDI 规则条码的耗材，则采用 MA 码规则，生成该耗材的入院唯一码。以此唯一码作为高值耗材院内的全流程追溯标识。

耗材与 HIS 收费对应，系统接口连通，病人使用后扫码计费，从而实现了病人的计费耗材与实际使用的耗材真实对应，做到了高值耗材与实际使用相符的全程追溯。

（四）库存合理化

医院医用耗材库存以满足临床需要为宗旨，保证医疗服务正常进行。结合供应商送货周期、库容等减少库存积压，提高周转率，减少投入，是一个不断优化改进的课题。[①]

1. 一级中心库

坚持双人验收复核，质量抽检。严格分区管理，按货位存储，按效期先进先出原则，拣货配送。按配送排程，分拣打包，出库复核；按科室约定时间下送，实行耗材配送交接签字与回单管理。有序的中心库管理，确保了库存准确，质量安全。

2. 二级科室库

根据科室用量和计算模型，不断修正科室耗材备货上下限。二级科室库全部实现货位管理，且标识醒目，能有序存取。设立手术耗材供应室，根据获取的手术排程信息，按需打包提前配送至术间，用后计费，剩余耗材还回，且设有高值耗材智能柜，随用随取。

（五）财务业务一体化

1. 耗材库存与收费记账一体

耗材精细化管理下，做到耗材采购入库、存储、使用、计费、结算过程中的账务与实物一致，是管理的重点。基于 SPD 的管理模式，可收费耗材与 HIS 收费项一一对应，收费项与医保项对应，先使用后计费，实时调用接口核减库存，实现实物与记账完全相符。

2. 多种结算方式

降低医院库存，减少资金占用。SPD 管理模式下，低值耗材采用定数包管理，科室拆包消耗后计医院成本。高值耗材实行唯一码管理，临床先使用，扫码计费后计医院成本。少数职能部门，在耗材领用出中心库后计医院成本。集中带量采购的耗材和防疫物资等也适用货票同行，入中心库即计算医院成本。

---

① 刘同柱、沈爱宗、胡小建、童贵显、谷玮、杨善林：《基于 SPD 模式的医用耗材物流管理流程优化策略》，《中国卫生事业管理》2017 年第 2 期。

灵活适应各种业务管理流程，支持入中心库结算、出中心库结算、使用后结算等多种结算方式。医院负责监管，SPD 运营商负责账务核对工作，分工明确，避免了医院大量的资金占用，节省管理成本。

3. 结算与发票线上一体化管理

每月指定日期系统自动生成结算单，供应商根据结算明细开具发票，提交发票号并上传发票附件。通过发票核对、发票交接、设备部归档审核、财务接收入账等一系列系统操作，使得结算流程更加规范。

（六）其他管理规范化

根据实际管理需要，针对用于科研的专项物资、社会捐赠物资、防疫储备物资等都设有专业的管理模块，更加体现了在 SPD 模式下医用耗材的精细化管理。

三　应用效果

（一）优化了医疗机构耗材管理

资质证照电子化管理，被应用于采购入库合规和库存效期预警。SPD 服务商主动管理临床科室库存，科室自动生成补货订单，中心库予以配送。中心库根据补货模型自动生成采购订单，设备部审核后向供应商外网和微信端发送采购订单。SPD 服务商与设备部共同验收，所有耗材必须经过中心库验收合格后发往各临床科室，杜绝了科室私自要货、库存积压，降低了质量风险，确保耗材使用安全。

（二）实耗实销实结，规范准确

耗材系统与收费系统接口连通，使用后计费，收费成功通过接口扣减库存，避免了多计费、串计费、错计费的情况。每月自动生成结算单，供应商开发票，医院医用耗材零库存，资金零占用，有效地降低了医院成本。

（三）实现了耗材全周期管理，全程可追溯

耗材实行"一品一规"的管理，并与收费项对应。高值耗材使用 UDI 码（院内唯一码赋码），从配送到使用全程扫码跟踪；低值耗材院内赋定数包码，扫码使用可追溯至批次。通过扫码计费，将使用耗材与病人关联，实现了信息全程可追溯。通过 UDI 接通国药器械 FLI + 赋力溯源系统，达到了耗材的全程追溯。

综上所述，随着新医改政策的推进，医用耗材行业外部环境面临着巨大的变化和挑战，确保耗材质量安全，降低耗占比，合理控费，提升经营效率是主体要求。医院医用耗材管理势必将转向精细化管理，并结合大数据、物联网技术，使得医用耗材向更精准、更高水平的智慧供应方向发展。①

---

① 曹美琴、刘伟伟、蒋晋鹏：《医用耗材精细化管理的实践与创新》，《中国卫生信息管理杂志》2021 年第 1 期。

B.32
注册人制度下医疗器械委托生产的质量管控方案

陈涛 孔亮 陈俊*

摘　要：　2021版《医疗器械监督管理条例》（国务院第739号令）明确
　　　　　了医疗器械注册人制度的全面实施，注册人制度为医疗器械
　　　　　产业的创新发展奠定了法律基础。然而，注册人制度在实施
　　　　　层面上不同于传统意义上的医疗器械生产企业的质量体系管
　　　　　理，在委托层面上解决双方体系融合的问题是注册人制度得
　　　　　以实施的重要保障。厘清注册人和受托生产企业在管理上的
　　　　　职责和分工是前提条件，"双体系、双管代、双放行"是
　　　　　管理层面上的落脚点，委托生产的质量控制是实施层面的支
　　　　　撑点，知识产权的保护是双方合作的紧密纽带。本文将结
　　　　　合注册人制度试点期间的实践经验，探讨注册人和受托生产
　　　　　企业在产品输出符合标准、质量管理体系融合方面的合规要
　　　　　求与解决路径，并总结分析在 CDMO 平台上医疗器械委托
　　　　　生产的关键点和注意事项。

关键词：　合规研究　注册人制度　体系管理

---

*　陈涛，博士，东劢医疗科技（苏州）有限公司董事长，研究员级高级工程师；孔亮，华劢检
测技术（苏州）有限公司总经理，工程师；陈俊，东劢医疗科技（苏州）有限公司业务副总
经理，工程师。

医疗器械事关人体健康和生命安全，是一种实施特殊管制、需要行政许可的商品，法规的要求贯穿于医疗器械的全生命周期。2021 版《医疗器械监督管理条例》（国务院第 739 号令）明确了风险管理、全程管控、科学监管、社会共治的原则，注册人、备案人制度的全方位实施将大大推进医疗器械创新能力的释放。

一 注册人制度及其试点

医疗器械注册人制度，也被称为医疗器械领域的上市许可持有人制度。医疗器械注册人、备案人，是指取得医疗器械注册证或者办理医疗器械备案的企业或者研制机构。注册人制度是医疗器械管理制度的重大变革，满足条件的医疗器械注册申请人、备案人不需要重复建厂投资，可以独立申请医疗器械注册证，然后委托给有资质和生产能力的企业生产，从而实现医疗器械产品注册和生产许可的"解绑"，真正做到专业的人做专业的事。从 2018 年上海自贸区试点，到 2020 年扩大到全国 22 个省市，注册人制度的试点进入新的阶段，快速铺开。截至 2020 年底，全国范围内已有 552 个医疗器械产品按照试点的注册人制度获批上市，还有 889 个产品正在按照医疗器械注册人制度申请办理注册，从数量和质量上看试点成果明显。全国第一个跨省的医疗器械注册人区域试点方案也在长三角落地，开始尝试解决跨省监管的问题。

可以看出，医疗器械注册人制度的试点获得了成功，从宏观层面上看收益大于风险。在汲取试点成果的基础上，注册人制度正式被纳入条例，且扩大到了一类医疗器械的备案领域。东励医疗是江苏省第一个获得生产许可证的跨集团受托生产平台，在建立体系和构建生产平台与注册人的体系融合等方面进行了探索。

二 注册人与受托生产企业的职责

在注册人法规中，明确了注册人对医疗器械的安全和有效性依法承担全部责任，但生产环节是其安全有效的重要保障。明确注册人与受托生产企业的职责是实施好注册人制度的前提条件。

（一）注册人的职责

总体而言，注册人对医疗器械的安全和有效性依法承担全部责任。第一，按照法规要求医疗器械注册人应全面建立保证医疗器械产品质量的责任体系，并落实企业的主体责任。第二，注册人需对受托生产企业进行质量评审，并对其质量体系的运行予以监督。第三，注册人须有效地向受托生产企业转移生产所需要的技术文件资料。第四，注册人负责产品上市放行。第五，注册人负责售后服务和医疗器械不良事件监测与再评价。第六，注册人负责建立医疗器械追溯体系。上述六点是注册人在注册人制度实施过程中需要重点关注的内容。

（二）受托生产企业的职责

受托生产企业虽然不是法律意义上的责任主体，但其是医疗器械产品安全有效的重要保证，其责任是注册人责任的有效延伸。实操中需要关注：首先，受托生产企业需积极学习并坚决执行医疗器械相关法律法规及质量管理体系要求，履行《委托生产质量协议》所规定的义务，办理受托生产许可证并承担其相应的法律责任。其次，医疗器械受托生产企业须建立与受托产品相适宜的生产质量管理体系，并按《委托生产质量协议》和《医疗器械生产质量管理规范》及其适用附录的要求组织生产活动。第三，受托生产企业要加强生产质量的管控和过程管理，对注册人及受托生产的医疗器械产品负相应的质量责任。第四，受托生产企业负责产品生产放行，为注册人的上市放行提供相应的支撑。实操过程中总结出的这四点是受托生产企业的基本责任，为了保证注册人制度良好地运行，建议受托生产企业参与到注册人的注册法规与体系完善、检验技术支持、不良事件追溯协助等工作中去。

三 注册人制度委托生产实践中的矛盾分析

按照国务院第 739 号令第三十四条规定，"委托生产医疗器械的，医疗器械注册人、备案人应当对所委托生产的医疗器械质量负责，并加强对受托生产企业生产行为的管理，保证其按照法定要求进行生产。医疗器械注册人、备案人应当与受托生产企业签订委托协议，明确双方权利、义务和责任。受托生产企业应当依照法律法规、医疗器械生产质量管理规范、强制性标准、产品技术要求和委托协议组织生产，对生产行为负责，并接受委托方的监督。"可以看出注册人、备案人需对医疗器械质量负责，应对受托生产企业的生产行为予以管理和监督。这里面存在以下几个方面的矛盾。

（一）注册人与受托生产企业责权利的矛盾

注册人承担了医疗器械的全生命周期管理责任，但其重要的生产环节是通过协议方式委托受托生产企业来完成的。如何通过委托生产协议和生产质量协议来约束双方的合作内容，真正做到专业的人做专业的事；遇到产品质量问题、不良事件、医疗事故、召回事件时，如何界定双方的责任。这些都是双方责权利矛盾的关键内容。

（二）注册人与受托生产企业的知识产权矛盾

知识产权问题，是跨集团受托生产时碰到的最多的问题。有效地保护注册人的知识产权，是受托生产的前提条件。

（三）注册人与受托生产企业的体系管理矛盾

注册人和受托生产企业之间的问题不是简单的业务合作问题，而是双方体系管理的融合问题，或者说是注册人对于受托生产企业体系管理的问题。解决好双方的体系管理矛盾，将有效提高产品质量，推进体系运行。

（四）实际注册周期、费用和预期之间的矛盾

医疗器械的产品注册是一个评估产品安全有效性的综合性工程，涉及产品的验证、检验、临床评价、技术审评等诸多环节。合理的预估注册周期和费用，对于项目的推进以及委托生产关系的实施具有重要的作用。

（五）产品输出质量控制的矛盾

注册人是医疗器械产品质量的责任主体，但在生产环节需要受托生产企业的质量控制。受托生产企业的质量控制能力，将在很大程度上影响注册人的责任。

四 注册人与受托生产企业的质量管理体系要求

注册人采取委托生产方式时，和受托生产企业在体系上的融合关系体现在医疗器械全生命周期的各个环节。表1显示了体系管理中注册人和受托生产企业的关注重点。

表1 注册人和受托生产企业的关注重点

章 节	注册人	受托生产企业
第一章 机构和人员	√	√
第二章 厂房与设施	△	√
第三章 设备	△	√
第四章 文件管理	√	√
第五章 设计开发	√	△
第六章 采购	√	△
第七章 生产管理	△	√
第八章 质量控制	△	√
第九章 销售和售后服务	√	△
第十章 不合格品控制	√	√
第十一章 不良事件监测、分析和改进	√	△

说明：√为必须关注，△为有条件关注。

　　笔者结合自身对注册人和受托生产平台的体系管理经验，对医疗器械注册人制度下保证产品输出合规和质量管理合规提出如下建议。

　　一是受托生产前，注册人须对受托生产企业的体系管理能力、受托生产产品的能力（人员能力、法规能力、检验能力、设备设施能力等）、知识产权保护体系、双方合作的意向和利益诉求进行充分考核和开展尽职调查，避免后期的风险、损失和争议。

　　二是完善的合同约定，包括但不限于《委托生产协议》《质量保障协议》《知识产权保护协议》。根据监管部门的要求，及时履行备案义务。并明确约定需转移的技术文件清单、设计开发及变更的责任方、原材料供应方式、检验（采购、过程、出厂）及验收标准。

　　三是注册人购买与受托生产产品相适宜的商业产品质量保险。

　　四是注册人制度牵涉到了注册人、备案人和受托生产企业的双独立体系运行。"双体系、双管代、双放行"是注册人制度下的受托双方的创新管理模式。医疗器械注册人需建立完备的质量管理体系，并对受托生产企业进行全程的审核、监督和指导，从而控制委托生产的风险，保证产品的质量，这就是"双体系"；"双管代"是注册人和受托生产企业都应各自确定一名管理者代表，双方管理者代表应充分沟通，协调做好产品质量安全事宜；不同于传统医疗器械生产企业的放行管理模式，注册人制度下的生产放行和上市放行应分别由受托生产企业和注册人独立完成，即"双放行"，以"放行"监控"放行"，从而从放行制度上确保上市产品质量的安全。

　　五是建立良好和持续的质量管理体系监督机制与沟通机制，真正做到"体系管体系"。

　　六是重点关注产品输出的质量控制与检验放行，切实做好设计开发和设计变更的验证（安全性、有效性、可靠性、可用性等）。

　　七是为了便于后期的责任追溯，相对注册人自己生产，委托生产更需要关注相关文件、记录的编制和存档工作。

　　八是知识产权的约定和关注。受托生产企业不从事同类型产品的销售运行是避免知识产权纠纷的比较好的处理办法。

医疗器械由于事关人体健康和生命安全,因此,相对于普通商品,安全有效的风险评估和质量体系管理尤为重要。这也是医疗器械近几年才引入和试点注册人制度的原因。医疗器械的委托生产不仅仅需要考虑生产的自动化程度、生产管理成本和效率的控制,更多需要关注法规、注册、产品质量控制、质量管理体系和上市后不良事件报告等方面的全生命周期问题。做好医疗器械委托生产的质量管控,将真正有效地推进医疗器械注册人制度的实施,更好地服务于医疗器械产业的创业创新。

附　　录
Appendix

B.33
2020年中国医疗器械行业
重要法规文件汇总

一　行政法规（共1项）

序号	名　　称	文件编号	通过日期
1	《医疗器械监督管理条例》	国务院第739号令	2020年12月21日

二　重要通知

序号	名　　称	文件编号	发布日期
2	《关于召开2020年全国医疗器械监督管理工作会议的通知》	药监综械管函〔2020〕49号	2020年1月14日
3	《关于加快医用防护服注册审批和生产许可的通知》	药监综械管〔2020〕71号	2020年2月7日
4	《关于印发〈重复性使用医用防护服〉医疗器械行业标准立项的通知》	药监综械注〔2020〕17号	2020年3月10日

序号	名　称	文件编号	发布日期
5	《国家药品监督管理局综合司关于〈医疗器械经营监督管理办法〉第五十四条有关适用问题的复函》	药监综械管函〔2020〕166 号	2020 年 3 月 16 日
6	《关于印发医疗器械质量抽查检验管理办法的通知》	国药监械管〔2020〕9 号	2020 年 3 月 10 日
7	《关于严厉打击非法制售新冠肺炎病毒检测试剂的通知》	药监综械管函〔2020〕203 号	2020 年 3 月 26 日
8	《关于加强无菌和植入性医疗器械监督检查的通知》	药监综械管〔2020〕34 号	2020 年 4 月 9 日
9	《关于印发 2020 年国家医疗器械抽检产品检验方案的通知》	药监综械管〔2020〕46 号	2020 年 5 月 11 日
10	《关于印发 2020 年医疗器械行业标准修订计划项目的通知》	药监综械注〔2020〕48 号	2020 年 5 月 15 日
11	《关于医疗器械注册电子申报信息系统数字认证证书更新有关事宜的通知》		2020 年 5 月 18 日
12	《关于印发医疗器械生产质量管理规范独立软件现场检查指导原则的通知》	药监综械管〔2020〕57 号	2020 年 5 月 29 日
13	《关于进一步做好案件查办工作有关事项的通知》	药监综法〔2020〕63 号	2020 年 6 月 10 日
14	《关于注册申请人相关登记信息变更有关事宜的通知》		2020 年 7 月 7 日
15	《关于进一步加强医疗器械强制性行业标准管理有关事项的通知》	药监综械注〔2020〕72 号	2020 年 7 月 7 日
16	《关于印发深化医药卫生体制改革 2020 年下半年重点工作任务的通知》	国办发〔2020〕25 号	2020 年 7 月 16 日
17	《关于开展 2020 年"全国医疗器械安全宣传周"活动的通知》	药监综械注〔2020〕88 号	2020 年 9 月 11 日
18	《关于印发〈粤港澳大湾区药品医疗器械监管创新发展工作方案〉的通知》	国市监药〔2020〕159 号	2020 年 9 月 29 日
19	《关于履行〈关于汞的水俣公约〉有关事项的通知》	药监综械注〔2020〕95 号	2020 年 10 月 14 日

续表

序号	名　　称	文件编号	发布日期
20	《关于同意筹建全国医疗器械临床评价标准化技术归口单位的复函》	药监综械注函〔2020〕671 号	2020 年 10 月 30 日
21	《关于加强国家集中带量采购中选冠脉支架质量监管工作的通知》	药监综械管〔2020〕103 号	2020 年 11 月 10 日
22	《关于带垫片的不可吸收缝合线等产品分类及注册有关事项的通知》	药监综械注函〔2020〕721 号	2020 年 11 月 11 日
23	《关于明确〈医疗器械检验工作规范〉标注资质认定标志有关事项的通知》	药监综科外函〔2020〕746 号	2020 年 12 月 3 日

三　重要公告

序号	名　　称	文件编号	发布时间
24	《关于注销医疗器械证书的公告》	国家药品监督管理局 2020 年第 4 号	2020 年 1 月 6 日
25	《关于批准注册 201 个医疗器械产品公告（2019 年 11 月）》	国家药品监督管理局 2020 年第 5 号	2020 年 1 月 7 日
26	《关于批准全国医用卫生材料及敷料专业医疗器械标准化技术归口单位换届的公告》	国家药品监督管理局 2020 年第 11 号	2020 年 1 月 21 日
27	《关于批准注册 220 个医疗器械产品公告（2019 年 12 月）》	国家药品监督管理局 2020 年第 13 号	2020 年 2 月 10 日
28	《关于批准注册 120 个医疗器械产品公告（2020 年 1 月）》	国家药品监督管理局 2020 年第 16 号	2020 年 2 月 21 日
29	《关于批准注册 170 个医疗器械产品公告（2020 年 2 月）》	国家药品监督管理局 2020 年第 42 号	2020 年 2 月 21 日
30	《关于发布〈医用诊断 X 射线辐射防护器具 第一部分：材料衰减性能的测定〉等 6 项行业标准的公告》	国家药品监督管理局 2020 年第 18 号	2020 年 2 月 25 日
31	《关于 2019 年医疗器械临床试验监督抽查中真实性问题的公告》	国家药品监督管理局 2020 年第 22 号	2020 年 2 月 26 日
32	《关于发布 YY0167－2020〈非吸收性外科缝线〉等 7 项医疗器械行业标准和 1 项修改单的公告》	国家药品监督管理局 2020 年第 21 号	2020 年 2 月 26 日

序号	名　称	文件编号	发布时间
33	《关于发布 YY0833－2020〈肢体加压理疗设备通用技术要求〉等24项医疗器械行业标准和6项修改单的公告》	国家药品监督管理局2020年第20号	2020年3月6日
34	《关于发布医疗器械拓展性临床试验管理规定(试行)的公告》	国家药品监督管理局2020年第41号	2020年3月14日
35	《关于批准注册170个医疗器械产品公告》	国家药品监督管理局2020年第42号	2020年3月18日
36	《关于发布 YY0333－2020〈一次性使用无菌阴道扩张器〉等12项医疗器械行业标准和1项修改单的公告》	国家药品监督管理局2020年第48号	2020年3月31日
37	《关于批准注册172个医疗器械产品公告(2020年3月)》	国家药品监督管理局2020年第53号	2020年4月10日
38	《关于注销医疗器械证书的公告》	国家药品监督管理局2020年第54号	2020年4月16日
39	《关于批准235个医疗器械产品公告(2020年4月)》	国家药品监督管理局2020年第64号	2020年5月20日
40	《关于注销一次性胰岛素笔用针头医疗器械注册证书的公告》	国家药品监督管理局2020年第66号	2020年5月29日
41	《关于批准注册135个医疗器械产品的公告》	国家药品监督管理局2020年第71号	2020年6月15日
42	《关于注销两个医疗器械注册证书的公告》	国家药品监督管理局2020年第73号	2020年6月18日
43	《关于发布 YY0485－2020〈一次性使用心脏停跳液罐注器〉等41项医疗器械行业标准和2项修改单的公告》	国家药品监督管理局2020年第76号	2020年6月30日
44	《关于批准注册107个医疗器械产品公告》	国家药品监督管理局2020年第83号	2020年7月9日
45	《关于注销3个医疗器械注册证书的公告》	国家药品监督管理局2020年第84号	2020年7月15日
46	《关于批准102个医疗器械产品公告(2020年7月)》	国家药品监督管理局2020年第90号	2020年8月18日
47	《关于批准96个医疗器械产品公告(2020年8月)》	国家药品监督管理局2020年第98号	2020年9月10日
48	《关于注销医疗器械证书的公告》	国家药品监督管理局2020年第103号	2020年9月16日

序号	名　　称	文件编号	发布时间
49	《关于进口医疗器械产品在中国境内企业生产有关事项的公告》	国家药品监督管理局2020年第104号	2020年9月18日
50	《关于批准注册86个医疗器械产品公告（2020年9月）》	国家药品监督管理局2020年第113号	2020年10月15日
53	《关于试点启用医疗器械电子注册证的公告》	国家药品监督管理局2020年第117号	2020年10月19日
54	《关于调整〈6804体外诊断试剂分类子目录（2013版）〉部分内容的公告》	国家药品监督管理局2020年第112号	2020年10月20日
51	《关于批准注册73个医疗器械产品的公告（2020年10月）》	国家药品监督管理局2020年第128号	2020年11月11日
52	《关于批准121个医疗器械产品的公告（2020年11月）》	国家药品监督管理局2020年第135号	2020年12月14日

四　重要通告

序号	名　　称	文件编号	发布时间
55	《关于发布国家医疗器械监督抽检结果的通告（第1号）》	国家药品监督管理局2020年第9号	2020年1月22日
56	《关于发布胶体金免疫层析分析仪等7项注册技术审查指导原则的通告》	国家药品监督管理局2020年第14号	2020年2月21日
57	《关于发布用于放射治疗的X射线图像引导系统和正电子发射/X射线计算机断层成像系统2项注册技术审查指导原则的通告》	国家药品监督管理局2020年第13号	2020年2月21日
58	《关于发布植入式左心房辅助系统注册技术审查指导原则的通告》	国家药品监督管理局2020年第17号	2020年3月3日
59	《关于发布半导体激光脱毛机注册技术审查指导原则的通告》	国家药品监督管理局2020年第15号	2020年2月28日
60	《关于发布医疗器械安全和性能基本原则的通告》	国家药品监督管理局2020年第18号	2020年3月3日
61	《关于发布EB病毒核酸检测试剂等4项注册技术审查指导原则的通告》	国家药品监督管理局2020年第16号	2020年2月28日
62	《关于发布医疗器械注册人开展不良事件监测工作指南的通告》	国家药品监督管理局2020年第25号	2020年4月3日

续表

序号	名　称	文件编号	发布时间
63	《关于发布椎体成形球囊扩张导管等7项注册技术审查指导原则的通告》	国家药品监督管理局2020年第31号	2020年4月30日
64	《关于发布登革病毒核酸检测试剂注册技术审查指导原则的通告》	国家药品监督管理局2020年第32号	2020年5月11日
65	《关于发布无源医疗器械产品原材料变化评价指南的通告》	国家药品监督管理局2020年第33号	2020年5月13日
66	《关于发布国家医疗器械监督抽检结果的通告（第2号）》	国家药品监督管理局2020年第34号	2020年5月21日
67	《关于发布肌腱韧带固定系统等5项注册技术审查指导原则的通告》	国家药品监督管理局2020年第36号	2020年6月3日
68	《关于发布湿热交换器等8项注册技术审查指导原则的通告》	国家药品监督管理局2020年第39号	2020年6月9日
69	《关于发布医用成像器械通用名称命名指导原则等3项指导原则的通告》	国家药品监督管理局2020年第41号	2020年6月22日
70	《关于发布医疗器械定期风险评价报告撰写规范的通告》	国家药品监督管理局2020年第46号	2020年6月30日
71	《关于发布角膜塑形用硬性透气接触镜说明书编写指导原则（2020年修订版）的通告》	国家药品监督管理局2020年第47号	2020年7月1日
72	《关于发布一次性使用乳腺定位丝注册技术审查等6项注册技术审查指导原则的通告》	国家药品监督管理局2020年第48号	2020年7与7日
73	《关于发布笑气吸入镇静镇痛装置注册技术审查指导原则的通告》	国家药品监督管理局2020年第49号	2020年7月15日
74	《关于发布国家医疗器械监督抽检结果的通告（第3号）》	国家药品监督管理局2020年第52号	2020年7月23日
75	《关于发布需进行临床试验审批的第三类医疗器械目录（2020年修订版）的通告》	国家药品监督管理局2020年第61号	2020年9月14日
76	《关于发布球囊扩张导管等6项指导原则的通告》	国家药品监督管理局2020年第62号	2020年9月17日
77	《关于发布国家医疗器械监督抽检结果的通告（第4号）》	国家药品监督管理局2020年第74号	2020年11月13日
78	《关于发布国家医疗器械监督抽检结果的通告（第5号）》	国家药品监督管理局2020年第91号	2020年12月29日
79	《关于临床急需医疗器械注册申报有关事宜的通告》	国家药品监督管理局医疗器械技术审评中心2020年第22号	2020年10月29日

序号	名　　称	文件编号	发布时间
80	《关于发布医疗器械注册质量管理体系核查指南的通告》	国家药品监督管理局2020年第19号	2020年3月17日
81	《关于调整部分医疗器械注册申请事项公证文件提交时间和形式的通告》	国家药品监督管理局医疗器械技术审评中心2020年第13号	2020年4月15日
82	《关于进口医疗器械按第二类申请产品注册经技术审评确认为第三类的退出注册程序及后续处理方式的通告》	国家药品监督管理局医疗器械技术审评中心2020年第17号	2020年6月5日
84	《关于进一步规范受理环节立卷审查工作有关事宜的通告》	国家药品监督管理局医疗器械技术审评中心2020年第16号	2020年6月5日
85	《关于进口医疗器械注册申报资料试行电子签名有关事宜的通告》	国家药品监督管理局医疗器械技术审评中心2020年第20号	2020年9月29日

后 记

从 2020 版《医疗器械蓝皮书》上市发行后，我们就开始着手 2021 版《医疗器械蓝皮书》的准备工作。每年我们都要经历大约十个月的编撰工作，包括确定主要框架和选题、定向邀约作者、反复审改每篇文稿等。因此每一部蓝皮书的出版，对于我们来说都像是一个"新生儿"的诞生，我们既感到兴奋又感到压力，兴奋的是新书终于要出版了，压力则在于不知道这一版的报告大家会怎样评价。作为主编，我们力求每一年都能在基本延续过去结构和风格的基础上，有一些创新或者变化，以增加读者的新鲜感和更贴近大家的工作实践。但是这些良苦用心能否获得读者的认可，我们只有在图书出版以后才能得知。

真心地希望《中国医疗器械行业发展报告（2021）》能够带给您一如既往的阅读体验，能够对您的工作有实质性的帮助。这是全体顾问、编委和作者的共同心愿。

2021 年，我们共发出定向邀约函 45 份，本着质量优先的原则，最终选取了 32 篇报告。部分报告虽然质量也很高，但是不太符合蓝皮书的要求，故没有选用，在这里只能和有关作者说一声抱歉。另外，为了保证本书的出版时间进度，对于在截稿前没能提交编委会审核的报告，我们未予录用，恳请有关作者谅解。

在 2021 版《医疗器械蓝皮书》即将出版之际，我们再次对给予蓝皮书编撰鼓励和帮助的朋友们表示感谢。特别感谢国家药品监督管理局焦红局长、徐景和副局长的大力支持与指导；感谢医疗器械注册管理司、医疗器械监管司、医疗器械技术审评中心等有关司局和单位领导的全力支持；感谢中国药品监督管理研究会张伟会长，中国工程院张兴栋院士、戴尅戎院士所提的宝贵意见；感谢中国药品监督管理研究会首任会长邵明立同志为本书作序；感谢各位编委与作者的积极参与和所倾注的大量心血；还要特别感谢给予此书资金支持的中国药品监督管理研究会。

我们还要一如既往地提示大家：由于作者来自不同单位、不同部门、不同岗位，每篇报告中所收集、使用的资料来源不尽相同，截止时间也不尽一致，甚至有的数据、分析与观点相左，作为本书主编，我们尊重每位作者的意见，也无法对每篇报告强求一致。我们希望读者自己进行分析、辨别。

欢迎广大读者对我们的工作继续提出意见和建议。您可以通过微信、邮件（ylqxlps2017@163.com）与我们联系。我们希望在今后的工作中对所有缺憾予以弥补和完善。

《中国医疗器械行业发展报告（2021）》主编

王宝亭　耿鸿武

2021 年 6 月 30 日

《中国医疗器械行业发展报告（2022）》征稿函

尊敬的各位读者：

您好！"皮书"是社会科学文献出版社推出的大型系列图书。它由一系列权威研究报告组成，对每一年度有关中国与世界的经济、社会等各个领域的现状和发展态势进行分析和预测。皮书的作者一般是由著名学者和权威研究机构所组成的团队完成，从而凸显研究者的群体智慧。皮书的作者中不乏政府部门的官员、学术机构的专家，但皮书并不代表官方的观点。作者们主要是从专业研究的立场出发，表达个人的研究心得，也正是这一点保证和增强了皮书的权威性，成为各界人士参考和借鉴的重要资料。

为及时回顾、总结医疗器械行业的发展状况、取得的成绩和经验，为行业从业者和研究者提供指导和参考，《医疗器械蓝皮书》已经连续发行五部。《中国医疗器械行业发展报告（2022）》热诚欢迎您加入编撰的行列中。

2022版蓝皮书仍将在前五版结构的基础上进行编辑，并实现部分创新。对于报告的要求还是坚持一如既往的严格，您可以参照前五版的报告体例进行准备。我们欢迎热爱医疗器械行业、自愿为行业奉献知识、有较高专业水平的各级政府机构、协会、院校，尤其是企业的行业研究者，能够撰写署名专题报告。报告的题目和内容可以自行申报，也可以按照编委会的命题进行。

蓝皮书报告要求：①应是对医疗器械行业年度热点和焦点问题进行较深入的研究后形成的专项学术研究报告。通过借鉴国内外理论研究成果和对比研究，以一定的理论高度和全面的视角，对相关决策、行动提出观点、思考和建议。请注意报告的知识性、资料性、借鉴性。②文章的观点、思考和建议等要有依据（有理论或数据支持）、全面（尚无定论或倾向性结论的问题要尽量顾及各方面甚至是相反的观点，或与作者主张不一致的立场，以利于读者全面了解）、有前瞻性或指导性。③文章引用的数据资料，要力求可靠和合法，一般宜引用已公开过（如文章、公报、会议、讲义等）或可以公开的内容，对于敏感或不宜公布的数据，尽量回避。

可通过邮箱（ylqxlps2017@163.com）或扫描以下二维码与编委会联系。

此致
敬礼

《医疗器械蓝皮书》编委会
2021 年 7 月

Abstract

Under the guidance of national policies, China's medical device industry has maintained a healthy and rapid development in recent years. In 2020, faced with the unexpected COVID – 19, the medical device industry provided a large number of protective devices, such as diagnostic reagents, respirators, protective clothing and protective masks, which played an irreplaceable role. Based on the current situation and challenges of China's medical device industry in 2020, this report discusses the four dimensions of policy, industry development, regional situation and market practice with detailed information, data and charts, and reveals the problems existing in the policy, industry and market of the medical device industry, and puts forward the future development direction of the medical device industry. In particular, the performance, achievements and challenges faced by COVID – 19 in the field of medical devices are discussed.

The report is divided into six parts, including 31 special reports. The general report summarizes the policies and regulations, review and approval, production and operation, import and export of China's medical device industry in 2020, analyzes the challenges faced by China's medical device industry, and predicts the future. In the next two years, China's medical device industry will face more opportunities than challenges, and the market will further expand, continue to maintain a high speed of development; the emergence of innovative medical devices will accelerate; the merger and reorganization of enterprises will increase, and China's medical device industry is still in the "golden development period". The policy part, including six special reports, describes the reform progress of the national medical device review system in 2020, the review of emergency medical devices, adverse reaction detection of medical devices, operation supervision and centralized procurement of medical consumables, and puts forward suggestions for future development. The industry section, including 11 special reports, gives a comprehensive overview of the industry status, market status, industry hot spots and focus issues of some sub sectors of the medical device industry in a multi-dimensional and selective way. The regional part, including five special reports, discusses the current situation, advanced measures, problems and challenges, and future development of the regional medical device industry. In the practice section, eight reports are selected to introduce the work, products and services in the medical device industry in response to COVID – 19, as well as some typical cases in the medical device industry. The appendix comprehensively combs the regulatory policies of the medical device industry in 2020.

The report has important reference and guiding significance for the perspective and understanding of the present and future of China's medical device industry.

Keywords: Medical Devices; Approval; Medical Innovation

Contents

I   General Report

Abstract: It is in 2020 that means the most extraordinary year in the history of medical device regulation. At the beginning of the year, the outbreak of COVID −19 epidemic happened unexpectedly. Under the strong leadership of the Party Central Committee and the State Council, the people of the whole country united as one and launched a desperate fight against the new coronavirus, achieving a significant victory at a certain stage. Chinese medical device industry has provided a large number of diagnostic reagents, ventilators, protective clothing, respirators and other protective products in the struggle against COVID −19, which played an irreplaceable role. Drug regulatory departments at all levels resolutely implement the "four strictest" requirements, effectively ensuring the safety and effectiveness of public use of equipment. This paper summarizes the development status of

China's medical device industry in 2020 in five aspects, which includes that China distinguished itself in the prevention and control of COVID – 19; Medical device industry has been developing rapidly after the prevention and control of COVID – 19; Relevant departments Implement the "four strictest" requirements to ensure the safety of public use of machinery; China promotes scientific supervision research and improves the level of medical device supervision; the development opportunities of China's medical device industry far outweigh the challenges in the future, and prospects that the future medical device industry is still in the golden development period, so as to provide reference for the regulation and development of China's medical device industry.

Keywords: Medical Device; Regulatory Reform; COVID – 19

II Policy Reports

B.2 Progress Report on the Medical Device Approval System
Reform of China in 2020　　　　　　　*Zhang Hua* / 017

Abstract: In 2020, National Medical Products Administration (NMPA) will conscientiously study and implement the major decisions and plans of the Party Central Committee and the State Council, implement the "Regulations on the supervision and administration of medical devices", take deepening the reform of the review and approval system of medical devices as the main line, and take the "four most stringent" requirements as the fundamental guidance, so as to grasp the epidemic prevention and control and quality supervision on one hand. The results of innovative examination and approval are more remarkable, the pilot of the registrant system continues to deepen, the requirements of "release, management and service" are more actively implemented, and new achievements have been made in the management of medical device registration. This report introduces the reform progress of China's medical device approval system in 2020.

Keywords: Medical Device; Approval System; Registration Management

B.3 Report on Medical Device Management and
Supervision in China in 2020

Ma Zhongming，Li Qingyu and Yang Bo / 025

Abstract：The newly revised Regulations on the Supervision and Administration of Medical Devices（hereinafter referred to as the Regulations）will be implemented on June 1 2021. The Regulations continue to retain the basic institutional provisions governing the operation and supervision of medical devices. In this paper，through the investigation of the problems encountered by some provincial bureaus in Beijing, Shanghai, Hunan, Shaanxi, Gansu, Henan and other provinces in the actual supervision of medical device management links，the ideas to be solved and constructive suggestions for work，some problems that restrict the development of market subjects，can be solved through the implementation of principal responsibilities and the experience of overseas advanced management. Aiming at the weak links found in the practice of supervision，this paper puts forward some measures and suggestions to perfect and strengthen the supervision system and mechanism，so as to further enhance the pertinence and effectiveness of the medical device management and supervision work.

Keywords：Medical Device；Operational Supervision；Supervision Mechanisms

B.4 Progress of China's Medical Device Adverse Event
Monitoring in 2020 *Yue Xianghui /* 036

Abstract：The year 2020 is a special year in the history of medical device adverse event monitoring. Medical device adverse event monitors actively devote themselves to the novel coronavirus epidemic prevention and control work，provide services and technical support for the clinical medical treatment and medical device industry，and make important contributions to the success of epidemic prevention and control work. At the same time，actively promote the medical device adverse event monitoring and evaluation measures for the management of the implementation, and further perfect the adverse event monitoring system, three guidelines document issued, adverse event monitoring work to further improve quality, collected dramatically increased the number of suspected adverse event reporting, through timely detection and treatment of product risk adverse event monitoring, monitoring work has made new progress and achievements, and played an important role in ensuring the safety and effectiveness of medical equipment.

Keywords: Medical Device; Adverse Event; Risk Management

B.5 Overview of Emergency Approval of Medical Devices in 2020

Yuan Peng / 047

Abstract: At the end of 2019, COVID −19 pandemic outbroke, NMPA launched the emergency approval procedure for medical device, in order to deal with the different Emergency Public Health Incidents, NMPA and local MPA emergency approved some IVD, PPE, medical mask and so on. The emergency approval time and product quantity fully meet the needs of epidemic prevention and control. During the work of emergency approval, NMPA has taken innovative measures to improve the speed through parallel review and on-going review, improve the efficiency through conditional approval and limiting the validity period of license, ensure continuous review and continuous guidance through information system, and ensure the continuous controllable quality of products through the joint action Pre and post market. Based on a comprehensive review of the corresponding emergency approval work and analysis of the relevant problem, this article thinks about the next step, including the improvement of the emergency approval procedures and the relevant emergency use requirements of the regulations.

Keywords: Medical Device; Emergency Approval; COVID −19 Pandemic

B.6 Overview of Concentrated Procurement of Medical Consumables in China in 2020

Geng Hongwu，Dai Bin and Fanni Ye / 056

Abstract： This study disentangles the context of China's centralized pharmaceutical appropriation policy. Then, compiles the demands and construction directions of the top-level policy for centralized procurement of medical consumables. The statistics compiled the centralized procurement projects of Chinese medical consumables in 31 provinces and 333 prefecture-level cities crossed the nation in 2020. Also, concentrating on the study and review of the new centralized procurement projects of medical consumables in 2020. The data explicates that in 2020, the centralized procurement of medical consumables in China will expand in parallel at the national, provincial (including alliances), and municipal (including alliances) levels. The mode is mainly supported by traditional centralized procurement, online procurement, and mass procurement. While maintaining the original ideas, all provinces and cities have stimulated the pilot and exploration of mass procurement. Within the report statistics of the result data, the overall decrease of centralized purchases with quantity is 58.87%, and the highest decrease is 97.76%. Which has caused a good effect. According to this situation, this study summarizes the ten characteristics and trends of centralized procurement of medical consumables in the emerging stage. Furthermore, presents a reference and foundation for the construction and modernization of centralized procurement in the future.

Keywords： Medical Supplies；Purchasing with Quantity；Range of Discount

B.7 Current Situation of Medical Device Industry Policy in China

Liu Qiang / 073

Abstract： Medical devices are an important part of the pharmaceutical industry. According to incomplete statistics, during the 13th five-year plan period, the China Pharmaceutical Recruitment Federation collected data on pharmaceutical-related policy documents. According to incomplete statistics, the number of pharmaceutical-related policy documents issued by state and local authorities totaled 7666. Of these, 1690 were issued by state-level officials (including trade associations), accounting for 22.0 %, while 5976 were issued by local-level officials, accounting for 78.0 %. There were 1311 medical device related policies, of which 374 were issued officially at the national level, accounting for 28.5%, and 937 were issued officially at the local level, accounting for 71.5%. During the "15th Year Plan Period" from 2016 to 2020, 135207, 162314 and 493 were issued respectively. We predict the following five characteristics of the medical device policy in 2021: (1) the national macro-program policy to guide the current direction of reform and development of medical device industry; (2) volume purchase in the medical device industry with full swing; (3) major changes in the health insurance mechanism, with various reform measures extending to the medical device industry; (4) improving and deepening strict supervision over the life cycle of medical devices, with innovative measures in place; and (5) integrated reform of the three medical systems, constructing Health Ecology of medical instrument industry with combination boxing.

Keywords: Medical Devices; Industry Policy; Centralized Purchasing

III   Industry Reports

B.8   The Current Status and Trends of the Internationalization

of China's Medical Devices in 2020   *Meng Dongping* / 085

Abstract: In 2020, affected by the epidemic caused by Covid − 19 virus, the demand for Chinese medical devices increased in the international market. A large number of epidemic prevention materials produced in China were exported, and in vitro diagnostic reagent products showed explosive growth. The export results of medical devices are outstanding, and they have made remarkable contributions to the overall performance of China's foreign trade. Imports were greatly affected by the epidemic, and the growth rate dropped. Due to the epidemic, the world industrial chain and global industrial structure are changing. Governments of various countries attach great importance to it and take measures to encourage and support it, while strengthening the market access management requirements for medical device products. For example, China's export management measures for five types of key medical and epidemic prevention materials and non-medical use masks effectively regulate the export order of products and support countries in fighting against the epidemic. At the same time, the impact of international situation and geopolitics on the internationalization of medical devices can not be ignored, and it is necessary to pay close attention to the industrial dynamics, take advantage of the trend, seize opportunities, and innovate constantly to achieve sound, sustainable and high-quality development.

Keywords: Medical Device; Internationalization; Covid-19 Virus

B.9　Quality Status and Certification Promotion Actions

of Small and Micro Enterprises of Medical Device in 2020

Chang Jia, Li Zhaohui and Yuan Changzhong / 094

Abstract: This study, conduct statistical analysis on the number of medical device enterprise certification and the number of enterprise personnel that have passed the ISO 13485: 2016 quality management system certification, based on the comprehensive supervision platform of certification and accreditation business. It is found that 80% of the second and third class medical device manufacturers that have passed the quality certification in China are small and micro enterprises with less than 100 persons. By analyzing the current situation of small and micro medical device enterprises in China, this paper points out the bottleneck hindering the quality management of small and micro medical device enterprises, and with the help of the "small and micro enterprise quality management system certification promotion action" promoted by the General Administration of market supervision and administration, puts forward the ways to help the quality development of small and micro medical device enterprises. The development of small and micro medical device enterprises should not only rely on the reform of "release, management and service" of the regulatory department, but also continuously improve the quality to enhance the survival ability and anti risk ability of small and micro enterprises. The main ways include: (1) establish medical device compliance system; (2) make clear the market orientation of products and actively benchmarking with international standards; (3) continuously improve personnel ability and quality awareness; (4) use process method and pay attention to the risk points in the process.

Keywords: Medical Device; Small and Micro Enterprises; Quality Certification

B. 10　Medical Device Policy Pilots and Trends
　　　　in the Greater Bay Area in 2020

Cai Qiaowu, Zhong Wei and Zhang Xiaohua / 102

Abstract: The Outline of Development Plan for the Guangdong-Hong Kong-Macao Greater Bay Area (GBA) speaks of "Shaping a Healthy Bay Area". Among the chains the Medical Device Industry is one of the important links. It is an unprecedented pilot program of policy innovation to promote GBA medical device industry synergy development under one country, two systems, three jurisdictions and customs territories, three currency circulations. Since the Outline Development Plan released in 2019, GBA keeps overcoming institutional differences, conducting policy pilots on integrated supervision, collaborative innovation, medical integration, circulation of industrial factors including capital, supplies and talents, accelerating industrial innovation, production and application process. Now GBA has developed medical device industrial synergy innovation ecology framework, in spite of many blocking points during implemetation processes. Hopefully in the future the institutional innovations would be launched and improved in pilot zones intensively, which will result in acceleration of the industrial synergy innovation small ecology formation. The development models would be promoted to GBA, and the industrial chain would be extended to domestic and international area finally.

Keywords: Guangdong-Hong Kong-Macao Greater Bay Area (GBA); Medical Device; Synergy Innovation Ecology

B.11 Challenges and Prospects of Percutaneous Coronary Intervention Market after National Volume-Based Procurement *Zhang Jie, Liu Ruojun* / 113

Abstract: The coronary stent was chosen to be the first Chinese national volume-based procurement of high-value medical supplies in 2020, of which policies and results are summarized in this article. There has had a huge impact on the percutaneous coronary intervention (PCI) market, and has shaken the market structure formed in the past two decades. However, the Chinese PCI market is still far away from maturity, and there is still a large growing number of surgical cases and medical product innovation. While reducing the medical costs of patients, the loss of market size will be made up for by more surgeries and charging for better clinical services. After analyzing the basic Chinese PCI statistics, this article provides some references and insights for developing the PCI market from three aspects, which are the increase in patient size, the popularization of clinical strategies for precise medical treatment of PCI, and the innovation of implant-free treatment. At last, the volume-based procurement will guide the innovation and development of outstanding domestic medical device manufacturers, promote technological upgrades of relevant industries, and provide more high-quality clinical and surgical strategies for patients with coronary heart disease.

340

B. 12   The Current Situation and Trend of IVD Reagents

Raw Materials in 2020

Yang Guangyu, Jin Hongsen and Han Shuai / 126

Abstract: Due to the impact of Coronavirus epidemic in 2020, the market size of the in vitro diagnostic (IVD) industry has achieved a growth of more than 15% in total, which driving the market size of the core raw materials of IVD reagents to exceed ￥10 billion, an increase of more than 30% compared with 2019. It is estimated that the growth of the raw materials of IVD reagents will be more than 20% in 2021. IVD reagents raw material enterprises in various segments of the market share continues to increase, whereas more than 80% of the products are provided by overseas brands, from which the next 3 −5 years import substitution is still the main trend. The Ministry of Science and Technology, State Council China and Securities Regulatory Commission has issued relevant policies to provide guidance for the development of key raw materials industry for in vitro diagnosis. Five IVD reagents raw materials companies submitted an IPO application successively, planning to raise a total of ￥5. 933 billion. China's IVD reagent raw materials industry enters high-speed development, but there are also some restrictions. The enterprises need collaborative breakthrough from intra-industry collaboration and cooperation with government, industry, university, research and funds also in overseas market development.

Keywords: IVD Reagents; Raw Materials; Supply Security; Overseas Market

B.13   Analyze on Molecular Diagnostic Industry of China in 2020

Cao Zhenguo, Ye Chengguo and Du Xinli / 134

Abstract: Molecular diagnostics is a collection of molecular biology techniques used to detect the genome or gene expression of human and pathogens. And the Molecular diagnostic market has emerged as one of the important and fastest growing segment in the in-vitro diagnostic industry. There are four stages in the development of molecular diagnostics: molecular hybridization, polymerase chain reaction (PCR), biochip technology and high-throughput sequencing (also known as next-generation sequencing, NGS). In China, molecular diagnostic techniques were slow-growing in the early period. But the Molecular diagnostic market size has been expanded at a high growth rate in these years, and the molecular diagnostic technology has also been developed so quickly. The rapid growth of the new molecular detection area of nucleic acid, such as blood screening, human papillomavirus (HPV) screening and 2019 - nCoV detection, etc. With the development and application of high-throughput sequencing, the detection market of tumor accurate diagnosis and reproductive health screening are growing rapidly. Overall, Molecular diagnostics is very important to human health, and the Molecular diagnostic market will continue to flourish.

Keywords: Molecular Diagnostics; Polymerase Chain Reaction; Nucleic Aid Testing; Target Gene Sequencing

B.14   The Current Status and Development Trend

of Chinese Orthopedic Implant Industry in 2020

Xu Shufu, Li Renyao / 144

Abstract: The sudden new crown pneumonia virus (COVID - 19) at the end of 2019 caused great losses to the global medical device market, and also brought new opportunities and development directions, prompting the medical device industry to transform from low-end to mid-to-high-end. On the one hand, companies have increased their investment in technological innovation. On the other hand, the smart medical model has received unprecedented development opportunities in the epidemic. In 2020, domestic provinces have successively carried out volume-based procurement, and the profit structure has changed, thereby promoting the adjustment of the market structure and the centralization of the industry. The issuance of a series of medical device supervision regulations and the implementation of the unique identification code (UDI) for medical devices all heralds China's improvement of medical device supervision and stricter quality control; While the registration certificate holder system brings new development opportunities for medical device companies, especially new companies. In 2020, Chinese orthopedic medical device market reached $460 million, and the localization rates of trauma, spine, and joints reached 72%, 54% and 47% respectively. As the technology of domestic enterprises matures, the localization rate will further increase, and innovation is still the source of power for the sustainable development of Chinese orthopedic medical device market.

Keywords: Volume-based Procurement; UDI; Digital Orthopedics

B.15   Current Situation and Development Trend of China's

Heart Valve Device Industry in 2020

Shi Huanhuan, Zhou Qingliang and Meng Jian / 154

Abstract: This paper introduces the classification of artificial heart valves, the mechanical valves, surgical biological valves and interventional valves that have been approved in China, as well as various new interventional valve replacement or repair device in the research and development. In addition, it also introduces a number of excellent interventional heart valve R&D companies in China. In addition, the number of patients with four kinds of heart valve diseases and the current treatment status are analyzed, and it is proposed that the demand for various interventional valve replacement or repair devices will be increasing in the future. This paper reveals the current situation of China's heart valve device industry. The research on four kinds of interventional valve replacement and repair equipment is in the ascendant in China. The market demand of heart valve is large. The research and development of interventional aortic valve and interventional mitral valve is the main, and interventional pulmonary valve and interventional tricuspid valve are also competing for development. The development and application of interventional valve is the development trend of heart valve industry in the future. It is proposed that the development of interventional valves with independent intellectual property rights is an important task and direction for Chinese heart valve R&D company. It is the mission and vision of China's heart valve industry to import replacement and enter the international market.

Keywords: Medical Device; Heart Valve; Market Demand

B.16 Current Status and Development Trend of China's Urinary Catheter Industry in 2020

Han Guangyuan, Zhu Shijie / 164

Abstract: Urinary catheterization is one of the most basic operation techniques in clinical basic nursing. Urinary catheter is the core product in urinary catheterization, which is used to help patients drain urine. This article aims to help the readers to understand the current status of the urinary catheter industry and predict the future development trend through the analysis of the urinary catheter market in China. This article reviews the historical development of catheterization at home and abroad. This article analyzes the scale and development status of foreign urinary catheter market. Due to the rapid development of the medical industry, the European and American markets have made a greater contribution to the urinary catheter market and the demand is increasing year by year. This article discusses the clinical application scenarios of urinary catheters in China, the transformation of product process flow from traditional manual, modern technology to fully automated production technology, market capacity and potential, current production capacity of domestic enterprises, hydrophilic coatings, antibiotic coatings and ultra-smooth coatings. The development of coating technologies, such as antibacterial coatings, was reviewed, and the impact of current medical policies on urinary catheters was analyzed. Through the analysis of the current situation of the urinary catheter industry in this article, it can be seen that the market size of the urinary catheter industry in China will grow steadily, with great potential for future development.

Keywords: Urinary Catheter; Technological Process; Coatings

B.17　Application Status and Prospect for Ophthalmic Consumables in China in 2020

Huang Yifei, Wang Liqiang and Zhai Jiajie / 172

Abstract: In recent years, the number of ophthalmic diagnosis and treatment in China has continued to rise, with a compound growth rate of 4.97% from 2015 to 2019, and 127 million in 2019. The incidence rate and the demand for diagnosis and treatment of China's ophthalmic diseases are increasing year by year. The number of ophthalmic hospitals and ophthalmologists is increasing. The rate of eye surgery is expected to grow sharply. The demand for high value medical consumables for ophthalmic surgery is increasing. On the other hand, China's ophthalmic consumables industry began to develop in the 1960s. Although China's ophthalmic medical device industry started late and has a low starting point, its overall development is still in the primary stage. However, with the inclination of government policies, it can be predicted that China's ophthalmic medical device industry will accelerate its development in the future. This paper investigates the application status and development trend of ophthalmic medical devices in 2020 from four aspects: classification and registration of ophthalmic consumables, research stage and classification of economic development of ophthalmic consumables industry, key consumables products and new ophthalmic consumables.

Keywords: Ophthalmic Consumables; Intraocular Lens; Orthokeratology; Keratoprosthesis

B.18   Status and Trend of China's Surgical Robots in 2020

Xu Kai, Wu Zhonghao and Wang Linhui / 181

Abstract: With the strong support of national policies, the endeavors of multi-disciplinary talents, and the increasing demand for high-quality medical services, the cutting-edge technology of surgical robots has thrived. Surgical robots can not only assist surgeons in achieving more precise and dexterous operations, but also reduce patients' trauma and shorten postoperative recovery time. At present, mainstream surgical robots can be divided into keyhole surgical robots, and orthopedic and neuro surgical robots. Although surgical robots were firstly developed abroad, various research institutions and high-tech companies in China are facing the technical challanges and developing domestical surgical robots with independent intellectual properties. This report summarizes the current development status of surgical robots in academia and industry, in order to provide readers with a comprehensive snapshot. Development of surgical robots will not only improve people's healthcare, but also stimulate the development of the Chinese medical device industry, and play an important role in the newly proposed domestic circulation.

Keywords: Surgical Robots; Minimally Invasive Surgery; Mechatronics

B.19   Current Situation and Development Trend

of Wearable Medical Devices in China in 2020

Li Xiaoou, Zhang Peiming and Jiang Haihong / 190

Abstract: The significance of wearable medical devices lies in directly wearing on the body, and recognizing the body characteristics and state, which has important application value. This paper summarizes the current situation and development trend of wearable medical devices in China in 2020 from the basic situation, development status and development trend of wearable medical device industry. Wearable medical devices are involved in health monitoring, disease treatment, remote rehabilitation and other fields, with a variety of products and broad prospects in the future. With the development of flexible electronic technology and body fluid sensing technology, wearable medical devices have developed in good market opportunities. The development trend of wearable medical devices is product aggregation, data cloud, experience interaction and diagnosis remote, innovative profit model. Although the development of wearable medical devices in China started late, there are many products that can be worn for a long time in the market. With the development of cloud computing and big data technology, combined with medical mobility, there is a good development prospect in the future.

Keywords: Wearable Medical Devices; Cloud Computing; Big Data

Ⅳ   Regional Reports

B.20   Development Status and Prospect for Medical Device

Industry in Shanghai Municipal City in 2020

Yang Yihan, Hu Jun / 200

Abstract: Based on the analysis of the development status of Shanghai medical device industry in terms of industry scale, industry structure, innovation ability, spatial layout and subdivision fields, combined with the relevant national and local policies to medical device in recent years, It is expected that the Shanghai medical device industry will start a new round of innovation and development based on the 14th five year plan, closely link with the whole Yangtze River Delta region for collaborative innovation, and further release the vitality of Shanghai Medical Device Innovation and development; In terms of industrial security, we should pay attention to industrial security and coordinate the development and supply of basic materials; In terms of development strategy, we should fully develop medical innovation resources to promote the development of translational medicine; In terms of development direction, we should strengthen the evaluation of the clinical value of products; In terms of evaluation resources, it helps to realize the integration of innovation capability in the Yangtze River Delta.

Keywords: Medical Devices; Shanghai; Medical Innovation

B.21 Development Status and Prospect for Medical Device Industry in Jiangxi Province in 2020

Gong Yiming, Xu Xiaoyu, Zhao Songyun and Yang Yong / 212

Abstract: Jiangxi medical device industry has a good Overall foundation and strong momentum of development. Relying on a solid industrial foundation, Jiangxi medical device industry has achieved rapid development in overcoming the impact of COVID −19 epidemic in 2020. This article analyzes the scale of medical device industry in Jiangxi Province, enterprise registration, cluster and other conditions. Combined with the situation of industrial policy and supervision, this article sorts out the prominent problems that urgently need to be solved, such as the weak product structure of leading enterprises, the lack of high-end talents and supporting force. In view of the current basic industry situation and existing problems, this article puts forward corresponding development suggestions to accelerate the high-quality leap-forward development of Jiangxi medical device industry.

Keywords: Jiangxi Province; Medical Device; High-quality Development

Contents

Abstract: In recent years, Fujian Province has achieved rapid development in medical device industry under the guidance and promotion of policies, such as "Healthy China 2030" Planning Outline and "Made in China 2025" action plan. The number of manufacturing enterprises and registered products is continuously growing. It has formed several advantageous subdivided specialties like in vitro diagnostic reagent. It also formed industry agglomeration areas in Fuzhou, Xiamen, Changting and Quanzhou. Fujian Province has made progresses in the research and development of innovative medical devices. The work of Unique Device Identification is also satisfying. However, there are still some problems in the medical device industry in Fujian Province, such as the small scale of enterprises, the incomplete product category, the lack of skilled person, the short of research investment, the lack of ability to appraisal, approve, verify and test medical device. In the long run, it's necessary to develop advantageous subdivided specialties, optimize the function of industrial park, strengthen the basic science research, establish flexible talent policy, strengthen the functions of government, increase the ability to verify and test medical device.

Keywords: Medical Device; Fujian Province; Industry Supervision

Abstract: "Internet + Medical Health" model is a key support area in the 14th Five-Year Plan, and is an important part of "Healthy China". The "Internet + Medical Health" industry has entered a period of rapid growth, and new demands and excellent enterprises have emerged in batches. Ningxia is located in the west of

China. In the sniping battle against the new coronavirus epidemic, "Internet + Medical Health" has demonstrated its unique advantages and played a constructive role. The basis for the interconnection of medical health information between urban and rural residents in Ningxia is gradually being consolidated, however, there are some problems in the industrial base, policy promotion, internal management of medical institutions and professional talents. The steady development of medical device industry in Ningxia will be promoted through innovative supervision methods, attracting high-quality enterprises, supporting local advantage enterprises and paying attention to professional training.

Keywords: Ningxia; Medical Devices; Internet +

B.24 Development Status and Prospect for Medical Device industry in Liaoning Province in 2020

Shi Bo, Jin Rutian and Zhu Yanfeng / 240

Abstract: Based on the policies analysis and data analysis of medical devices industry development in Liaoning Province, we expound the present situation, advantages and existing problems of medical device industry in Liaoning Province. In recent years, the medical device industry in Liaoning Province has developed continually. By the end of 2020, the number of production enterprises and products registration had increased significantly, and the number of various operating enterprises had steadily increased. During the epidemic period, a series of emergency measures were taken to ensure the rapid approval of epidemic prevention materials, and the pilot work of registrant system also made phased progress. Liaoning Province has abundant resources on education and scientific research, inspection and testing, medical and clinical practice scenarios and industrial basis, but there are problems, such as low industry focus, insufficient financing ability, loss of talents and projects, low digitization and so on. Based on current situation, we come up with suggestions as followed: The development of medical device industry in Liaoning province should seize the opportunity of registrant system reform bonus, enhance the supply chains, service chains and innovation chains, build industry chains based on innovation chains, enhance the muti-cooperation between research institute, university and industry. We also set up the expectation of area characteristic development. The medical device industry in Liaoning Province has formed a development trend of continuous growth in scale and gradual standardization in operation. With the further optimization of business environment, The medical device industry in Liaoning Province will receive rapid expansion.

Keywords: Medical Devices; Liaoning Province; Registrant

V   Practical Reports

B.25   Supply and Management for Medical Instrument

in the Context of the Epidemic

of COVID −19 in Hubei Province

Deng Yuangui, Cui Hui and Xiao Jue / 252

Abstract: Hubei province was the place where the COVID −19 epidemic outbroke, and it became the hardest hit area of COVID −19 at the early stage of fighting against coronavirus. In the meantime, there was a severe imbalance between medical supply and demand, which affected the society to prevent and control epidemic effectively. Facing the sudden difficulties, President Xi Jinping proposed strategic policy that "firm confidence, tight together, scientific prevention and precise implementation". Meanwhile, by the guidance of this policy, provincial governments at all levels, all of relevant enterprises and people in the society have put their endeavor into taking actions positively and striving assiduously with unity. Eventually, the predicament of shortage and imbalance between supply and demand on medical material by the Three-Stage of Leap. It has been changed from severe shortage to tight balance at the first stage. Then supply and demand relation has been moved from tight balance to have surplus afterwards.

And finally it makes that relevant local enterprises are capable to export medical supply at the third stage. Drug Administration of Hubei province has played an important role in improving and maintaining the ability of supply medical materials. It implied several efficient actions, such as urgent approval and registration procedure, benchmarking evaluation system of import & export products and fast checking procedures, etc. Relative enterprises actively expanded production capability by the guidance of provincial government at all levels; it achieved the goal of personal protection gown daily production capability from 2480 to 210000. Also the medical mask daily productivity was increased sharply in a short term from 36000 to 420000. Especially the output of medical surgical mask daily capability reached to 4600000 from 380000. These achieved goals showed that determinations at all levels of provincial governments and enterprises with unity to maintain sufficient medical supply, which can support the society to fight against epidemic of Covid −19. This essay would discuss the new operational model about emergency supervision of medical supply and demand from three parts: how to guarantee supply, strict supervision and optimization. We will further illustrate that how this new model to achieve " guarantee, quality and security " on relation between supply and demand in public health emergency.

Keywords: Emergency Supervision; Medical Device; Fighting the Epidemic in Hubei

B.26　Challenges and Countermeasures Faced by the Medical Device Industry in the Prevention and Control of the Epidemic in Guangdong Province

Zhang Feng, Zhang Yang and Liu Shunli / 259

Abstract: After the outbreak of COVID −19, the Guangdong Medical Products Administration has made every effort to ensure the supply of medical devices for epidemic prevention and control. Among them, the number of disposable medical masks, New COVID − 19 test reagent kits, respirators and infrared thermometer registration certificates ranks first in China, it makes the outstanding contributions to the national and global epidemic. In terms of industrial policy, the Guangdong Medical Products Administration has issued a series of emergency approval policies and detailed guidance documents to optimize work procedures, improve technical review and approval efficiency, give full play to the role of policy navigation, and accelerate market access for epidemic prevention equipment; In terms of supervision, the Guangdong Medical Products Administration strictly controls the quality and safety of medical devices for epidemic prevention and control, improves the supervision means on the marketed medical devices for epidemic prevention and control, and severely crack down on the illegal and criminal acts of medical devices used for epidemic prevention and control, effectively ensuring the use safety of epidemic prevention and control devices. The outbreak of COVID − 19 also brings new opportunities and challenges to the medical device industry, such as medical devices for epidemic prevention and control or will be included in the national long-term strategic reserve. Some high-end products will be paid more attention, and all kinds of products will face the survival of the fittest and upgrading iteration. The outbreak of COVID − 19 also highlights the problems in the medical device industry, it is urgent to summarize the experience optimization system, formulate the personnel training system, encourage the high-quality development of the medical device industry and improve the industry res.

Keywords: Guangdong Province; Emergency Approval; Medical Device

B. 27　Application and Development Trend of Covid-19
　　　Antigen or Antibody Rpid Diagnosis Tests　　*Kang Keren* / 268

Abstract: As a highly infectious and harmful pathogen, Covid-19 pandemic has challenged the global medical community in unpredictable ways, posing a huge burden on global public relations and health. At present, in the absence of effective therapies, population testing and screening remain the primary tools for responding to the Covid – 19 pandemic. Novel coronavirus antigen/antibody rapid detection technology, as a favorable tool for prevention and control of infectious diseases, has been clearly listed in the global diagnosis and treatment guidelines of novel coronavirus antigen/antibody rapid detection technology has been widely used in clinical practice, which mainly has the advantages of rapid detection, field sampling, simple operation and so on. It is suitable for the establishment of novel coronavirus related rapid detection capability under different conditions and scenes, such as family, customs, airport, grass-roots and rural areas, and emergency. It plays an important role in epidemic prevention and control, and has broad prospects in the three-dimensional epidemic prevention and control detection of infectious diseases in the post-epidemic era. This paper mainly discusses the technical principle and classification, market and application status, technology and application trend of Covid-19 antigen or antibody rapid diagnosis tests.

Keywords: Covid-19; Antigen or Antibody Rapid Diagnosis Tests; Technology Application

B.28 Information Construction of Contactless Detection
of New Coronanucleic Acid in Medical Institutions

Meng Yan, Wang Shuangjun and Li Dan / 277

Abstract: In 2020, COVID – 19 suddenly broke out. Faced with the epidemic, we are very weak in detection technology, prevention and control measures or related research. There are still some difficulties in rapid, accurate and efficient virus detection without cross infection. With the outbreak of the national epidemic prevention war, it is very important to effectively detect the virus and continuously strengthen the prevention and control of nosocomial infection. Medical institutions are facing new challenges. How to explore a set of systematic and standardized New Coronavirus nucleic acid detection as the core, organically combine hospital prevention and control, nucleic acid detection and information technology to establish an effective path that is suitable for precise prevention and control of practical and feasible prevention and control system has become an urgent problem at all levels of medical institutions.

Keywords: Prevention and Control of Nosocomial Infection; Contactless Nucleic Acid Detection; Hospital Informatization

B.29 Development and Clinical Application of Image-guided Gamma Ray Stereotactic Radiotherapy System

Wang Junjie, Kang Jingbo, Lin Zhixiong and Li Junyao / 286

Abstract: Gamma-ray stereotactic radiotherapy system, also known as gamma knife, has a unique position in radiotherapy. The early development of gamma knife has experienced many changes in focusing mode and therapeutic scope and experienced some challenges. Image-guided gamma knife is born in response to clinical needs, which makes up for the function shortcoming of old gamma knife and ushers the development of gamma knife into a new era. The head gamma knife treatment opens a non-invasive fractional mode, the body gamma knife treatment realizes higher accuracy, and the treatment effect is also improved. With the continuous diversified development of image-guided technology and function, image-guided gamma knife has become an independent and mainstream radiotherapy device comparable to the medical linear accelerator. It should be used in more clinical applications.

Keywords: Image-guided; Radiotherapy; Gamma knife

B.30 The Current Status and Development Trend

of the Pathogenic Microorganism in Vitro Diagnosis

Industry in China in 2020

Wang Jiawei, Xia Han and Ma Zili / 294

Abstract: Pathogen detection can detect and analyze pathogens or metabolites of infectious diseases, and is one of the subdivisions of in vitro diagnostic reagents (In Vitro Diagnosis, IVD). At present, the diagnosis technology of pathogenic microorganisms continues to develop. The traditional cultivation techniques of pathogenic microorganisms mainly include isolation culture, smear microscopy, biochemical identification, antigen-antibody immunization, etc., facing the low positive rate and long diagnosis cycle, unable to meet the requirements of detecting pathogens. Molecular biology detection methods are developing rapidly, and there are many methods that can amplify a small amount of nucleic acid molecules to a level that is easy to detect. These detection methods include constant temperature amplification technology (LAMP), real-time fluorescent quantitative PCR and so on. With the emergence of new technologies, such as second-generation sequencing, new solutions are provided for the diagnosis of clinical pathogenic microorganisms, especially those that are difficult to culture in ordinary laboratories, slow growth, unknown pathogens, rare pathogens, etc., have obvious advantages. However, the second-generation sequencing method still faces several challenges, such as high testing costs, strict requirements on the experimental environment, and manual interpretation of some test results. New methods and technologies of molecular diagnostics are changing the way we practice clinical microbiology, which has affected the pathogenic microorganism-related detection industry.

Keywords: Pathogen; Nucleic Acid; Next-generation Sequencing

B.31   Practice of Lean Management of Medical Consumables
in Medical Institutions under SPD Mode

Yu Qingming, Zhang Feng and Qian Feng / 304

Abstract: Objective: through the introduction of SPD consumables management services, the use of information technology means to achieve medical consumables procurement safety compliance, distribution quality assurance, financial cost reduction, scientific and accurate management. Methods: the introduction of SPD professional services, integration of hospital supplies management needs, build medical supplies supply chain management platform. Results: the professional division of medical consumables in SPD mode was realized, the access of consumables was legal and compliant, the supply of consumables was automatically distributed on demand, the settlement after use, the use and consumption of consumables were linked with medical insurance, and the comprehensive traceability of medical consumables was controlled. Conclusion: lean management of medical consumables can effectively improve the management level of medical consumables and reduce costs.

Keywords: Consumerable Materials and Charge Linkage; Medical Consumable; Medical Institution

B.32   The Quality Control Scheme of the Medical Device
Commissioned Production under the System of Registrant

Chen Tao, Kong Liang and Chen Jun / 312

Abstract: The 2021 edition of the Regulations on the supervision and administration of Medical Devices (order no. 739 of the State Council) defines the full implementation of the medical device registration system, which lays a legal foundation for the innovative development of the medical device industry. However, the implementation of the system of registrant is different from the traditional management of quality system in medical device manufacturing enterprises, and it is an important guarantee for the implementation of the system of registrant to solve the problem of the integration of the two systems at the entrustment level. It is a prerequisite to clarify the responsibilities and division of labor between the registrant and the entrusted production enterprise in management. "double-system", "double-tube agency" and "double-release" are the foothold on the management level, the quality control of the commissioned production is the supporting point of the implementation level, and the protection of intellectual property is the close bond of cooperation between the two sides. Based on the practical experience during the pilot period of the registered person system, this paper will discuss the compliance requirements and solutions of the registered person and the entrusted production enterprises in respect of the conformity of product output with the standards and the integration of quality management system, the key points and matters needing attention of medical device production on CDMO platform are summarized and analyzed.

Keywords: Compliance Research; Registration System; System Management

Ⅵ Appendix

社会科学文献出版社

皮 书

智库报告的主要形式
同一主题智库报告的聚合

❖ 皮书定义 ❖

皮书是对中国与世界发展状况和热点问题进行年度监测,以专业的角度、专家的视野和实证研究方法,针对某一领域或区域现状与发展态势展开分析和预测,具备前沿性、原创性、实证性、连续性、时效性等特点的公开出版物,由一系列权威研究报告组成。

❖ 皮书作者 ❖

皮书系列报告作者以国内外一流研究机构、知名高校等重点智库的研究人员为主,多为相关领域一流专家学者,他们的观点代表了当下学界对中国与世界的现实和未来最高水平的解读与分析。截至2021年,皮书研创机构有近千家,报告作者累计超过7万人。

❖ 皮书荣誉 ❖

皮书系列已成为社会科学文献出版社的著名图书品牌和中国社会科学院的知名学术品牌。2016年皮书系列正式列入"十三五"国家重点出版规划项目;2013~2021年,重点皮书列入中国社会科学院承担的国家哲学社会科学创新工程项目。

权威报告・一手数据・特色资源

皮书数据库
ANNUAL REPORT(YEARBOOK)
DATABASE

分析解读当下中国发展变迁的高端智库平台

所获荣誉

- 2019年，入围国家新闻出版署数字出版精品遴选推荐计划项目
- 2016年，入选"'十三五'国家重点电子出版物出版规划骨干工程"
- 2015年，荣获"搜索中国正能量 点赞2015""创新中国科技创新奖"
- 2013年，荣获"中国出版政府奖・网络出版物奖"提名奖
- 连续多年荣获中国数字出版博览会"数字出版・优秀品牌"奖

成为会员

通过网址www.pishu.com.cn访问皮书数据库网站或下载皮书数据库APP，进行手机号码验证或邮箱验证即可成为皮书数据库会员。

会员福利

- 已注册用户购书后可免费获赠100元皮书数据库充值卡。刮开充值卡涂层获取充值密码，登录并进入"会员中心"—"在线充值"—"充值卡充值"，充值成功即可购买和查看数据库内容。
- 会员福利最终解释权归社会科学文献出版社所有。

社会科学文献出版社 皮书系列
SOCIAL SCIENCES ACADEMIC PRESS (CHINA)

卡号：729258917879
密码：

数据库服务热线：400-008-6695
数据库服务QQ：2475522410
数据库服务邮箱：database@ssap.cn
图书销售热线：010-59367070/7028
图书服务QQ：1265056568
图书服务邮箱：duzhe@ssap.cn

S 基本子库
SUB DATABASE

中国社会发展数据库（下设 12 个子库）

整合国内外中国社会发展研究成果，汇聚独家统计数据、深度分析报告，涉及社会、人口、政治、教育、法律等 12 个领域，为了解中国社会发展动态、跟踪社会核心热点、分析社会发展趋势提供一站式资源搜索和数据服务。

中国经济发展数据库（下设 12 个子库）

围绕国内外中国经济发展主题研究报告、学术资讯、基础数据等资料构建，内容涵盖宏观经济、农业经济、工业经济、产业经济等 12 个重点经济领域，为实时掌控经济运行态势、把握经济发展规律、洞察经济形势、进行经济决策提供参考和依据。

中国行业发展数据库（下设 17 个子库）

以中国国民经济行业分类为依据，覆盖金融业、旅游、医疗卫生、交通运输、能源矿产等 100 多个行业，跟踪分析国民经济相关行业市场运行状况和政策导向，汇集行业发展前沿资讯，为投资、从业及各种经济决策提供理论基础和实践指导。

中国区域发展数据库（下设 6 个子库）

对中国特定区域内的经济、社会、文化等领域现状与发展情况进行深度分析和预测，研究层级至县及县以下行政区，涉及省份、区域经济体、城市、农村等不同维度，为地方经济社会宏观态势研究、发展经验研究、案例分析提供数据服务。

中国文化传媒数据库（下设 18 个子库）

汇聚文化传媒领域专家观点、热点资讯，梳理国内外中国文化发展相关学术研究成果、一手统计数据，涵盖文化产业、新闻传播、电影娱乐、文学艺术、群众文化等 18 个重点研究领域。为文化传媒研究提供相关数据、研究报告和综合分析服务。

世界经济与国际关系数据库（下设 6 个子库）

立足"皮书系列"世界经济、国际关系相关学术资源，整合世界经济、国际政治、世界文化与科技、全球性问题、国际组织与国际法、区域研究 6 大领域研究成果，为世界经济与国际关系研究提供全方位数据分析，为决策和形势研判提供参考。

法律声明

　　"皮书系列"（含蓝皮书、绿皮书、黄皮书）之品牌由社会科学文献出版社最早使用并持续至今，现已被中国图书市场所熟知。"皮书系列"的相关商标已在中华人民共和国国家工商行政管理总局商标局注册，如LOGO（🖎）、皮书、Pishu、经济蓝皮书、社会蓝皮书等。"皮书系列"图书的注册商标专用权及封面设计、版式设计的著作权均为社会科学文献出版社所有。未经社会科学文献出版社书面授权许可，任何使用与"皮书系列"图书注册商标、封面设计、版式设计相同或者近似的文字、图形或其组合的行为均系侵权行为。

　　经作者授权，本书的专有出版权及信息网络传播权等为社会科学文献出版社享有。未经社会科学文献出版社书面授权许可，任何就本书内容的复制、发行或以数字形式进行网络传播的行为均系侵权行为。

　　社会科学文献出版社将通过法律途径追究上述侵权行为的法律责任，维护自身合法权益。

　　欢迎社会各界人士对侵犯社会科学文献出版社上述权利的侵权行为进行举报。电话：010-59367121，电子邮箱：fawubu@ssap.cn。

社会科学文献出版社